제2판

사회복지정책론

신기원 · 김수정 · 김준환 · 박범기 · 이진용

창지사

머리말

현대국가는 복지국가라고 한다. 복지국가란 국가의 다양한 기능 중에서 복지기능을 제도적으로 보장하고 있는 국가를 말한다. 즉, 국민이 인간다운 생활을 추구할 수 있도록 국가가 적극적으로 복지 혜택을 제공하는 한편, 국민의 최소한의 생활을 보장하기 위해 국가가 물질적 급부를 제공하는 국가가 복지국가이다. 사회가 급속하게 발전 및 변화하고 이에 따라 인간이 추구하는 가치도 개별화·복잡화됨에 따라 복지국가로서 정부가 수행해야 할 역할과 기능도 다양화되고 있다.

사회복지정책은 이와 같은 복지국가를 구현하기 위한 정부의 실천행동으로 사회문제의 해결 또는 국민의 욕구충족과 같은 주요한 기능을 수행하는 사회제도의 하나라고 할 수 있다. 또한 사회복지정책은 각국이 처한 정치적 상황과 사회경제적 여건 및 역사적 맥락 속에서 결정되는 것이기 때문에 국가 및 시대에 따라 다르다고 할 수 있다. 현재 문재인정부는 '포용적 복지국가'를 만들기 위해 문재인 케어, 보육 지원체계 구축, 치매 국가책임제, 커뮤니티 케어, 아동수당 대상 확대 및 기초연금 인상, 고용연계 사회복지정책, 통합·연계·맞춤형 사회서비스를 실시하고 있다.

이처럼 사회복지정책이란 국민의 삶과 밀접한 관계를 맺고 있는 사회복지서비스로 사회복지정책에 관한 기대와 관심이 제고됨에 따라 국민이 친숙하게 받아들여야 함에도 불구하고 그렇지 못한 것 같다. 그 이유는 사회복지정책의 내용에 대해 잘 모르거나 수혜자도 한정적이며 기대가 너무 크기 때문이다. 더구나 대학에서 강의하는 사회복지정책론이라는 과목을 학생들은 어렵게 받아들이고 있다. 사회복지사 1급 시험에서 사회복지정책론 성적이 높지 않은 것은 이에 대한 방증이라고 할 수 있다.

사실 사회복지정책론은 내용 구성에서도 나타난 바와 같이 이데올로기와 역사, 정치 · 경제체제, 조직, 예산, 제도 등 인문 · 사회과학적 제반 지식과 상식을 충분히 알고 있어야 학습하기 쉬운 과목이다. 또한 사회복지정책론을 학습하는 것은 단순하게 각국의 복지정책을 소개하고 최근의 사회문제를 설명하는 데 그치는 것이 아니라 복지정책이 갖는 의의와 운영 현황 그리고 문제점을 체계적으로 연계하여 시사점을 발견하고 대안을 모색하는 데 그 의미가 있다.

이 책은 그동안 저자들이 사회복지정책론을 강의하면서 느낀 경험을 바탕으로 사회복지정책에 대한 지식과 정보를 제공하고 한국 사회복지정책의 바람직한 실천방향을 종합적으로 논의해 보기 위해 만들어졌다. 내용 구성의 틀은 크게 총론과 사회정책의 이해 두 부분으로 나누었고, 세부 구성은 강의하기 편리하게 총 13장으로 하였다. 제1장 사회복지정책 개요와 제2장 사회복지정책의 역사적 전개는 김수정 교수가 집필하였고, 제3장 사회복지정책 관련 이론과 사상은 박범기 교수가 집필하였으며, 제4장 사회복지정책의 대상과 급여와 제5장 사회복지정책의 전달체계 및 제6장 사회복지정책의 재원은 이진용 교수가 집필하였다. 제7장 사회복지정책과 복지국가는 김준환 교수가 집필하였고, 제8장 사회보장제도의 이해, 제9장 빈곤과 공공부조제도, 제10장 공적연금의 이해는 신기원 교수가 집필하였으며, 제11장 국민건강보장제도의 이해는 박범기 교수가, 제12장 산업재해보상보험제도의 이해는 김준환 교수가, 제13장 고용보험제도의 이해는 박범기 교수가 집필하였다.

이 책을 통해 사회복지정책에 대한 일반적인 지식과 정보를 습득하고 한국사회복지정책의 긍정적인 미래를 설계할 수 있기를 바라며 아울러 이 책이 사회복지사 1급 시험에 좋은 길잡이가 되기를 소망한다.

이 책의 부족한 부분은 앞으로 계속 수정 · 보완할 것을 약속드리며, 출판을 맡아 수고해 주신 창지사 임직원 여러분께 진심으로 감사인사를 드린다.

2022년 2월

저자 일동

차례

제Ⅱ부 사회정책의 이해

I

총론

제01장 사회복지정책의 개요

1. 사회복지정책의 개념

'사회복지(social welfare)'의 개념 정의가 쉽지 않듯이, 사회복지정책에 대한 개념 정의 또한 쉽지 않다. 사회복지정책은 각 나라의 정치적 · 경제적 · 사회적 여건과 시대적 상황을 반영하여 형성된 역사적 · 사회적 산물이자 형성체이기 때문에 사회복지정책의 개념 정의는 그만큼 어렵다. 따라서 사회복지정책의 개념을 국가와 시대 그리고 학자에 따라 다양하며 계속해서 변화해 나가는 개념으로 받아들여야 한다.

1) 어의적 개념

어의적인 면에서 먼저 개념을 살펴본다면, 사회복지정책은 '사회복지(social welfare)'와 '정책(policy)'의 합성어이다. 우선 너무나도 다양한 사회복지(social welfare)에 대한 개념을 종합하여 정리해 보면, 사회복지(social welfare)는 "인간의 행복추구와 인간다운 생활을 영위하도록 하기 위하여 사회문제(social problems)의 경감 또는 해결, 사회적 위험(social risks)의 예방 또는 해결, 사회적 욕구(social needs) 충족의 기능을 수행하는 제반 사회제도(social institution) 및 공 · 사의 총체적인 노력과 활동"이라 정의할 수 있다. 그렇다면 사회복지정책은 이러한 사회복지에 대한 '정책적 노력'이자 '정책적 활동'이라고 볼 수 있다. 이와 대비되는 사회복지에 대한 실천적 노력이자 실천적 활동은 '사회복지실천'이라 할 수 있다.

그렇다면 여기서 정책이란 무엇인가? 티트머스(Titmuss, 1974)는 '정책'이 "특정 목표를 향한 행동을 결정하는 원칙(principle)"을 의미한다고 하고, '정책'이라는 개념은 목표뿐만 아니라 행동을 좌우하는 원리와 관련된 것을 의미하기 때문에 필연적으로 변화하는 행동체계, 즉 '실천'을 의미한다고 하였다. 길버트와 스펙트(Gilbert & Specht, 1986)는 "공 · 사의 기관에 있어 행동의 방향이나 계획의 기초를 이루는 제 결정과 선택"이라고 하였다. 또한 웹스터사전에는 정책이란 "행동의 원칙, 계획 혹은 과정(a principle, plan, or course & action)"이라고 되어 있다. 결국 정책이란 정책목표를 달성하기 위한 일련의 행동원칙이며, 의사결정의 지침이거나 행동의 방향을 나타내는 선택이라고 볼 수 있다(박경일, 2016).

따라서 사회복지와 정책의 개별 정의를 활용하여 사회복지정책의 개념 정의를 내린다면, 사회복지정책은 사회복지를 위한 행동의 원칙이며, 사회복지를 수행하기 위한 의사결정의 지침이고, 사회복지를 실천하는 행동의 방향이라고 볼 수 있다. 아울러 사회복지정책은 사회복지 문제를 개선시키려는 정책목표를 향한 정부, 지방자치단체, 사회복지기관들의 정책 의지의 원칙이며 실천행동의 수단이라고 볼 수 있다. 이상으로 각 학자들이 제시한 사회복지정책의 개념을 종합하여 구체적인 내용을 정리하여 제시하면 다음과 같다(박경일, 2016).

① 사회복지정책은 인간의 기본적 · 사회적 욕구를 충족시키거나 사회문제를 해결하기 위해 중앙정부나 지방정부가 1차적인 정책주체가 되어 행하는 국가의 정책이다.

② 사회복지정책은 사회문제의 해결 또는 욕구충족과 같은 주요한 기능들을 수행하는 사회제도의 하나이다.

③ 사회복지정책은 인간다운 생활의 보장과 삶의 질을 향상시키기 위한 국가의 행동지침이나 지속적인 계획이다.

④ 사회복지정책은 인간다운 생활의 보장이나 삶의 질을 향상시키기 위해 다양한 정책수단들을 선택하는 의사결정과정이다.

⑤ 협의의 의미로서 사회복지정책은 사회적 약자나 저소득층에게 소득이나 의료 및 서비스를 제공하기 위한 사회적 노력 혹은 집합적 활동으로 볼 수 있다.

⑥ 사회복지정책은 모든 사람의 행복을 추구하기 위해 주택, 교육, 노동, 조세 및 환경정책까지 포함하는 광의의 개념으로 볼 수 있다.

2) 국가별 개념

(1) 영국의 사회복지정책 개념

영국에서는 '사회복지정책' 개념보다는 더 폭넓은 개념으로 '사회정책(social policy)'이란 용어를 선호한다. 이는 영국의 사회정책이 오랜 구빈행정의 역사적 발전과 연결되어 있으며 1950년대 말부터 시작된 사회행정(Social Administration) 연구가 1980년대로 오면서 점진적으로 사회정책으로 확대 · 변화되고 있는 데서 그 배경을 짐작할 수 있다(현외성, 2015).

영국에서 주로 사용하는 사회정책 개념은 중앙정부나 지방정부가 사람들의 욕구를 충족시키고 복지를 증진시키기 위해 제공하는 사회서비스(Social Services) 및 급여(Benefits)와 관련된 것으로서, 그 내용은 사회보장(Social Security), 건강(Health), 교육(Education), 대인적 사회서비스(Personal Social Services), 주택(Housing), 고용(Employment) 및 가족정책(Family Policy) 등을 포함한다. 한편 영미계 사회정책의 개념을 대표하는 마샬(Marshall, 1970)은 "사회정책이란 서비스 혹은 소득을 제공함으로써 사람들의 복지에 직접적인 영향을 미치는 정부의 정책"이라고 정의 내리고 여기에 해당하는 핵심 프로그램으로 사회보험, 공공부조, 건강 및 복지서비스 그리고 주택을 들고 있다. 그리고 영국의 1950년대 사회행정학파의 창시자인 티트머스(Titmuss, 1979)는 "사회정책이란 일정한 물질적 및 사회적 욕구, 특히 요보호 욕구에 관하여 시장에서 충족(만족)하지 못하거나 충족시킬 수 없는 사회적 약자에게 지원하는 정부의 행위"라고 정의하였다. 아울러 그는 사회정책은 사회복지체계로서 시혜적(beneficient)이고, 재분배적(redistributive)이며, 경제적(economical) 목적뿐만 아니라 비경제적(uneconomical) 목적을 가진 정책이라고 규정했다.

이와 같이 영국에서의 사회정책(사회복지정책)은 국가나 정부가 하는 일로 간주하고 있다(박경일, 2016).

(2) 미국의 사회복지정책 개념

미국에서는 '사회정책(social policy)'이란 용어보다는 '사회복지정책'이라는 용어를 더 선호한다. 미국의 사회복지정책 개념은 자유주의, 자본주의, 프론티어 정신이 강한 국가임을 반영하여 다소 소극적인 의미로 사용되고 있다. 이러한 맥락에서 사회복지정책 개념은 좁은 의미의 개념, 즉 스스로 사회적 적응이 어려운 사람들을 대상으로 제한적으로 사회적 급여를 제공하는 정책을 선호하는 것이 주류이다(현외성, 2015).

프리그머와 아쉬톤(Prigmore & Atherton, 1979)은 "사회복지정책이란 사회복지 관련 프로그램과 쟁점에 관한 의사결정을 위해 사용되는 지침"이라고 하였고, 젠선(Jansson, 1994)은 "사회정책이란 사회문제를 해결하기 위한 집단적 전략"이라고 하였다. 그는 사회정책이 해결해야 할 사회문제를 일곱 가지로 유형화하였다. 그것은 ① 물질적 자원의 박탈, ② 정신적 혹은 정서적 박탈, ③ 인지적 박탈, ④ 대인관계의 박탈, ⑤ 기회의 박탈, ⑥ 개인적 권리의 박탈, ⑦ 신체적 박탈 등이다.

〈표 1-1〉 사회정책이 해결해야 하는 사회문제의 일곱 가지 유형

물질적 자원의 박탈	부적절한 소득, 주택, 음식물
정서적 혹은 정서적 박탈	다양한 형태의 정신질환
인지적 박탈	발달상의 장애
대인관계의 박탈	결혼생활 갈등, 고독, 파괴적인 부모-자녀 관계
기회의 박탈	교육의 결핍, 서비스 및 의료보호의 결핍, 추구해야 할 일의 결핍
개인적 권리의 박탈	시민권 및 자유의 결핍, 불평등으로 인한 희생
신체적 박탈	질병, 장애

출처: 현외성(2015), 재인용.

디니토와 다이(DiNitto & Dye, 1983)는 "사회복지정책이란 국민 생활의 질에 영향을 미치는 것을 정부가 할 것인가 또는 하지 않을 것인가를 선택하는 어떤 것"이라고 규정하고 있다. 이와 같이 미국은 지침이나 전략, 선택이라는 용어를 주로 사용하고, 이를 통해 '사회정책'이라는 용어보다는 '사회복지정책'이라는 용어를 더 선호하고 있다는 것을 알 수 있다.

(3) 독일의 사회복지정책 개념

독일은 영국과 유사하게 '사회복지정책' 개념보다는 광의의 '사회정책(social policy)'이란 개념을 선호한다. 따라서 독일의 사회복지정책은 사회정책(Sozialepolitik)이라는 용어를 의미하는 것으로서 노동자와 그 가족의 생활문제를 해결하는 데 주안점을 두는 노동정책 혹은 경제정책의 하나로 파악하는 경향이 있다. 이는 1880년대 비스마르크의 사회보험입법의 대상이 노동자와 그 가족을 위한 것으로 이들을 위한 노동정책이나 경제정책이었기 때문이다. 그리고 1872년 설립된 사회정책학회 소속의 바그너(Wagner), 슈몰러(Schmoller) 등의 강단사회주의자들은 사회정책을 자본주의하의 분배과정으로 조정하고 수정하며, 자본가-노동자 계급대립을 완화시키고 협조를 유도하기 위한 분배정책, 통합정책으로 활용하였고, 이를 통해 독일 사회정책의 특성과 의미를 찾을 수 있다. 독일은 영국과 미국에서 볼 수 있는

공공부조와 사회복지서비스 대상을 위주로 하기보다는 노동자와 그 가족 중심, 그리고 사회보험 중심의 사회정책을 사회복지정책 개념으로 여기는 경향이 있었다. 그러나 20세기 중반 이후 독일은 공공부조와 사회복지서비스 대상자도 포함하는 사회정책(사회복지정책) 개념으로 확대하고 있다(현외성, 2015).

보르흐트(Borcht, 1923)는 사회복지정책을 산업화의 부작용으로 인해 발생하게 된 노동자문제를 해결하기 위한 국가의 정책으로 간주하였다. 그에 따르면 사회복지정책의 궁극적 목표는 ① 노동자 계급의 신분을 향상시키고 ② 이들과 다른 사회계급(귀족, 자본가 등) 간의 갈등을 조절하여, 궁극적으로 ③ 노동자 계급을 국가 및 사회의 조직체계에 조화롭게 편입시키는 데 있다고 하였다(이정우, 2003).

(4) 일본의 사회복지정책 개념

일본의 사회복지정책 개념은 제2차 세계대전 이전에는 독일의 영향으로 사회정책 개념을 선호하여 노동정책 중심의 개념이 주류를 이루었다. 그러나 전후에는 사회복지정책의 개념이 한층 다양해져서 영미에서 사용하는 사회복지정책의 개념이 점차 중요한 개념으로 자리 잡게 되었다. 소위 욕구와 서비스를 중심으로 하는 사회복지정책이 그것이다(신섭중, 1993).

미우라(三浦文夫)는 “사회복지정책을 사회복지의 추진과 진행에 관한 국가와 지방자치단체 또는 그 밖의 공 · 사의 제 단체와 기관의 방침”이라고 하였다. 그는 사회복지정책을 공공시책의 일종으로 복지니드의 다양화에 대응하는 복지서비스의 책정이라고 하였다(현외성, 2015).

(5) 우리나라의 사회복지정책 개념

우리나라에서 사용하는 사회복지정책 개념은 영미 계통의 개념 정의와 유사한 성격으로 볼 수 있다. 그러나 학문적 개념과 관련 실정법 및 제도상 개념은 다소 차이를 보인다. 예컨대, 학문적으로는 사회복지정책 개념이 소득, 의료, 주택, 교육, 고용 및 사회서비스 등을 포함하는 광의의 사회복지 개념과 연관되어 있다. 즉, 이들에 대한 일련의 행동지침이나 이들을 통하여 인간다운 생활을 유지할 수 있도록 하는 제반 서비스 및 급여의 배분원칙이나 목표 달성을 위한 행동지침으로 이해할 수 있다. 반면에 실정법상이나 제도상으로는 협의의 사회복지정책 개념이 사용되는 경향이 있는데, 이것은 공공부조와 사회복지서비스 관련 정책을 말하는 것으로서 이들의 배분과 급여를 통하여 일정한 목적을 달성하려는 일련의 행동지침으로 볼 수 있다(현외성, 2015).

2. 사회복지정책의 특성

사회복지정책이 다른 정책과 다른 특성이 무엇일까? 대표적인 특성을 요약해 보면 다음과 같이 여덟 가지 정도로 제시할 수 있다.

1) 인간지향적 정책

사회복지정책은 무엇보다도 인간의 존엄성을 기본 가치로 하는 '인간지향적 정책'이라는 점에 그 특징이 있다. 사회복지정책은 어떤 사람이든 누구나 인간으로서의 존엄성을 지켜 나가면서 인간으로서 대우받을 수 있는 생활을 보장하는 데 그 목적을 둔다. 따라서 사회복지정책은 어떠한 문제로 인하여 인간의 존엄성을 훼손당하거나 위협받을 가능성이 있는 사람들을 대상으로 한다(임봉호 외, 2016)는 점에서 인간지향적 정책의 특성을 지닌다.

2) 소득재분배적 정책

사회복지정책은 '소득재분배적 정책'으로서의 특성을 갖는다. 이러한 특성은 사회복지정책을 경제정책과 견주어 볼 때 더욱 뚜렷하게 나타난다. 경제정책은 재화의 생산을 통한 소득증대가 주된 정책 목적이지만, 사회복지정책은 경제 성장의 열매로서 나타나는 증대된 소득(부)의 정의로운 배분이 목적이다. 즉, 경제정책은 시장원리에 따른 쌍방적 이전(bilateral transfers)을 전제로 한 교환관계이지만, 사회복지정책은 '가진 자'로부터 '덜 가진 자'로의 일방적 이전(unilateral transfers)이 주요 내용이 된다(박병현, 2011).

3) 클라이언트의 참여를 필요로 하는 정책

사회복지정책은 정책의 형성이나 집행에 있어서 비용 부담자들뿐만 아니라 '클라이언트의 참여를 필요로 하는 정책'이라는 특성을 갖는다. 사회복지정책의 대상은 클라이언트들이고 정책의 성과는 전적으로 클라이언트들에게 달려 있으므로 그 어떤 다른 분야의 정책보다도 정책의 수혜자로, 후원자로, 봉사자로, 협력자로 다양한 형태로의 클라이언트의 참여가 요구되는 특성을 지닌다.

4) 정치논리가 중요시되는 정책

사회복지정책은 시장논리보다는 '정치논리가 중요시되는 정책'이다. 사회복지정책은 사회의 여러 자원을 배분하기 위해 국가에 의해 행해지는 일련의 행위이다. 사회복지정책에 의해 배분되는 자원은 대부분 공공재의 성격을 지니는데, 이러한 공공재 성격의 자원을 시민들이 갖게 되는 이유는 돈으로 구매하는 시장논리(market status)에 의하기보다는 시민이 자원을 가질 자격이 있다고 보는 시민권의 관점에서 정치논리(political status)에 달려 있다고 보기 때문이다.

5) 변화하는 정책

사회복지정책은 사회변화에 따라 빠르게 '변화하는 정책'의 특성을 갖는다. 사회복지정책이 다른 정책에 비하여 상대적으로 빠르게 변화하는 정책이라는 말은 외부적으로 사회변동에 따라 발생하는 사회문제에 대응하여 사회복지정책의 내용이 달라지기도 하며, 다른 한편 개인의 삶의 주기에 따라 개인적 욕구가 다를 수 있는데, 이러한 변화하는 욕구의 충족을 위한 대응이 사회복지정책이라는 점에서도 그러하고, 특히 스스로 인간다운 생활을 영위할 수 없는 사회적 약자를 대상으로 하는 사회복지정책의 내용 또한 변화하기도 하여 그러하다(현외성, 2015).

6) 가치 개입적 정책

사회복지정책은 특정한 사회의 경제적 · 사회적 기반에 따라 달라지는 '가치 개입적 정책'이다. 그래서 사회복지정책은 사회와 시대의 산물이 된다. 사회복지정책은 다른 정책에 비하여 상대적으로 가치와 이념과 강한 연관성을 지니고 있다(현외성 외, 2011). 대표적인 주된 가치는 인간의 존엄성 존중, 자유, 평등, 사회적 연대 등의 가치이며 역사적으로도 많은 이념 논쟁이 있었던 것은 바로 사회복지정책이 갖는 가치 지향적 특성에서 비롯되는 것이라고 할 수 있다.

7) 희소성의 원칙이 지배하는 정책

사회복지정책은 해결해야 하는 충족되지 않은 욕구나 사회문제들이 언제나 충족될 수 있고, 해결할 수 있는 사회적 자원보다 많기 때문에 이러한 자원의 '희소성의 원칙이 지배하는 정책'이라는 특성을 지닌다. 물론 이 경우의 자원이라 함은 한정된 국가예산을 포함한 사회적 자원 전체를 말한다. 즉, 사회복지정책은 사회 내의 한정된 자원, 희소성을 가진 자원으로 충족되지 않고 존재하는 욕구를 해결하기 위한 정책이라는 의미이다.

8) 내용 포착이 어려운 정책

사회복지정책은 변화하는 개념이기 때문에 내용 포착이 쉽지 않고, 일반적인 정책과는 달리 화폐나 경제적 계량화에 어려움이 있는 것이 특징이다.

사회복지정책의 주된 목적은 인간욕구의 충족이다. 이때 사회문제나 사회적 위험의 해결과 예방이라는 점에서 어디까지가 인간욕구의 충족이라고 보아야 하는지, 사회문제가 어디까지 해결되었다고 보아야 할 것인지가 매우 애매하기 때문에 모호한 정책목표를 가지게 된다. 그리하여 이러한 목표를 실현하는 수단으로 제반 사회복지정책이 끊임없이 출현하게 되고, 이들 사회복지정책의 내용과 영역이 불분명한 경우도 많다.

3. 사회복지정책의 필요성과 한계

1) 사회복지정책의 필요성 - 긍정적 기능

사회복지정책의 필요성을 달리 말하면 사회복지정책의 긍정적 기능이라고도 표현할 수 있겠다. 왜냐하면, 사회복지정책이 다음과 같은 주된 기능을 수행하기 때문에 사회복지정책을 필요로 하게 되는 것이다. 사회복지정책의 필요성을 국민의 기본권보장, 정치적, 경제적, 사회적 측면으로 구분하여 살펴보면 다음과 같다.

(1) 기본권 보장

기본권이란 인간이 누릴 수 있는 권리 가운데 「헌법」이 보장하는 국민의 기본적 권리로 국가는 이를 보장할 책임이 있다. 「헌법」상 기본권은 자유권, 평등권, 생존권, 청구권, 참정권이 있는데 사회복지정책은 이러한 국민의 기본권 가운데 주로 생존권(복지권)을 보장하기 위하여 주된 기능을 수행하게 된다.

이러한 기본권 보장을 위해 우선적으로 빈곤문제를 해결하고, 인간의 존엄성 유지, 자립성 유지, 개인적 성장과 발달을 도모하고자 노력한다. 나아가 사회복지정책은 사회구성원 전체에게 보편적으로 발생할 수 있는 사회문제들에 개입하여 사회문제의 심각성을 완화하고 해결해 나감으로써 사회적 변화를 꾀하고자 하는 것이 주된 기능 중 하나이다. 또한 최소한 사회적 욕구라고 인정되는 것들에 대해서는 사회복지정책을 통해 그것을 충족시킴으로써 사회구성원들의 만족을 추구하고, 사회적으로 바람직한 목표를 달성하고자 한다. 이와 같이 국민의 기본권 보장을 위해 사회복지정책은 필요하고 중요한 기능을 수행하게 된다.

(2) 사회통합과 정치적 안정

사회복지정책은 앞서 언급한 바와 같이 사회문제를 해결하고 사회적 약자의 욕구를 충족시켜서 사회통합을 이루고, 질서유지를 통해 정치적 안정을 이루는 기능을 한다. 사회 전체적인 측면에서 볼 때, 생활의 어려움을 겪는 개인을 돕고, 이로 인해 사회혼란이나 소요를 막는 효과를 거둘 수 있다. 그로 인하여 사회적 배제 없이 모든 사람이 사회에 적극적으로 참여하고 살아갈 수 있도록 하는 사회통합의 기능을 수행하게 된다.

사회복지정책은 정치시장의 수요에 대응하는 공급대안인 정치적 재화(political goods)라고도 불린다. 이는 정권을 창출하거나 유지하는 정당들이 정치적 지지와 정당성을 국민으로부터 부여받기 위하여 의도적으로 사회복지정책을 입안하기 때문이다. 따라서 사회복지정책은 정치적 지지와 정당성을 확보하는 데 유리한 방향으로 창출되거나 형성된다(김기원, 2017).

(3) 경제의 안정화

자본주의 경제의 호황–불황의 변동에서 의도적인 경제정책을 실행하지 않더라도 사회복지정책이 사전에 충분히 자리 잡고 있을 경우, 경기가 너무 과열되거나 하락되지 않도록 하는 자동안정장치의 기능이 나타난다. 사회복지 재원으로 사용되는 세금이나 기여금 등은 경기변동에 영향을 미치는 폭이 크다. 특히 직접세를 통한 사회복지 재원조달은 경기변동을 자동적으로 안정화시키는 작용을 한다. 경기가 가열되어 호경기가 되면, 개개인의 소득도 상승하지만 이에 따라 조세도 증가하여 경기를 진정시키는 작용을 하게 되며, 반대로 불황 시에는 실질적인 감세가 이루어지게 됨으로써 경기를 부양하는 효과를 갖는다.

한편, 사회복지정책이 사전에 충분히 자리 잡고 있지 않을 경우에는 경제의 호황과 불황의 변동에도 사회복지정책은 상대적으로 일정한 사회보장 지출(연금, 의료보호, 공공교육 등)을 통해 안정을 제공하며, 불황에는 사회복지 관련 지출을 늘리고, 호황에는 사회복지 관련 지출을 줄이는 것과 같이 경기변동의 방향과는 상반되는 방향으로 움직여서 적극적으로 자동안정화 기능을 수행하기도 한다.

또한 다양한 사회복지제도는 경제성장을 위한 자본축적에 필요한 국민의 저축습관을 학습시키게 하며(예: 연금제도), 경제성장의 필수조건인 인적자본을 교육시키고 훈련시켜 고용을 창출하고, 취업을 하게 함으로써 노동의 질을 향상시켜 경제성장에 기여하게 한다. 그리고 장기간 축적된 막대한 자본(예: 연금기금)을 정책적으로 동원할 수 있어 경제성장을 위한 기반조성에 사용할 수 있다.

(4) 사회적 안정에 기여

사회복지정책은 소득재분배 기능을 통해 빈부격차를 해소함으로써 계층 간의 대립을 사전에 방지하여 사회안정에 기여할 수 있다.

사회복지정책의 여러 기능 중 소득재분배 기능은 주요 역할 중 하나이다. 사회복지정책은 시장에서 배분된 소득(1차적 분배)을 2차적으로 재분배하는 기능을 수행한다. 소득재분배의 다양한 형태로는 세대 내 재분배로서 소득이 높은 사람에게서 낮은 사람에게로 흘러가는 수직적 재분배, 같은 소득이라도 어떤 특성을 갖지 않은 사람에게서 위험을 경험한 사람에게로 소득이 흘러가는 수평적 재분배, 연금에서와 같이 젊은 세대에서 노인 세대로 재분배가 일어나는 세대 간 재분배, 동일한 사람의 삶 가운데 어느 한 시점의 소득이 다른 시점으로 옮겨가는 시간적 재분배, 도시와 농촌지역을 구분하는 공간적 재분배, 생애에 걸친 장기적 재분배, 이와 대비되는 현재의 문제를 해결하는 단기적 재분배 등의 유형이 있다.

〈표 1-2〉 소득재분배의 다양한 형태

<table>
<tr><th colspan="2">분류</th><th>내용</th><th>제도</th></tr>
<tr><td colspan="2">세대 간 재분배</td><td>근로세대 → 노령세대</td><td>부과방식의 연금제도, 기초연금제도, 가족수당, 아동수당</td></tr>
<tr><td rowspan="2">세대 내 재분배</td><td>수직적 재분배</td><td>고소득층 → 저소득층</td><td>공공부조제도</td></tr>
<tr><td>수평적 재분배</td><td>위험 미발생 집단 → 위험 발생 집단</td><td>사회보험제도</td></tr>
<tr><td colspan="2">시간적 재분배</td><td>동일인에 대해서 시기에 따른 소득격차를 시정</td><td>연금</td></tr>
<tr><td colspan="2">공간적 재분배</td><td>도시와 농촌, 상공업지역과 농어촌지역</td><td>도시지역과 농촌지역의 국민건강보험</td></tr>
<tr><td colspan="2">장기적 재분배</td><td>청년기 → 노년기
생애에 걸친 장기간의 재분배</td><td>적립방식의 연금</td></tr>
<tr><td colspan="2">단기적 재분배</td><td>현재 드러난 욕구충족을 목적으로 현재 문제를 해결하기 위해</td><td>공공부조</td></tr>
</table>

출처: 홍봉수 외(2011); 박경일(2016).

2) 사회복지정책의 한계 - 부정적 기능

앞서 언급한 사회복지정책의 필요성이 있음에도 불구하고 사회복지정책으로 인해 발생되는 한계점도 역시 살펴보아야 한다. 이를 기능적 측면에서 보면 부정적이라고 표현할 수 있다. 빈곤함정, 실업함정, 의존성, 낙인 등이 이에 해당된다. 이를 구체적으로 살펴보면 다음과 같다.

(1) 빈곤함정/빈곤의 덫(poverty trap)

빈곤함정이란 사회복지 급여에 의존하여 근로의욕을 상실하고 빈곤에 머무르는 현상을 말한다. 즉, 최저생계비 이하에 있게 되면 여러 가지 혜택이 있으나 그 선을 넘으면 혜택을 잃기 때문에 빈곤에 머물러 있는 경우가 오히려 이득이 되어 공공부조 수급자로 남아 있기 위해 일을 덜 하거나 하지 않는 계층이 존재하는 것을 말한다.

수급자의 소득이 빈곤선 수준 이상으로 높아져서 공공부조의 혜택을 잃게 될 경우, 시장소득(자기가 일해서 번 소득)이 높아졌음에도 불구하고 총가처분소득(사회복지 급여를 합한 소득)은 이전보다 줄어들 수 있다. 이런 경우 합리적인 사람은 시장소득이 빈곤선보다 높아지기를 꺼리게 되어, 차라리 시장소득이 낮더라도 사회복지 급여를 받을 수 있는 선택을 하게 된다. 이런 현상을 흔히 빈곤함정이라고 한다.

사회복지에 대해 비판적인 사람들은 이러한 현상이 국민의 자립의지와 노동의지를 약화시키고 의존성을 증대시킨다고 비판한다. 하지만 이것은 빈곤층이 자신의 이익을 높이려고 행동하는 합리적 선택이기 때문에, 이러한 문제를 근본적으로 해결하는 방법은 보편적인 사회복지 프로그램을 확대하는 것이다.

(2) 실업함정/실업의 덫(unemployment trap)

취업하는 곳의 급여가 낮거나 근로조건이 좋지 않아서 실업급여나 실업부조를 받는 것이 오히려 유리할 수 있다. 이러한 경우 일을 하지 않고 실업에 머무르려고 할 수 있는데, 이러한 현상을 실업의 덫이라고 한다. 실업급여나 실업부조의 급여수준이 높을 경우 구직동기나 근로동기를 약화시킨다는 비판을 받기도 한다.

(3) 의존성의 덫(dependency trap)

복지 선진국에서 1970년대 이후 자주 쓰이는 복지병(Welfare disease)[1], 영국병(British disease)[2] 등과 같이 사회복지정책의 혜택이 높은 국가에서 정부의 도움만 받고 스스로는 노력을 하지 않는 사람들이 많아진 현상을 비판할 때 사용한다.

(4) 낙인(stigma)

낙인은 급여를 받는 사람이 급여 수급과 관련하여 느끼는 수치감 또는 치욕감을 말한다. 낙인이 생긴다면 인간의 존엄성이 훼손될 수 있다. 따라서 낙인이 발생하지 않도록 하는 것이 중요한데, 급여의 자격조건에 따라 대상자에게 수치감을 줄 수도 있고, 급여의 형태에 따라서 낙인의 발생 정도가 달라지게 된다.

자산조사(means test)에 기초한 공공부조는 기여에 따른 분배원리를 택하고 있는 사회보험과는 달리, 본인 스스로 생활을 유지할 수 없기 때문에 국가로부터 받는 도움의 성격이 크다. 따라서 공공부조의 급여신청, 자산조사, 급여의 사용 등의 과정에서 낙인감이 발생할 가능성이 크다. 또한 급여가 현물이나 증서 형태로 제공될 때 현금급여에 비해 공공부조 수급자라는 사실을 노출할 가능성이 높아 낙인감을 줄 수도 있다.

---

1) 복지병(Welfare disease): 영국인들이 제2차 세계대전 이후 영국의 고복지(요람에서 무덤까지 국가에서 책임을 진다는 것)로 인해 생산의욕이 감소하여 무기력해지고, 방임적인 태도를 나타낸 현상을 가리킨다. 1960~1970년대 영국은 잦은 파업과 과도한 복지로 인한 재정 악화, 근로의욕 저하 등의 무기력한 분위기가 사회를 지배했는데, 이 같은 분위기는 결국 국가의 부담으로 이어져 복지정책의 위기를 초래하게 된다.

2) 영국병(British disease): 1960년대 초 독일의 저널리즘이 영국 노동자의 비능률성을 가리켜 사용한 데서 비롯되었다. 예로부터 영국인은 적극 · 과감 · 냉철 · 끈기 · 자기희생 · 이기주의를 미덕을 삼아왔으나, 제2차 세계대전 이후 고복지 · 고부담 정책과 평등주의가 일반화함에 따라 부나 특권에 대한 의식이 희박해진 데에도 그 원인이 있다.

4. 사회복지정책의 영역

앞서 기술한 바와 같이 사회복지정책의 개념 정의가 매우 다양하기 때문에 사회복지정책의 영역 또한 다양하게 구분될 수밖에 없다. 아울러 사회복지정책의 영역이 실제로 분명하지 않다고 보는 학자도 있다(Dinitto, 2007).

그러나 사회복지를 좁게 보느냐 또는 넓게 보느냐에 따라 사회복지정책의 영역 또한 달라지는데, 일반적으로 사회복지정책의 영역을 다음과 같이 구분하고 있다(Dinitto, 2007; 김태성, 2003; Gordon, 1994; 양정하 외, 2016).

① 사회복지정책의 기본적인 영역, 다른 말로 협의의 사회복지정책 영역으로 소득보장 영역, 의료(건강)보장 영역, 주택 영역, 대인 사회서비스 영역, 교육 영역을 꼽을 수 있다. 디니토(DiNitto)의 경우 이러한 다섯 가지 영역을 사회복지정책의 영역에 포함시키고 있다(노병일, 2016). 교육 영역은 학자에 따라 협의의 영역에 포함시키기도 하고 광의의 영역에 포함시키기도 하는데, 일반적으로 사회복지정책이라고 할 때 교육 영역을 포함한 다섯 가지 영역으로 제안하는 경우가 많다.

② 사회복지정책의 영역을 넓게 보는(광의의) 입장에서는, 경제정책의 영역에 속한다고 볼 수 있는 조세정책과 노동시장정책을 사회복지정책의 영역에 포함시키는 경향이 있다. 왜냐하면 조세정책과 노동시장정책은 소득보장정책의 기능을 하기 때문이다. 예를 들어, 고든(Gordon)은 사회복지정책에서 노동시장정책을 중요하게 취급하였는데, 적극적 노동시장정책을 펴서 고용보험제도와 함께 고용정책의 근간을 이룬다고 설명한 바 있다.

③ 사회복지정책을 훨씬 더 넓게 보는(최광의의) 입장에서는 사회복지정책을 사회정책과 유사한 것으로 보는 경향이 있다. 이런 입장을 취하는 사람들은 기본적 욕구와 관련된 영역에 환경 영역, 교통 영역, 문화 영역 등도 포함시키는 경우가 많다. 그리고 라피테(Lafitte)의 경우 사회정책은 시장이 편리하게 충족시킬 수 있는 영역의 밖에 있는 모든 욕구를 다룬다고 보고 있다. 또한

> 디니토(DiNitto)에 따르면, 사회복지정책을 넓게 볼 경우에 사회복지정책에는 정부가 하는 거의 모든 일이 포함된다. 다시 말해, 사회복지정책은 의료, 주택, 빈곤층을 위한 원조와 같은 것뿐만 아니라 조세, 국방, 환경, 교통, 문화정책과 같은 것도 포함된다. 따라서 이런 경우에는 사회복지정책의 영역이 매우 넓어지게 된다(노병일, 2016).

따라서 사회복지정책의 영역 및 내용을 정리해 보면 〈표 1-3〉과 같다. 내용을 살펴보면, 먼저 협의의 사회복지정책으로서 ① 소득보장정책으로는 사회보험방식에 의한 공적연금제도, 공공부조로서의 국민기초생활보장제도, 그리고 아동수당, 노령수당, 장애수당 등의 각종 수당제도 등을 들 수 있다. 다음으로 ② 의료(건강)보장 정책은 사회보험 방식에 의한 국민건강보험제도와 공공부조방식의 의료급여제도가 있다. 인간의 생존에 필수적이라 할 수 있는 ③ 주택정책으로는 주택저당대출제도, 공공임대주택, 국민주택, 주거환경개선사업 등이 있으며, 사회적 약자의 특별한 비물질적 욕구 해결을 위한 ④ 대인적 사회서비스로는 아동 및 청소년복지, 노인복지, 여성복지, 장애인복지 관련 서비스를 들 수 있다. 끝으로 ⑤ 교육정책으로는 영유아보육, 저소득 중·고등학생 학비지원, 학교급식, 평생교육제도 등이 있다.

〈표 1-3〉 사회복지정책의 영역

정책영역		사회복지정책의 내용
협의 영역	소득보장정책	사회보험, 공공부조, 각종 수당제도 등
	건강보장정책	국민건강보험, 의료보험 및 부조, 보건의료서비스 등
	주택정책	주택담보대출제도, 공공임대주택, 국민주택, 보금자리주택 등
	대인적 사회서비스 정책	아동복지, 여성복지, 장애인복지, 청소년복지, 노인복지, 다문화가족복지 등
	교육정책	영·유아보육, 학비지원, 학교급식 지원, 사회적 배려자 지원 전형 등
광의 영역	조세정책	소득공제, 조세감면, 부의 소득세, 근로장려세제 등
	노동정책	고용정책, 노사정책, 임금정책, 교육·훈련정책, 최저임금제도 등
	사법정책	보호관찰제도, 갱생보호제도, 법률구조제도 등

출처: 임봉호 외(2016); 노병일 외(2016); 박경일(2016).

다음으로 광의의 사회복지정책으로서 ① 조세정책으로는 부(負)의 소득세(Negative Income Tax: NIT)[3], 근로장려세제(Earned Income Tax Credit: EITC)[4] 등이 있고, ② 노동시장정책으로는 고용정책, 노사정책, 임금정책, 산업복지 등을 들 수 있으며, ③ 사법정책으로는 보호관찰제도, 갱생보호제도, 법률구조제도 등이 있다. 더 넓은 의미의 사회정책으로 환경, 교통, 문화정책을 들 수 있으며 사회정책(사회복지정책)에 포함되지 않는 기타 공공정책으로 국방, 외교, 치안, 농업, 산업정책 등 국가가 하는 거의 모든 정책을 들 수 있겠다.

3) 부(負)의 소득세(Negative Income Tax: NIT): 어느 개인의 소득이 최저생계비 또는 소득공제액에 미치지 못할 때 최저생계비와 실제 소득 간의 차액을 정부가 보조하는 세제를 말한다. 부의 소득세에서 보조받는 액수의 크기는 최저생계비 액수, 근로자의 실제소득, 부의 소득세율에 의해 결정된다. 보통의 소득세는 납세자로부터 징수하는 데 반해, 부의 소득세는 저소득자에게 지급하기 때문에 역소득세라고도 부른다.

4) 근로장려세제(Earned Income Tax Credit: EITC): 일정액 이하의 저소득 근로자 또는 사업자(전문직 제외) 가구에 대해서 가구원 구성과 총급여액 등에 따라 산정된 근로장려금을 지급함으로써 저소득 근로자 가구에 세금을 환급하여 근로빈곤층으로 하여금 실질소득을 증가시켜 근로자의 근로의욕을 고취시키고 소득재분배 효과를 낼 수 있다.
이 제도는 1975년 미국에서 처음 실시한 이래, 영국 · 프랑스 · 캐나다 · 뉴질랜드 등 선진국에서 유사한 제도를 운영하고 있다. 한국에서는 2007년 1월부터 시행된 「조세특례제한법」 개정안에 근로장려세제 조항이 시설되어 2009년 처음 지급되었다. 근로소득 또는 사업소득이 있는 가구로서 가구 요건, 총소득 요건, 재산 요건을 모두 충족하여야 한다. 자세한 내용은 본 교재의 제9장 참고 바람.

연습 문제

CHAPTER 01

01 소득재분배에 관한 설명으로 옳지 않은 것은? 15회 기출

① 소득재분배는 세대 내 재분배와 세대 간 재분배로 구분할 수 있다.
② 소득재분배는 시장의 기능에 따라 1차적으로 소득이 분배되는 것이다.
③ 정부가 조세정책과 사회복지정책 등을 통해 실현한다.
④ 개인의 자발적 기부와 같이 민간에 의해 이루어질 수도 있다.
⑤ 시간적 소득재분배는 한 개인이 안정된 근로생활시기에서 불안정한 소득시기로 소득을 이전하는 것을 의미한다.

[해설] 소득은 1차적으로 시장에서 배분된다. 소득재분배는 국가가 시장에서 배분된 결과를 수정하여 재분배하는 것으로 2차적 배분에 해당된다. 소득재분배는 다양하게 유형을 나눌 수 있는데, 시간적 소득재분배와 사람 간 소득재분배로 나누기도 한다. 사람 간 소득재분배는 다시 소득수준을 기준으로 수직적 소득재분배와 수평적 소득재분배, 세대를 기준으로 세대 간 소득재분배와 세대 내 소득재분배로 구분한다.

02 사회복지정책의 특성에 관한 설명으로 옳지 않은 것은? 16회 기출

① 가치판단적 특성을 가진다.
② 국민의 최저생활을 보장한다.
③ 개인의 자립성을 증진시킨다.
④ 능력에 비례한 배분을 원칙으로 한다.
⑤ 경제의 자동안정장치 기능을 수행한다.

[해설] 사회복지정책은 시장경제에서의 원칙과는 달리 능력보다는 욕구에 따른 배분을 더 중요한 원칙으로 여긴다. 사회복지정책은 가치 지향적이며, 국민의 최저생활을 보장하고 자립 · 자활을 촉진한다. 사회복지정책이 안정적으로 운영될 경우 경제의 호황–불황의 변동에서 의도적인 경제정책을 하지 않더라도 경기가 너무 과열되거나 하락되지 않도록 하는데, 이를 자동안정장치의 기능이라고 한다.

03 사회복지정책 관련 원칙과 가치를 연결한 것으로 옳지 않은 것은?

14회 기출

① 보충성 원칙 - 자력구제 우선
② 열등처우 원칙 - 비례적 평등
③ 보험수리 원칙 - 개인적 형평성
④ 소득재분배 원칙 - 능력에 따른 부담
⑤ 최소극대화 원칙 - 개인적 자유

[해설] 최소극대화 원칙은 롤스의 사회정의에 입각한 분배 원칙으로 최소의 효용을 가진 사람의 효용을 극대화하는 사회정의 원칙이다. 롤스에 따르면 모든 사람이 자신이 어떤 위치에 처할지 모르는 상태에서 분배의 원칙을 합의하게 될 경우, 사람들은 자신이 사회 최하층이 될지도 모른다는 두려움을 갖기 때문에 최하층의 수준을 최대로 높이는 방향에 동의하게 된다. 따라서 이 원칙이 현실 사회에서도 중요한 의미를 가지며 사회에서 가장 불리한 위치에 있는 사람의 복지를 증진시키는 것이 정당화된다.

04 우리나라의 근로장려세제에 관한 설명으로 옳은 것은?

16회 기출

① 조세환급제도의 일종에 해당한다.
② 급여신청 접수는 행정복지센터에서 담당한다.
③ 자격기준은 근로소득, 부양부모, 재산, 부채이다.
④ 「근로기준법」 개정을 근거로 2006년부터 시행되었다.
⑤ 신청방식은 신청주의와 직권주의가 혼용되고 있다.

[해설] 근로장려세제는 '세제'라는 표현에서 엿볼 수 있듯이 조세환급제도의 일종이며, 따라서 국세청에서 담당한다. 자격기준은 배우자가 있거나, 만 18세 미만의 부양자녀가 있거나 신청자가 만 40세 이상인 가구로 가구원 구성에 따라 정한 총소득기준금액 미만의 가구여야 한다. 국민기초생활보장제도와 달리 부양의무자 기준은 적용하지 않는다.

05 소득재분배의 내용에 대한 설명으로 옳지 않은 것은? 17회 기출

① 사회적 욕구의 충족을 위해 현재의 자원을 사용하여 소득재분배를 하는 것은 단기적 재분배이다.

② 생애에 걸쳐, 세대에 걸쳐 이루어지는 재분배를 장기적 재분배라고 한다.

③ 소득이 높은 사람에게서 소득이 낮은 사람으로 재분배되는 것을 수직적 재분배라고 한다.

④ 소득보다는 특정한 조건을 가진 사람들에게 혜택이 가는 재분배가 수평적 재분배이다.

⑤ 대부분의 단기적 재분배, 수직 · 수평적 재분배는 세대 간에 일어난다.

[해설] 대부분의 단기적 재분배, 수직 · 수평적 재분배는 세대 내에서 일어난다. 세대 간 재분배가 나타나는 경우는 주로 부과방식으로 운영되는 공적연금이 대표적이다.

정답 01 ② 02 ④ 03 ⑤ 04 ① 05 ⑤

제02장 사회복지정책의 역사적 전개

1. 사회복지의 발전과정

사회복지정책은 산업화와 자본주의 발달, 의학기술의 발달 등으로 인한 인간의 질병, 사망, 실업 등 다양한 사회적 문제를 해결하기 위하여 만들어진 것이다. 사회복지제도가 정책을 통해 국가와 국민 사이에 사회복지에 관한 권리 · 의무관계로 형성될 수 있도록 한다. 국가의 정책이 있어야 비로소 공식적인 제도가 존재하게 되고, 사회복지정책이 어떠한 사회문화적 배경 속에서 만들어지는가는 다양한 사회문제를 해결하기 위한 사회복지정책을 이해하는 데 많은 도움이 된다. 일반적으로 사회복지정책이 발달한 시기를 단순하게 빈민법시대, 사회보험시대, 복지국가시대로 구분하는 경우가 많다. 본서도 일단은 퍼지(Ferge, 1989)의 분류에 따라 구분하되, 구체적인 시대 구분은 세부목차로 확장할 것이다.

〈표 2-1〉 사회복지정책의 역사적 발전단계

구분	빈민법	사회보험	복지국가
대상자	걸인, 부랑자, 구제가치가 있는 빈민	노동자 계급	시민, 개인
복지주체	국가/교회/봉건 영주	국가, 노동조합	국가, 시민단체
대상 욕구	최소한의 생존	산업화·도시화로 인한 사회적 위험에 대한 최소한의 지원	국민최저 이상, 직업보장(완전고용)과 복지의 관련성 중시
주요 제도	시설 및 거택보호, 공공부조	사회보험, 공중보건·교육·주택복지의 시작	확대된 사회보장, 시장을 보완하기 위한 케인스주의적 사회경제정책
권리수준	무권리/정책당국의 재량	사회보험에 입각한 권리	시민권
경제와의 관계	주변적/사회문제를 경제와 무관한 것으로 인식	경제에 종속/잔여적 복지정책	경제와 거의 대등한 파트너 관계

출처: 원석조(2016).

빈민법은 유럽 절대왕정시대의 국가정책으로서 그 대상자는 걸인과 부랑자 및 구제 가치가 있는 빈민이고, 정책의 시행주체는 절대주의 국가, 교회, 봉건영주였으며, 시행주체가 인정하는 대상자의 욕구는 최소한의 생존에 국한되었다. 그리고 정책수단으로는 부랑자와 빈민을 시설에 수용·보호하거나 주거가 있는 빈민에게는 구호물품을 제공하는 방법을 사용했는데, 오늘날의 시설보호와 거택보호에 해당된다. 또한 당연한 말이지만, 빈민법을 통한 구제는 그 대상자의 권리와는 전혀 무관했으며, 급여는 그 제공자인 국가와 교회의 완전한 재량에 좌우되었다. 빈민법 단계에서는 정책의 대상이 되는 사회문제를 경제와는 무관한 주변적인 문제로 인식하였다.

사회보험단계는 1880년대 독일 비스마르크 사회입법에서 시작된 것으로 그 주된 대상자가 노동자 계급이었고, 정책주체는 행정책임자인 국가와 대상자들의 대변자인 노동조합이었으며, 보장의 대상이 되는 욕구는 산업화·도시화로 인한 사회적 위험, 즉 산업재해, 실업, 질병, 고령화 등이었다. 주요 제도는 사회보험이고, 권리수준은 사회보험 가입자로서 보유하는 권리이고, 사회복지정책은 경제에 종속적이었다.

제2차 세계대전 직후 영국에서 시작된 것이 복지국가이다. 복지국가는 사회복지정책의 대상자를 전 국민, 즉 시민으로 확대하였고, 그에 따라 국가와 함께 시민들의 조직인 시민단체가 사회복지정책의 주체가 되었으며, 대상 욕구 역시 국민최저 이상으로 확장되었다. 또한 전 국민으로 확대된 사회보장과 시장을 보완하기 위한 케인스주의적 사회경제정책이 핵심 정책수단이 되었으며, 시민들의 복지수급권, 즉 시민권이 완전히 보장되었다. 사회복지정책이 사회적으로 차지하는 비중이 커짐에 따라 경제와도 대등한 관계를 갖게 되었다.

2. 사회복지정책의 기원 - 영국의 구빈제도

1) 엘리자베스구빈법(The Elizabeth Poor Law, 1601)

헨리 8세와 앤 불린 사이에서 출생한 엘리자베스는 1558년 여왕으로 즉위한 후 44년간 영국을 통치하였다. 엘리자베스 여왕이 구빈법을 제정한 시기 전후는 중세시대로서 엔클로저 운동과 부랑자 처벌법, 수장령 등이 구빈법 제정에 영향을 주었다.

14세기 전후에 시작된 엔클로저 운동으로 많은 빈민들은 부랑자가 되었고, 부랑자들은 자기가 속한 영지를 떠나게 되었다. 이러한 부랑자들을 통제하기 위한 다양한 실정법이 제정되었는데, 1601년 구빈법은 15세기 말까지 내려온 빈민 관련법과 조례들을 집대성한 것이었다. 게다가 부친의 수장령 선포를 통하여 기존의 가톨릭교회에서 거주하였던 빈민들은 출교하여 또 다른 부랑자가 되었다. 엘리자베스 여왕은 사회문제가 되고 있는 부랑자 등의 빈민들을 구빈법을 통해서라도 해결할 수밖에 없었다.

엘리자베스 여왕이 제정한 구빈법은 이전 빈민들과 관련된 법들을 재정비한 것이라 할 수 있다. 구빈법의 특징은 첫째, 구빈에 대한 의무가 국가에 있음을 보여준 대표적인 사례로서, 이전의 구빈은 대부분 교회에서 제공되고 있었으나 구빈법은 빈민구제의 책임이 국가에 있음을 보여 주고 있다. 구빈에 소요되는 재원 마련을 위하여 지방세를 증액시켰으며, 교구단위별로 구빈 감독관을 임명하여 지방세 징수(徵收)와 행정(行政) 등을 맡겼다. 둘째, 구빈법에서는 빈민을 노동 능력이 있는 빈민과 노동 능력이 없는 빈민 그리고 아동 등 세 집단으로 구분하였다. 노동 능력이 있는 빈민은 결혼 여부와 무관하게 작업장 내에서 강제로 노동을 해야 했으며, 노동 능력이 없는 노인 · 장애인 등은 구빈원을 통하여 사회복지서비스를 받았다. 아동 중 남아는 24세, 여아는 21세가 될 때까지 부모로부터 떨어져 도제 생활을 해야 했다. 여기에서 노동의 개념은 현대 사회에서 직장 내 노동 관념과 많은 차이가 있다. 구빈법의 노동은 강제성이 있는 강력한 노동형태로서, 노동 능력이 있음에도 불구하고 일하지 않는 경우 채찍, 수감, 추방 등의 가혹한 벌이 내려졌다. 셋째, 구빈법은 빈민의 시설구호를 중심으로 이루어졌다. 시설은 부랑자들을 대규모로 수용하여 통제할 수 있는 체제였으며, 지원이나 비용을 명확하게 집행할 수 있다는 장점을 가지고 있다(박광준, 2015).

2) 정주법(The Settlement Act, 1662)

정주법이 규율하는 내용은 빈민이 원래 속한 교구에 있어야 구제를 받을 자격이 주어진다는 것이다. 빈민이 본래 거주했던 교구를 떠나 다른 곳으로 이동할 경우 그곳의 교구에서는 빈민의 유입으로 구빈세를 더 부담해야 한다는 결과로 이어진다. 이에 정주법을 통하여 빈민의 이동을 통제하도록 하였으나, 노동력이 부족한 교구의 경우 산업 발전이 저해되는 폐단이 있었다. 「국부론」을 저술한 아담 스미스(Adam Smith)는 부의 원천은 노동이며, 부의 증진은 노동생산력의 개선으로 이루어진다고 주장하면서, 경제인의 주체적 행동이 '보이지 않는 손'에 이끌려 국부의 증진과 생산력의 향상을 가져오게 된다고 역설하였다.

3) 작업장법(The Workhouse Act, 1722)

영국과 유럽은 이 당시 중상주의를 지향하고 있었다. 영국 내의 경제학자들은 네덜란드 구빈원에 수용되어 있는 빈민들이 원료, 양모, 철 관련 제품들을 생산하는 모습을 보고, 이를 영국에 반영하고자 하였다. 작업장법은 노동이 가능한 빈민들로 하여금 작업장 내에서 노동하도록 하고 이를 부의 창출에 기여하도록 만들기 위해서 제정된 법이다. 작업장법으로 말미암아 거리의 걸인들이 감소하기는 하였으나, 작업장 내에서 생산되는 물품은 경쟁력이 없었고, 이곳에서 노동하는 사람들은 혹사와 노동력 착취 등으로 힘들어하였다.

4) 길버트법(The Gilbert's Act, 1782)

길버트법은 하원의원인 길버트(Thomas Gilbert)가 작업장법의 폐단을 없애고, 노동력이 있는 빈민에 대한 취업 알선과 보호시설을 개선하고자 제정된 법이다. 즉, 빈민의 시설보호인 구빈원 안에서의 구제보다는 시설 밖에서 머물렀을 경우에도 구제가 가능하도록 한 것이다. 작업장법(원내 구호)은 빈민들에게 가족을 포기하게 하고 작업장에서 같이 지내게 했으며, 경비를 최소화하고 이윤창출을 최대의 목적으로 하는 민간인에 의하여 운영됨에 따라 열악할 수밖에 없었다. 그러나 길버트법은 구빈법 개정(Poor Law Amendment of, 1782)이 원래 명칭이었으며, 이 법은 작업장의 청부계약인 제도(Contractor System)를 철폐하고, 그 대신 급여를 받는 지도원을 두었으며, 원외에서 빈민들을 구제하자는 것이었다.

5) 스핀햄랜드법(The Speenhamland Act, 1795)

스핀햄랜드법은 영국 남부 버크셔 주의 스핀햄랜드 지역에서 빈민노동자에게 구빈세를 통하여 최저생활이 가능하도록 하는 임금보조제도이다. 본 제도상의 최저생활기준(Speenhamland bread scale)은 지역의 빵 가격과 빈민노동자의 가족 수에 비례하여 과학적으로 산정하고, 급여는 현물급여가 아니라 현금급여로 지원되었다. 영국에서는 당시 산업혁명과 농업혁명에 따른, 농업 노동자의 보조적 수입원이 끊겨 임금저하와 물가저하 등에 따라 빈민 노동자들의 곤궁상태가 악화되어 스핀햄랜드법을 제정하기에 이른 것이다. 그러나 사용자는 임금보조제도의 특징을 인지하게 되면서, 빈민노동자에 대한 월급을 낮게 책정하게 되어, 결국 고용주의 월급지출에 대한 보조제도가 되는 폐단을 낳게 되었다.

6) 공장법(The Factory Act, 1833)

공장법은 공장 노동자들의 가혹한 노동 조건을 시정하기 위하여 시행된 법률로서 1802년의 도제법을 시작으로 1833년에는 일반 공장법이 제정되었는데, 공장법의 형성과정을 약술하면 다음과 같다. 1830년 조지 4세가 서거하고 윌리엄 4세(1830~1837)가 즉위하자, 노동자들은 14실링(7파운드)으로 최저임금 보장을 호소하였으나 관철이 어렵게 되자 폭동을 일으켰다. 정부는 노동자들의 폭동을 불법이라 규정하고 소요 단속법(The Riot Act)을 내세우며 노동자들을 진압하였다. 휘그당이면서 자유주의자였던 그레이는 14세기 이후 제정된 40실링 이상의 수입이 있는 농민들에게만 선거권을 주는 선거 체계가 불합리하다고 인식하고 있었다. 그레이가 수상(1830~1834)이 되자, 특정 계층에게만 부여되는 선거법 개정안을 내놓았고 1832년 제1차 선거법이 개정되었다(차티스트운동 참고).

제1차 선거법 개정 이후 도시 노동자들의 권리가 하나씩 생겨나게 되었다. 산업혁명 당시 어린이와 청소년들은 하루 16~17시간의 장시간 노동을 하며 다치거나 죽었지만 제대로 보상받지 못하였다. 노동하는 어린이와 청소년의 사망률이 극도로 높아지자 1833년 영국 하원에서 이 실태를 파악하기 위한 청문회가 열렸고, 그 결과 공장법이 제정되었다. 공장법의 구체적인 내용을 살펴보면, 18세 미만의 취업을 제한하고, 이에 따라 처음으로 공장 감독관을 임명했다. 1842년에는 여자와 10세 미만 연소자의 광산 고용이 금지되었고, 1844년에는 노동시간이 10시간으로 제한되었다. 1850년에는 '잉글리시 위크(English Week)'라 해서 토요일은 반휴일, 일요일은 전휴일제가 도입되기까지 했다. 공장법은 오늘날 사회법으로 발전하였는데, 사회법은 자유방임적 자본주의 체제하에서 경제가 성장함에 따라 빈부 격차, 노동자와 사용자 간 대립, 환경오염, 계약 자유의 원칙 악용 등의 사회문제가 발생하면서 시행되었다. 이러한 사회문제를 해결하기 위해 국가가 사적인 법 영역에 적극적으로 개입해야 한다는 요구가 커지면서 사회법이 등장하였다(영국사학회 역, 2016).

7) 신구빈법(The Poor Law of Reformed, 1834)

신구빈법은 구빈법을 개정한 법으로서 빈민구제에 대한 소극적인 국가의 개입을 의미한다. 이러한 신구빈법의 제정에는 산업혁명과 공리주의가 큰 영향을 미치게 된다.

공리주의자였던 벤덤(Jeremy Bentham), 옥스퍼드대학 경제학 교수인 시니어(Nassau W. Senior), 채드윅(Edwin Chadwick), 멜더스(Thomas Robert Malthus) 등은 기존 구빈법의 빈민에 대한 구제를 감소시키거나 제한하는 사상의 기원이 되었고, 신구빈법의 탄생을 이끄는 사상적 견인차 역할을 하였다. 시니어와 채드윅(Senior & Chadwick)은 구빈법의 실패사례를 조사하여 12권의 보고서를 제출하여 구빈법 개정(신구빈법)을 앞당겼다. 이렇게 개정된 구빈법은 다음과 같은 원칙을 제시하였다. 첫째, 열등처우의 원칙(the principle of less eligibility)이다. 이 원칙은 국가로부터 보조금을 받는 빈민노동자의 급여는 일반노동자의 수준보다 낮아야 한다는 개념이다. 이는 빈민노동자로 하여금 노동의욕을 고취시키는 동시에 수급억제를 도모하는 목적이 있었다. 또한 빈민노동자들에게는 작업장 수용을 원칙으로 주거이전의 자유와 선거권이 박탈되는 내용이었다. 둘째, 작업장처우의 원칙(the principle of workhouse system)으로 이는 빈민노동자와 그의 가족에 대한 구제는 작업장 내에 머무를 경우에만 지원된다는 내용으로서 원외구제를 금지하는 것이었다. 작업장의 규정은 매우 엄격한데 빈민노동자가 부부라고 할지라도 격리되어야 하며, 식사 도중 대화를 금지시켰고, 술과 담배 및 방문과 면회 등도 제한되었다. 셋째, 전국적 균일처우의 원칙(the principle of national uniformity)이다. 이 원칙은 부랑자들의 다른 교구로의 이동을 제한하고 구빈을 위한 조직을 효율적으로 관리하기 위한 것이다.

3. 19세기 후반 민간영역에서의 변화 - 전문적 사회복지실천의 출발

신구빈법 이후 베버리지 보고서가 제작되기까지 영국의 사회복지에 직접적 혹은 간접적으로 영향을 준 것이 몇 가지가 있다. 자선조직협회(COS)와 인보관 운동(Settlement House Movement), 빈곤조사, 러다이트 운동(Luddite Movement)과 차티스트 운동(Chartist Movement), 소수파 보고서가 대표적인 것이다.

1) 자선조직협회(COS)와 인보관운동(Settlement House Movement)

신구빈법은 구빈에 대한 국가의 정책이 좀 더 소극적인 형태로 개정된 법이었다. 오히려 빈민들로 하여금 낙인을 줄 수 있는 계기가 되었고, 빈곤문제는 여전히 남아 있었다. 이에 영국 사회에서는 자원봉사단체들이 결성되었는데, 그중 대표적인 단체가 자선조직협회와 인보관이다. 두 개의 기관은 민간이라는 자원봉사단체의 동질성을 공통으로 가지지만, 빈곤을 바라보는 시각은 매우 달랐다. 로크(Charles S. Loch)경은 1869년 자선조직협회(Charity Organization Society: COS)를 최초로 주도한 사람이었다. 자선조직협회에서는 빈곤의 책임이 개인에게 있으며, 빈민은 자신의 생활을 유지하기 위하여 본인 스스로 노력해야만 빈곤으로부터 나올 수 있다고 보았는데, 자선조직협회의 목적은 첫째, 중복구호 방지를 위하여 봉사활동을 조정하고 둘째, 환경조사와 적절한 원조를 제공하는 것이었다.

이에 반하여 인보관 운동(Settlement House movement)은 빈민의 원인이 사회구조에서 비롯되었으며, 빈곤의 책임도 개인이 아닌 사회구조로 보았다. 인보관이 최초로 설립된 곳은 1884년 런던의 화이트 차펠 지역에 위치해 있는 토인비홀(Toynbee Hall)이었는데, 영국의 경제학자인 아놀드 토인비(Arnold Toynbee)가 인보관운동에 헌신하여 그를 기념하는 의미로 런던교구 목사인 바네트(Samuel Barnett)가 설립하였고, 1889년 미국 시카고에는 애덤스(Jane Addams)와 스타(Ellen Gates Starr)가 설립한 헐하우스(Hull-House)가 있다.

2) 빈곤조사

급속한 도시 성장과 함께 보건이나 주거환경도 빠른 속도로 악화되었다. 신구빈법이 제정되기 2년 전인 1832년 브리튼에서는 콜레라로 인하여 대략 31,000명이 사망하였다. 콜레라는 시골보다 도시지역에서 창궐하였는데, 도시의 노동자들은 공장, 도로, 운하, 철도 지역에서 거주하였고, 매연과 악취가 건강에 악영향을 미치고 있었다. 1840년 채드윅(Chadwick)은 생계비를 버는 가장의 사망과 질병으로 빈곤해진 사람들에 관심을 갖고서 '노동자의 위생상태에 대한 조사(Inquiry into the Sanitary Condition of the Laboring Population)'를 실시하였고, 이 조사결과를 토대로 1848년 공중보건법이 제정되었다(영국사학회 역, 2016).

영국 도시빈민들의 생활에 대한 조사는 19세기 말부터 시작되었다. 헨리 메이휴(Henry Meyhew)의 저서 『런던 노동자와 런던 빈민: 일하려는 사람들, 일할 수 없는 사람들, 일하지 않으려는 사람들의 상태와 수입에 관한 백과사전(London Labour and the London Poor: a Cyclopedia of the Condition and Earning of those that will work, those that cannot work, those that will not work)』이 바로 조사의 시작이었다. 현대의 사회복지조사처럼 체계적이지는 못하였으나, 제목에서 볼 수 있듯이 빈곤자들의 생활과 경제적인 부분에 관심을 두고 조사를 했다는 데 의의가 있다. 또한 빈곤연구가 본격적으로 시작된 것은 찰스 부스(Charles Booth)에 의해서인데, 찰스 부스(Charles Booth)는 그의 저서 『런던 사람들의 생활과 노동(Life and Labour of the People in London)』(1891~1903)을 통하여 런던 노동자의 범주를 6개로 구분하였다. 구체적인 6개 범주는 고임금 노동자(highpaid labour), 정규적인 표준소득자(regular standard earnings), 정규적인 저소득자(small regular earnings), 간헐적인 소득자(intermittent earnings), 부정기 소득자(casual earnings), 최하층계급(lowest class)으로서 런던 동부 지역을 대상으로 대규모 사회조사를 실시하여 생존에 필요한 필수품을 구매하는 데 필요한 소득을 빈곤 측정의 기준, 즉 빈곤선으로 제시하였다. 그는 가구의 소득과 함께 근로조건, 주거조건을 동시에 조사한 결과, 런던시민 400만 명 중 30%가 빈곤상태에 있다고 보고되었다. 그의 연구는 빈곤의 측정에 최초로 과학적인 양적방법을 이용했다는 점에서 중요한 의의가 있다. 찰스 부스에 뒤를 이어 영국의 사회학자이자 기업가인 시봄 라운트리(Seebohm Rowntree)는 그의 저서 『빈곤: 도시생활 연구(Poverty: A study of town life)』(1901)를 통하여 자신이 살던 영국의 요크시의 노동계급 가구를 조사원을 고용하여 개별 방문하는 방식으로 빈곤실태 조사를 하였다(영국사학회 역, 2016). 찰스부스의 연구보다 과학적인 방법으로 빈곤선을 계산하였는데, 1차적 빈곤은 가족의 소득수준이 단순히 신체적 기능을 유지하는 데에도 불충분한 상태를 의미하고, 2차적 빈곤은 신체적 기능은 유지할 수 있으나 다른 목적으로는 지출할 여력이 없는 상태로 정의를 내려, 1차적 빈곤과 2차적 빈곤을 구분했다는 점에서 진일보했다는 평가를 받는다.

3) 러다이트 운동(Luddite Movement)과 차티스트 운동(Chartist Movement)

영국의 산업혁명은 영국뿐만 아니라 유럽 전체에 눈부신 생산성의 증대로 이어졌으나, 산업혁명시대 이면에는 다양한 문제들이 발생하게 되었는데, 그것은 노동자들과 빈민의 삶에 관한 것이다. 자본주의 체제에서 고용주는 이윤의 극대화를 위해 저임금을 선호하였고, 이에 노동자의 생활은 비참하게 되었다. 도시 인구는 계속 증가하였으나, 도시의 위생과 주거 환경은 매우 열악하였는데, 노동자는 대개 공장 주위에 지어진 공동주택에서 생활하였다. 공동주택에서는 여러 세대가 하나의 화장실을 사용하거나, 콜레라, 이질, 성홍열 등 전염병이 발생하여 노동자들의 사망 원인이 되었다. 또한 빈곤자나 집이 없는 아동은 탄광이나 공장 굴뚝 청소를 하고 노숙을 해야 하는 생활을 경험하게 되었다. 이러한 사회문제가 표면으로 나타난 것이 러다이트 운동과 차티스트 운동이다. 러다이트 운동은 기계가 노동자들의 지위를 대신하자 노동자들이 기계를 없애고자 하였던 것이다. 그러나 러다이트 운동이 실패로 끝나자 노동자들은 법 개정의 필요성을 인식하게 되었고, 법이 개정되려면 노동자들의 의견을 대표할 수 있는 방법, 즉 보통선거권이 필요하다는 것을 알았고, 이를 위해 발발되었던 것이 바로 차티스트 운동인 것이었다. 좀 더 구체적으로 살펴보면 다음과 같다.

먼저 러다이트 운동이다. 산업혁명에서 발명된 기계들로 인해 수공업자들의 생계가 위협받게 되자, 1811년부터 1817년까지 노동자들은 직물기계를 파괴하였다. 리버풀 내각은 이를 진압하고자 1812년 의회에서 탄압법을 통과시켜 결국 기계파괴운동인 러다이트 운동은 진압되었다. 당시에는 프랑스의 나폴레옹전쟁으로 인해 경제가 불황에 빠져 고용감소와 실업증가 및 임금체불 등이 성행하는 상태였다. 영국에서는 산업혁명이 진행 중이었기 때문에, 면직산업에도 기계가 보급되어 노동자들은 실업과 생활고의 원인을 기계의 탓으로 돌리고 기계파괴운동을 일으켰던 것이다. 처음에는 노팅엄의 면직공장에서 시작하여 랭커셔, 체셔, 요크셔 등 북부의 여러 지방으로 확대되어 갔다. 즉, 기계에 의한 상품의 대량 염가생산이 수공업적 숙련노동을 압박하였고, 결국 노동자의 임금을 인하하게 하는 원인이 되었다. 러다이트 운동은 자본가와 정부에 공포를 불러일으켜 무력을 수반하게 되어 결국 진압되었다(영국사학회 역, 2016).

둘째, 차티스트 운동은 노동자들이 자신들의 선거권을 요구하는 운동으로 산업혁명이 18세기부터 시작되었다. 산업혁명으로 인한 여러 가지 사회문제를 직접 경험하고 있는 노동자들은 자신들의 권리를 대변해 줄 수 있는 사회적 장치의 필요성을 절실히 느끼고 있었다. 1832년의 제1차 선거법 개정 결과, 도시의 중산 시민계층(상인, 은행가 등)은 선거권을 획득하게 되었으나, 노동자들은 선거권을 획득하지 못하였고, 노동자 계급을 중심으로 1835년부터 경제적 · 사회적으로 쌓여 온 불만과 함께 선거권 획득을 위한 민중운동이 바로 차티스트 운동이다. 노동자들(Chartist)은 차티스트 운동에서 6개의 인민헌장(People's Charter)을 발표하였고, 이들 내용이 법 개정에 실현되도록 정부에 요구하였다. 구체적인 인민헌장의 내용은 '성인남자의 보통선거권, 비밀투표제, 균등한 선거구, 매년 의회선거, 의원 피선거권 재산 자격 철폐, 의원 세비 지급' 등이었는데, 1867년 제2차 선거법 개정에서 노동자들도 비로소 보통선거권을 획득하게 되었다(21세기 정치학대사전, 2002).

4) 소수파 보고서

1905년에는 신구빈법과 빈곤구제를 목적으로 한 왕립위원회가 설립되었는데, 위원회의 구성은 자선조직협회 14명(다수파)과 페이비언주의자 4명(소수파)이었다. 1905년부터 1909년까지 다수파와 소수파의 보고서가 합의를 이루지 못하여 각각 제출되었다. 다수파 보고서는 "빈민들의 구걸 습성은 대부분 자신의 게으름, 방종, 사악함에 기인한 것이며, 이들이 조금만 노력했더라면 빈곤을 면할 수 있었다."라는 내용이었다. 이에 반하여 소수파 보고서는 신구빈법이 빈민으로 하여금 낙인이 되고 있으므로 이들에게 부여된 낙인을 없애야 한다고 하였다.

1906년 총선에서 자유당이 정권을 잡았고, 노동당은 이 선거에서 29명이 당선되어 노동자들이 최초로 정치인으로 인정받는 계기가 되었다. 일반 국민은 로이드 조지(David Lloyd George)와 처칠(Winston Spencer Churchill)과 같은 신임 의원들이 정부 개혁을 이끌기 위한 인물이라고 여겼다. 그 결과 사회문제(빈곤)에 대한 다양한 법들이 제정되었는데, 학교아동급식법(1906), 아동의 신체검사와 치료를 규정한 학교아동보건법(1907), 70세 이상 20년 거주 노인에게 연금을 지급한다는 노령연금법(1908), 직업소개소법(1909), 건강보험과 고용보험이 결합된 국민보험법(National Insurance Bil, 1911)이 그것이다(김성이, 2006).

4. 사회복지정책의 기틀 - 사회보험의 도입과 베버리지 보고서

1) 사회보험제도의 도입

봉건사회에서는 존재하지 않았던 새로운 사회문제, 즉 산업재해, 질병, 실업, 노령 등이 야기되었다. 프롤레타리아 계급은 임금, 근로환경 등에 대해 보다 좋은 조건을 요구하였고, 자본가와 국가가 산업화 속에서 숙련된 노동자를 지속적으로 확보하기 위해 이들에 대한 대응책으로 등장시킨 것이 사회보험이다(조영구 외, 2016). 사회보험은 사회적 위험에 대응하기 위해 만들어졌으며, 그 주된 대상자가 프롤레타리아였고, 재정을 자본가, 노동자, 국가 등 삼자(三者)가 부담한다는 점에서 가장 대표적이고 전형적인 자본주의적 복지정책이다. 따라서 자본주의 출현과 발전에 따라 사회보험의 등장은 필연적일 수밖에 없었다.

1862년 비스마르크는 프로이센이 독일 연방 내에서 주도적 역할을 하기 위해서는 "강해야 한다!"고 강조하면서 "언론이나 다수결이 아니라 철과 혈(피)에 의해서만 해결될 수 있다."라고 하였다. 반사회주의 법이 채찍이라면, 사회보험은 당근이었다. 비스마르크는 노동자 계층으로 하여금 국가에 충성하게 유도하려는 목적으로 사회주의를 내세웠던 것이다. 이러한 결과로 1883년 질병보험법, 1884년 산재보험법, 그리고 1889년에는 노동력 상실 및 노령연금법이 제정되었다. 독일의 사회보험법 제정은 사회복지역사에서 주목할 만한 사건이다. 다시 말하면, 독일은 영국보다 산업혁명 등이 늦게 시작된 국가였지만, 사회보험에서는 공공부조의 모국이라 할 수 있는 영국보다 더 빨리 도입하였다. 물론 독일의 재상이었던 비스마르크가 독일 국민의 안녕을 위해서 사회보험을 도입했다고 해석할 수는 없지만, 세계 사회복지역사에서 최초로 사회보험을 도입했다는 사실은 부인할 수 없다.

19세기 말에서 20세기 중반까지 사회보험의 역사는 비교적 짧았지만, 진정한 의미에서 사회복지정책이 시작된 시기였고, 국가마다 등장배경과 성장과정이 조금씩 다르지만 노동자 계급을 보호하면서 사회불안을 감소시키고 사회질서를 유지하고자 했던 정치적 의도가 깔려 있는 것은 공통점으로 지적되고 있다(조영구 외, 2016).

한편 1930년대에 세계를 휩쓴 대공황(Great Depression)은 사회복지정책이 발달하는 데 크게 영향을 미쳤다. 대공황 이전 시기의 경우 미국에서는 잔여적 복지의 관점이 주요한 관점으로 자리 잡혀 있어, 개인의 책임을 강조하고 자기 힘으로 성공하는 것을 전통적인 미국의 이데올로기로 여겼지만, 대공황 당시에는 실업이 너무 널리 퍼져 있고, 실업상태에 놓인 이유를 근로자 개인의 잘못으로 돌릴 수는 없었다. 1932년에 루스벨트가 대통령으로 취임하면서 실업문제와 빈곤문제를 해결하기 위해 뉴딜(New Deal)정책이라는 새로운 접근방식을 취하였다(노병일, 2016).

사회보험을 도입함에 따라서 정부는 사회보험 프로그램을 지원하고 규제하면서 재원을 제공하였다. 그 결과 사회복지는 그 영역과 목적에서 전통적인 빈곤법에 근거한 복지와는 매우 다른 양상을 보였다. 사회보험은 급여를 법적으로 요구할 수 있는 권리를 포함하고 있었고, 급여를 요구하는 권리는 현대의 정치 생활에서 본질적인 권리가 되었다. 이처럼 사회보험은 복지국가를 향한 중요한 시작점이라는 데 큰 의의가 있다.

2) 베버리지 보고서(Beveridge Report)

베버리지 보고서는 참혹한 세계전쟁 중에 제작된 문서로서 복지국가의 토대가 되었다. 윌리엄 헨리 베버리지(William Henry Beveridge)는 1879년 인도 주재 판사의 아들로 태어나 1903년 토인비홀에서 사회사업가와 연구자로 활동을 하였다. 이때 그는 부스, 마샬, 웹 부처 등과 교류하면서 빈곤이 개인의 통제에 있음을 인식하게 되었고, 1904년 페이비언 협회에 가입하게 되었다. 1941년 '사회보험 및 사회서비스에 관한 부처 간 위원회' 위원장이 되고, 이후 베버리지는 1942년에 보고서를 작성하면서 영국의 국민적 영웅이 되었다.

베버리지는 전후 영국 국민의 빈곤을 해결하고 사회보장과 관련한 그의 계획이 성공적으로 실현되려면 세 가지 전제조건이 필요하다고 강조하였다. 전제조건의 구체적인 내용은 다음과 같다. 첫째, 어떤 제안도 과거 경험을 고려해 만들어져야 하며, 특정 집단의 기득권과 분파적 이해는 무시되어야 한다. 둘째, 소득의 보장, 즉 사회보장의 근본적 목적은 궁핍을 퇴치하고 국가를 재건하는 것이다. 국가를 재건하는 데 5대 악은 궁핍(want), 나태(idleness), 무지(ignorance), 불결(squalor), 질병(disease)이고, 이를 극복해야 한다. 셋째, 사회보장은 국가와 개인의 협력으로 이뤄져야 한다. 국가는 국민의 권리로서 서비스에 대한 보장을 해주고, 이는 자산조사(means test) 없는 최저 수준의 보장이어야 하며, 개인은 자발적인 기여로서 가족과 그 자신을 위해 추가적 보장을 마련해야 한다(김성이, 2002).

베버리지 보고서에는 3대 원리와 여섯 가지 원칙이 있다. 3대 원리는 '① 포괄성의 원리: 보편주의 채택, ② 평등성의 원리: 모든 국민에게 동일각출, 동일급여, ③ 국민적 최저한의 원리: 최저생활보장 가능'이다. 3대 원리와 함께 제시된 여섯 가지 원칙은 다음과 같다.

〈표 2-2〉 베버리지 보고서의 원칙

원칙	내용
1원칙	균일 생계급여의 원칙: 급여의 동일성
2원칙	균일 기여 원칙
3원칙	행정책임의 통일
4원칙	급여수준의 적정화 원칙: 동일하게 주되 얼마나 줄 것인지, 또한 최저수준을 주되 그 시대 생활수준, 생활양식 감안하여 급여 적정화
5원칙	적용범위의 포괄성 원칙: 다양한 욕구(실업, 질병, 노령, 장애, 출산) 포함
6원칙	적용대상의 계층화 원칙: 전체 국민 대상이나 국민은 성격에 따라 다름(근로자, 자영업자, 주부, 아동, 노인 등으로 분류)

3) 사회보장제도의 구축

영국은 1942년 베버리지 보고서를 기초로 근대적 사회보장제도를 구축하였다. 베버리지 보고서는 사회보험을 기초로 사회보장제도를 설계하였으며, 사회보험이 적용되지 않는 대상자에 대한 국가부조제도는 보완적 성격으로 도입되었다. 베버리지 보고서를 토대로 사회보험제도가 본격적으로 확대 발전된 국민보험법(National Insurance Act)이 1946년에 제정되었고, 국민의 기본적인 생활을 보장토록 하는 공공부조 성격의 국가부조법(National Assistance Act)이 1948년에 제정되었다. 국민보험법과 국가부조법의 시행은 종래의 구빈법 시대가 공식적으로 종식되었음을 보여 주는 것이었다.

5. 복지국가의 발전 - 복지국가의 팽창기(1945~1970년대 중반)

1945년~1975년까지는 사회복지가 가장 발전한 '복지국가 황금기'로 이전 시기에 제도적 · 재정적 · 수혜자 측면에서 확고하게 정착된 복지국가가 제2차 세계대전이 종결된 이후 약 30년간 지속된 경제적 활성화에 힘입어 복지국가의 발전이 최고조에 달하였다.

영국은 1950년대 이후 사회적 위험의 정도가 급격히 증가하면서 주요 사회보험들이 그 대상을 전 국민으로 확대하였다. 그러나 1950년대 말부터는 페이비언 소사이어티 회원들을 중심으로 사회보험이 중산층 이상을 위한 정책이라고 비난하면서 저소득층을 위한 사회복지정책의 확대를 주장하였다. 이것을 받아들여 1960년대 중반부터는 가족수당의 확대, 저소득층에 대한 임금보충, 최저임금제 등의 정책이 법제화되기 시작하였다.

OECD 국가도 1950년대에 연평균 4.4%와 1960년에 연평균 5%의 높은 경제성장률을 달성하였으며 이 기간에 대부분의 선진국은 낮은 인플레와 실업률을 경험하게 된다. 이 시기에 다른 국가들도 산재보험, 질병보험, 노령연금, 실업보험, 가족수당 그리고 개인적 사회서비스와 공공부조를 위한 제반 복지제도를 확충하였다. 이로 인해 복지수혜자의 수는 1970년에 이르러 거의 100%가 되었다. 그 결과 사회복지제도의 핵심이라 할 수 있는 복지제도의 포괄성, 복지수혜자의 보편성, 복지혜택의 적절성이 실현되어 복지국가의 절정기에 이르렀다(조영구 외, 2016).

특히 미국의 경우 '위대한 사회'를 통해 '빈곤과의 전쟁'을 실시한 것은 사회복지정책이 발달한 역사에서 큰 의의를 지닌다. 다음은 존슨 대통령이 의회에서 실시한 연설에서 밝힌 내용이다.

> "위대한 사회를 만들 것을 요구합니다. 위대한 사회란 인종과 관련된 문제를 해결하는 잘사는 국가를 말합니다.
>
> 빈곤과의 전쟁을 요구합니다. 빈곤과의 전쟁은 공공부조 프로그램을 확대하고, 일자리 프로그램을 만들며, 교육 · 훈련 프로그램을 확충하는 것을 말합니다."

이러한 목적을 달성하기 위해 존슨 대통령은 국내 정책에서 연방정부의 역할을 증대하고 미국 시민의 시민권을 보장하여 사회복지 프로그램을 확대하는 데 심혈을 기울였다. 이는 미국에서 복지국가가 발달하는 데 많은 영향을 주게 된다.

6. 복지국가의 위기와 재편기(1970년대 중반~현재)

복지국가가 성립된 이후 세계적인 경제 호황 속에서 안정적인 경제성장을 이룬 복지국가에서는 국민의 합의가 유지되었으며, 정치적으로는 보수당과 노동당의 양당 정치하에서 경쟁적으로 사회복지를 확대시켜 사회민주주의의 중도 이념에 기초한 영국 복지국가는 지속적으로 발전하였다. 그러나 사회민주주의적인 복지국가는 관료화, 비효율, 의존성 증대 등의 부정적인 결과를 야기했고, 경제발전의 활력이 상당 부분 소진되어 경제성장이 둔화되면서 시민들로부터 외면당하기 시작하였다. 특히 1973년과 1979년 두 차례의 석유파동으로 인해 야기된 스태그플레이션은 제2차 세계대전 후 복지국가의 이념적 이론의 기반이 되었던 케인스주의가 무력화되어 물가가 오르고 대량실업의 발생으로 이어지게 만들었다.

영국의 대처정부는 자유경제와 강한 국가의 구축에 방해가 되는 케인스 이론과 베버리지의 내용으로부터 탈피를 목적으로 하였다. 즉, 공공지출을 대폭적으로 증가시키는 케인스 이론에 대한 탈피로 실업수당, 공공부조 및 연금 등 공공지출의 대대적인 삭감과 민영화 그리고 규제완화를 하였으며, 전 국민의 복지에 대한 국가의 책임이라는 보편주의 원칙을 버리고 선별주의 정책을 선택함으로써 제도적 복지에서 선별적 복지로 전환하였다.

영국의 대처정부는 사회 전반에 걸쳐 개혁을 단행하게 되는데, 여섯 가지 주요 정책을 살펴보면 다음과 같다.

첫째, 경제 전반의 탈사회화를 진행하여 국영기업의 주식 매각과 민영화를 단행하였다. 둘째, 연금 부문에서는 국가소득비례연금체계를 수정하여 급여의 수준을 저하시키고 민간금융기관을 통한 개인연금을 장려하였다. 셋째, 아동수당과 주택수당의 급여수준을 동결하거나 실질적 급여를 삭감하였다. 넷째, 국민보건서비스는 민간기관의 설립을 장려하고 의료 부문에서 시장원리를 강화하였다. 다섯째, 주택 부문에서는 지방정부 소유의 공공주택을 매각하여 민영화 조치를 취하였다. 여섯째, 대인서비스 부문은 지역사회 보호를 강조하고 지방정부의 사회적 서비스 전달체계에서 공공부문의 역할을 축소하고 민간부문의 역할을 강화하는 조치를 단행하였다(조영구 외, 2016).

한편, 영국의 블레어, 독일의 슈뢰더, 프랑스의 조스팽 등은 모두 사민당 출신으로서 어느 정도 복지의 축소가 불가피하다는 것을 받아들여 복지재정의 축소와 복지지출을 조정하려고 꾸준히 노력하였다. 이들은 전통적인 사민주의로부터 벗어나서 새로운 자본주의에 좀 더 유연하게 대처하고자 하였다는 점에서 제3의 길을 추구하는 것으로 분석된다.

복지국가와 제3의 길

기든스는 1998년 『제3의 길』을 통해, 전후 세계정치를 주도해 왔던 전통적 사회민주주의와 신자유주의를 극복할 필요가 있음을 지적하였다. 제2차 세계대전 이후 '사회민주주의(제1의 길)'가 1945년~1975년의 시기를 주도했다면 1975년~1995년은 '신자유주의(제2의 길)'가 지배하였다. 제3의 길은 1970년대의 석유파동으로 인한 복지국가의 위기와 관련을 가진다. 대처 수상은 복지예산을 감축하는 등 석유파동에서 야기되는 문제들을 해결하고자 안간힘을 썼고, 20세기 후반 블레어 총리는 기든스의 저서 『제3의 길』을 토대로 사회정책 변화를 꾀하였다. 여기에서 '제1의 길'은 사회연대성을 강조하고 국가의 강한 책임성을 의미하는 사회민주주의를 의미한다. '제2의 길'은 경제적 효율성 및 빈곤의 개인 책임성을 강조하는 신자유주의 그리고 '제3의 길'은 연대성과 효율성의 조화로서 생산적 복지를 말한다. 즉, 제3의 길은 외적으로는 평등과 복지를 구현하기 위한 국가의 역할을 내세우나, 내적으로는 신자유주의와 자본주의에서 발생하는 불평등의 구조를 개인에게로 전가한다는 비판을 받았다.

『영국을 위한 새로운 대망: 복지를 위한 새로운 계약』을 통해 블레어정부에서는 경제 · 사회적 상황에 적합한 복지개혁의 청사진을 담았다. '일할 능력이 있는 사람들에게는 일자리 그리고 일할 능력이 없는 사람들에게는 사회보장'을 강조하였다.

길버트와 테렐(Gilbert & Terrell, 2014)에 따르면, 모든 복지국가는 일련의 공통된 역사적 단계를 거쳐 왔다고 한다. 그들은 복지국가 발달단계를 태동–성장–성숙–변환–압박 단계로 구분하여 설명하였다.

〈표 2-3〉 복지국가의 시기

구분	시기	내용
태동단계	1880년대 ~1930년대	• 민주주의와 물질적 반영이라는 두 가지의 현상 때문에, 복지국가를 통해 공적으로 개입함. • 독일은 사회보험을 세계에서 처음 도입함. • 미국은 사회보장법을 제정함.
성장단계	1940년대 ~1950년대	• 사회복지활동의 영역이 크게 확대된 시기임. • 복지국가라는 용어가 처음 등장함. • 베버리지 보고서를 간행함.
성숙단계	1960년대 ~1970년대 중반	• 복지국가가 매우 발달한 시기임. • 미국은 위대한 사회와 빈곤과의 전쟁을 선포함.
변환단계	1970년대 후반 ~2007년	• 복지혜택을 받는 자격과 관련하여 새로운 방식을 취함. • 대처와 레이건의 등장으로 신자유주의 이데올로기가 자리를 잡음. • 미국은 공공부조를 개혁함. • 영국은 제3의 길을 추구함.
압박단계	2008년 이후	• 미래세대에 제공하기로 약속했던 복지에 대하여 재정의 어려움으로 인해 고충을 겪어야 한다는 것을 인식하는 시기임. • 대부분의 국가에서 현실적인 대안을 만들어 제도 개혁을 하고 있음.

출처: Gilbert & Terrell(2014).

특히 에스핑-앤더슨(1990)은 복지국가의 재편은 국가마다 다양한 차이를 나타냈다고 주장하였다. 그에 따르면 세 가지 유형[1]으로 설명되는데, 첫째, 자유주의적 복지국가 유형의 경우 신자유주의 정치 이념을 주장하는 정당들이 선거를 통해 집권하면서 경제에 대한 과도한 국가개입을 철회하고 국가복지를 축소하면서 시장경제의 효율성을 강화시켜 경제불황을 극복해야 한다고 주장했다. 또한 복지지출을 축소하고, 노동시장의 유연성을 확대하였다. 영국의 대처정부와 미국의 레이건정부가 대표적인 경우에 해당한다. 이러한 전략의 경우 고소득층과 저소득층의 격차가 점점 증가하는 문제점과 일을 해도 빈곤에서 벗어나지 못하는 문제를 증가시키기도 하였다.

둘째, 조합주의적 복지국가 유형의 경우 노동공급을 줄여 실업률을 낮추기 위한

1) 본 교재의 제7장 3. '복지국가의 유형화론' 부분을 참고 바람.

노동감축형 접근법을 채택하였다. 또한 실업률이 증가하는 이유에 대해서는 일자리의 수에 비해 일을 하려고 하는 사람들이 많은 상태에 있기 때문이며, 노동공급을 줄여 일자리의 부족 문제를 완화하려는 전략을 의미한다고 보았다. 즉, 남성 노동자들을 제외한 여성, 중고령 노동자들을 줄이는 전략이다. 이러한 전략은 여성들이 노동시장에 참여하는 것을 억제하며, 고령 노동자들의 조기 퇴직을 장려하는 방식을 강조한다. 이는 보육 등의 사회서비스가 제대로 발전하지 않아서 여성이 취업보다는 가사노동에 종사하는 것이 더 유리하도록 판단하게 만들고, 조기 퇴직으로 인한 사회보험의 재정 부담을 가중시킨다는 문제가 있다.

셋째, 사회민주주의적 복지국가 유형의 경우 공공부문의 고용을 적극적으로 확대하는 전략을 채택하였는데, 이는 국민에게 제공하는 사회서비스를 확대하는 동시에 공공부문의 일자리를 확대하는 전략이라고 볼 수 있다. 포괄적이고 보편적인 사회복지제도가 도입되었고, 남성과 여성 모두의 노동시장 참여율을 높이기 위한 가족지원정책이나 적극적 노동시장정책이 발달하게 되었다(박병현, 2017). 그러나 이러한 전략은 지속 가능성이 있는지에 대한 문제가 생길 수 있어 비효율적인 사회복지 프로그램 급여비용을 어느 정도는 축소하거나 효율성을 강조하는 변화가 동반되어야 한다.

연습 문제

CHAPTER 02

01 영국의 복지국가 발달과정에 관한 설명으로 옳지 않은 것은? 11회 기출

① 1930년대 경제공항으로 경제문제에 대한 국가개입의 필요성이 증대되었다.

② 베버리지는 강제적인 사회보험을 국민최저선 달성을 위해 가장 중요한 제도로 보았다.

③ 1950년대와 1960년대는 복지국가의 황금기에 해당된다.

④ 베버리지는 궁핍, 나태, 무지, 불결, 질병 등을 5대 악으로 규정하였다.

⑤ 영국의 구빈법이 공식적으로 폐지된 것은 1차 세계대전 이전의 일이다.

[해설] 공식적으로 구빈법이 폐지된 것은 1948년 국민부조법이 도입되면서였다.

02 영국 사회복지역사에 관한 설명으로 옳은 것을 모두 고르시오. 12회 기출

가. 스핀햄랜드법은 가족수당제도의 시초로 불린다.
나. 공장법은 아동의 노동 여건을 개선하였다.
다. 1834년 신구빈법은 전국적으로 구빈 행정 구조를 통일하였다.
라. 1911년 국민보험법은 건강보험과 실업보험으로 구성되었다.

① 가, 나, 다
② 가, 다
③ 나, 라
④ 라
⑤ 가, 나, 다, 라

[해설] 모두 옳은 내용이다. 1970년대까지 우리나라는 경제개발을 우선시하고 복지 확대에는 매우 소극적이었다. 경제성장 우선정책의 흐름이 변화한 주요 계기는 1987년 6·10 민주항쟁인데, 이를 기반으로 보다 민주적이고 국민의 이해를 반영할 수 있는 체제를 형성하였다. 이후 1990년대 후반의 외환위기를 경험하면서 정부의 복지지출은 급속히 늘어나게 된다.

03 베버리지가 제시한 사회보장체계에 관한 설명으로 옳지 않은 것은? 9회 기출

① 모든 사람이 동일한 액수의 보험료를 부담한다.
② 국가는 사회보장을 기본적 권리로 제공한다.
③ 전제조건으로 가족수당, 보편적 보건서비스, 완전고용을 제시하고 있다.
④ 욕구에 따른 차등급여를 원칙으로 한다.
⑤ 국민최저수준 이상은 개인과 가족의 노력으로 해결한다.

[해설] 베버리지 보고서가 제시한 통합적 사회보험 운영의 가장 큰 특징 중 하나는 정액기여-정액급여 원칙이다. 현재 우리나라의 사회보험과는 달리 소득과 관계없이 동일한 금액으로 기여를 하고, 급여 역시 동일하게 받는 것을 제시하였다. 이는 국민최저수준까지는 공적 사회보장을 통해 모든 국민에게 제공하지만, 그 이상은 개인과 가족의 노력으로 달성하는 것이 바람직하다는 베버리지의 생각이 반영된 것이다.

04 1942년 베버리지 보고서에서 구상한 복지국가 모형의 특징이 아닌 것은? 15회 기출

① 빈곤계층을 대상으로 하는 선별적 복지를 강조한다.

② 정액부담과 정액급여의 원리를 바탕으로 한다.

③ 베버리지는 결핍(궁핍), 질병, 무지, 불결, 나태를 5대 악으로 규정한다.

④ 정액부담의 원칙은 보험료의 징수와 관련한 행정비용을 절감할 수 있는 효과가 있다.

⑤ 노령, 장애, 실업, 질병 등과 같은 사회적 위험들을 하나의 국민보험에서 통합적으로 운영한다.

[해설] 베버리지 보고서는 실업, 질병 및 재해로 인한 소득의 중단, 또는 노령, 은퇴, 부양자의 사망, 출산, 결혼 및 사망 등의 예외적 지출의 경우에 대비할 수 있는 사회보험과 관련 서비스의 개선을 통해 '모든 국민'이 궁핍(또는 결핍), 나태, 무지, 불결, 질병 등 5대 사회악에서 벗어나게 하는 것을 목적으로 하였다. 즉, 보편적 복지를 강조하였다.

05 독일 비스마르크의 사회입법에 관한 설명으로 옳은 것은? 11회 기출

① 1883년 제정된 질병(건강)보험은 세계 최초의 사회보험이다.

② 1884년 산재보험의 재원은 노사가 반씩 부담하였다.

③ 1889년 노령폐질연금이 전 국민을 대상으로 시행되었다.

④ 사회민주당이 사회보험 입법을 주도하였다.

⑤ 질병(건강)보험은 전국적으로 일원화된 통합적 조직에 의하여 운영되었다.

[해설] 독일 사회보험은 강력한 중앙집권을 바탕으로 비스마르크가 실현한 사회복지정책이다. 건강(질병)보험–재해(산재)보험–노령 및 폐질 연금보험 등의 순서로 입안되었다. 초기에는 육체노동자를 중심으로 도입되었고, 이후 점차 국민을 대상으로 확대되었다. 당시 사회주의자와 사회민주당은 노동자를 국가에 예속시킨다고 보고 사회보험 입법을 반대하였다. 독일의 질병보험은 직종, 지역별로 분산된 질병금고에서 운영하는 특징이 있다.

정답 01 ⑤ 02 ⑤ 03 ④ 04 ① 05 ①

제03장 사회복지정책 관련 이론과 사상

사회정책은 사회의 특수 분야에서 사회문제를 해결하기 위한 이론과 지침을 제시하는 데 그 목적이 있다. 한 국가의 사회정책은 그 나라의 특수한 여건 속에 주어진 사회적, 경제적, 문화적 차원에서 이해되어야 한다. 사회정책은 이론적 관점의 차이에 따라 사회현상 및 사회문제에 대한 인식이 달라지며 그 해결방법도 달라지게 된다.

즉, 이념은 일종의 가치체계적인 집합체이자 기본적인 틀로 볼 수 있다. 따라서 이념에 따라 제반 가치가 상호 연결되고 체계적인 위치를 갖게 된다. 그리고 이념에 따라 사람들의 생각과 행위가 일관성 있게 전개되는 것이다.

사회복지정책 연구에 있어 이념에 관한 연구는 이런 점에서 많은 학자들이 관심을 가져왔다. 즉, 이념적 특성에 따라 사회복지정책의 내용과 형태가 달라질 수 있기 때문이다. 반대로 이념적 지향을 분석함으로써 사회복지정책의 본질적인 기능과 숨겨진 목적을 파악할 수 있기 때문이다.

본 장에서는 사회복지정책의 발달 관련 이론과 사회복지정책의 가치 및 사회복지정책의 이념을 살펴보고자 한다.

1. 사회복지정책 발달 관련 이론

복지정책이 발전하게 되는 원인은 여러 가지 측면에서 생각해 볼 수 있다. 서로 다른 시각을 가진 이론이 사회복지정책의 발달을 어떻게 설명하는지 이해하기 위하여 사회양심론, 기술결정론, 수렴이론, 확산이론, 위인론과 엘리트론, 이익집단론, 페미니즘론, 시민권론, 음모이론, 코포라티즘론, 자본논리론을 살펴보려고 한다.

이러한 여러 이론들의 접근방법은 각기 서로 다른 한 측면을 부각하여 분석, 조명해 줌으로써 사회복지정책 발달의 다양한 면을 이해할 수 있게 한다. 즉, 여러 측면의 분석을 가능하게 하는 다양한 이론적 시각으로 접근해 봄으로써 사회복지정책 발달에 대한 통시적이고 총체적인 분석과 설명이 가능하다고 할 수 있다.

1) 사회양심론(Social Conscience Theory)

사회양심론이란 사회적 양심의 증대가 복지사회의 원동력이 되었다고 보는 이론이다. 즉, 사회양심론이란 사회구성원들의 집단양심이 사회복지의 변수로 작용되어 복지사회로 발전되었다고 보는 이론이다. 사람은 인간에 대한 기본적인 연민과 동정을 가지고 있으며 국가 역시 이타주의에 기반한 사회적 책임을 가지고 있다. 따라서 사회양심론적인 입장에서는 사회복지정책의 발달이란 타인의 고통을 해소하려는 개인의 이타적 양심이 사회적 · 국가적 정책으로 표현되는 것이다. 즉, 사회복지정책은 사회문제를 해결하려는 사회적 노력과 활동 등과 같은 사회 내에서의 합의가 정부에서 조직적으로 제공하는 사회복지 수준의 향상을 가져왔다는 논리이다. 다시 말해 사회양심론적 시각에서 사회복지정책은 국가의 자선활동이며 그 속성은 동정주의가 밑바탕이라는 것이다. 더 나아가 사회복지 양심론적 관점에서 사회복지제도의 연구는 다른 사회제도 연구와 구별된다고 간주하며 사회복지정책 발전에 대한 정치적 요인을 고려하지 않는다(Barker, 1979). 아마도 이러한 이론적 주장은 사회개량과 사회개혁을 역사적으로 꾸준히 지속해 온 사회개량주의자들의 노력과 특히 인간문제의 원인과 해결책에 대한 사람들의 지식 발달로 인한 새로운 인식과 개선책의 강구 등이 누적적으로 이루어지면서 자연스럽게 국가정책이 개선되어 온 사실을 반영하고 있는 것으로 보인다.

사회양심론은 할(Hall, 1952)의 『The Social Services of Modern England』를 통하여 잘 알려져 있다. 할은 사회복지는 타인의 불행을 도와주려는 사회적 양심의 발로에서 비롯된 것이라고 주장하였다. 이 이론은 1950년대 영국 사회정책학의 통설로 애용되었을 뿐만 아니라 오늘날에도 다수의 사회사업가들과 박애주의자들로부터 지지받고 있는 이론이다(Hall, 1952).

사회양심론이 상정하고 있는 가설을 존 베이커(Baker, 1979)는 다음과 같이 다섯 가지로 요약하였다.

첫째, 사회정책이란 사람들 모두가 가질 수 있는 타인에 대한 사랑을 국가를 통하여 드러내는 것이다.

둘째, 사회정책은 사회적 의무감의 확대와 욕구에 대한 시민들의 지식 향상이라는 요인에 의해 변화된다.

셋째, 변화는 누적적이며 관대함과 관심 영역의 확대 방향으로 일정한 변화는 아니지만 지속적으로 진전된다. 즉 개선의 방향은 역전될 수 없다.

넷째, 개선은 불가피하며 현재의 복지서비스는 지금까지 있는 것 중 최선의 것이다.

다섯째, 역사적인 측면에서 바라볼 때, 현재의 서비스가 완전한 것은 아니라고 할지라도 사회복지의 주된 문제는 이미 해결되었고, 사회는 안정 기반 위에 구축되어 있기 때문에 지속적 발전을 기대할 수 있다.

이러한 사회양심이론의 장점은 낙관적이고 문제해결 중심의 시각으로, 이 이론은 사회질서에 있어서 도덕성을 최우선적인 신념으로 보고 있다. 사회양심이론에서 볼 때 20세기 초반 사회복지의 발달은 도덕적 합의에 대한 정부의 반응이었다. 즉, 사회복지는 사회적 이타주의(social altruism)의 변화가 제도화된 것이며 정부는 이를 위해 재정을 지원한 것이다.

사회양심이론의 단점은 만일 사회양심이론가들이 주장하는 대로 사회정책이 사회양심의 발로라고 한다면, 모든 인간 사회에서는 똑같이 사회양심에 의해 사회정책이 발전해야 하는데 모든 사회는 똑같지 않다는 것이다. 그리고 사회복지정책의 발전은 아동의 성장과정에 유추할 수 있다고 하면서 진화론적 관점에 기반을 두고 있다. 진화적 시각은 사회복지정책의 역전불가능성(사회복지정책발전의 필연성)을 전제하고 있다. 하지만 사회복지정책들의 실패 및 기존 사회복지정책의 문제에 대한 재발로 사회양심론의 타당성이 약화되었다. 이와 궤를 같이하여 사회양심이론에 대한 히긴스(Higgins, 1981)의 비판은 다음과 같다.

첫째, 사회정책의 자비적 특성을 지나치게 강조하여 국가의 역할에 관한 왜곡된 견해를 지니고 있다.

둘째, 사회정책의 형성 및 변화에 미치는 압력 및 영향에 관한 분석이 협소하다.

셋째, 사회정책의 변천과정을 직선적 그리고 낙관적으로만 봄으로써 피상적인 국가 간의 비교가 쉽사리 수렴이론으로 비약될 여지가 많다.

2) 기술결정론(Technological Determinisim) / 수렴이론(Convergency Theory)

기술결정론은 산업화론(industrialization theory)이라고도 불리는데, 이것은 사회복지의 발달이 그 사회가 가진 기술수준과 산업화의 정도에 따라 수렴된다는 것이다. 그러므로 산업기술이 발달할수록 사회복지도 발달하며, 한 나라의 산업화 수준에 따라 복지수준도 결정된다고 보는 이론이다. 말 그대로 기술이 사회복지정책 발달을 좌우한다는 주장이다. 또한 산업화는 양질의 노동력을 필요로 하는데 복지프로그램을 통해서 충당된다. 즉 사회복지정책은 기술수준이 높고 전문성을 갖춘 노동력을 배양하는데 유인책이 되며 생산성을 높이는데 기여한다고 한다. 이를 생산성과 복지의 함수관계라 말할 수 있다. 사회복지 발달수준은 사회적 양심과 같은 윤리나 이념 및 시민권론과 같이 법적 · 정치적 권리가 아니라 산업화의 정도, 경제성장의 수준 등과 같은 요인이 결정한다는 것이다. 따라서 정치 · 경제적 사회체제가 다를 지라도 산업화나 경제성장의 정도가 유사하면 사회복지 발달의 수준도 비슷하다는 뜻에서 수렴이론(convergency theory)이라고도 불린다. 이와 관련하여 발전된 자본주의 국가에서의 실증적 연구가 이루어졌다. 윌렌스키(Wilensky,

1975)와 고든(Gordon, 1963)은 연금제도에서의 수렴현상을 확인하였다. 그러나 앨버(Alber, 1963)는 서유럽 13개국에서 시행되는 실업보험을 분석하였는데 자격요건, 재정등의 지표에서 수렴현상을 확인하지 못하였다. 다만 그는 실험보험에서 실업급여 지급기간에 대한 수렴현상은 밝혔다.

수렴이론이 가진 특징으로는 우선 사회복지정책의 발전요인을 기술 및 산업화의 정도에서 찾음으로써 사회복지정책 영역을 사회적 약자, 빈민 중심에서 일반 노동자 영역으로까지 확대하였다는 점을 들 수 있고, 사회변동과 사회구조적인 시각을 복지 분야에 연결시킴으로써 거시적이고 보편적인 사회복지제도를 마련하는 계기가 되었다는 데 있다. 특히 수렴이론은 경제발전론을 기반에 두면서 사회복지정책론을 경제발전의 종속변수로 간주한다. 이런 전제하에서 수렴이론은 산업화는 경제성장 및 사회구성원들에게 새로운 욕구를 창출하며, 경제성장은 사회복지를 구축하는 자원을 제공하며 새로운 욕구는 새로운 사회복지 프로그램을 촉발(복지국가)시킨다는 메커니즘을 보여준다.

그러나 수렴이론이 가진 한계점은 복합적인 사회구조적 요인 중에 오직 기술결정론적 입장을 취함으로써 그 외 다른 요인을 간과하는 오류를 범할 수 있다. 가령 집단과 계급문제, 이데올로기와 이념, 가치, 사회의 민주화와 같은 정치적 요인 등을 배제하게 된다. 그리고 수렴이론으로는 복지국가에 대한 정치적 반대여론 및 복지재정에 대한 약화현상을 설명할 수가 없다. 경제발전으로 상징되는 산업화가 사회복지에 대한 대응책이라면 복지국가에 대한 정치적 반대와 복지재정에 대한 비판이 제기될 수 없다. 그러나 1970년대 후반의 복지위기와 복지국가 쇠퇴는 이에 대한 반례를 보여준다. 또한 지나치게 서구의 산업발달론에 초점을 맞추어 복지정책을 봄으로써, 산업화 요인이 상대적으로 덜 중요하거나 산업화 정도가 다른 국가에서의 복지발달을 설명하는 데는 한계를 드러낼 수 있다. 또한 각 국가의 문화적 · 사회적 특징에 따른 복지의 고유한 성격을 찾아내는 데 어려움이 있다. 즉, 수렴이론은 산업사회의 전체적이고 거시적인 틀은 제공하지만 각 사회가 가진 이념과 문화적 차이, 그리고 이해집단 간의 갈등요소, 사회문제에 대한 주관적 인식 차이와 정책선택 기준 등의 요소들이 무시되는 경향을 보이고 있다.

3) 확산이론(Diffusion Theory)

확산이론은 한 나라나 어느 한 지역의 사회복지정책이나 제도가 다른 지역이나 나라에 영향을 미친다는 데 초점을 둔 이론이다. 즉 확산이론에 따르면 사회복지정책이 확대되는 과정은 국제적 모방과정이며 한국가의 제도적 혁신및 관념과 기술이 다른나라나 후진국으로 이전되는 과정이라는 것이다.

확산이론은 국제관계가 긴밀하게 이루어지는 현대사회에서 국가 간 교류로 사회복지정책과 사회보장의 아이디어와 경험이 한 나라에서 다른 나라로 전파, 확산된다는 설명이다. 이러한 전파는 선구적인 복지국가의 노력을 인접 국가나 다른 개발국가, 특히 제3세계 국가가 모방하여 확산된다는 주장이다. 확산이론을 실증적으로 입증하려고 한 대표적 학자들은 타이라와 킬비(Taira & Kilby) 및 콜리어와 메시(Collier & Messick, 1975)를 들 수 있다. 우선 타이라와 킬비(Taira & Kilby)는 국가의 지리적 위치와 사회보장 정책의 발전 간에 유의미한 상관관계가 있다는 것을 알아냈다. 유럽대륙의 국가들이 지리적으로 근접하기 때문에 다른 비유럽 국가와 다른 선진국보다 먼저 사회보장프로그램을 만들고 시행했으며 월등히 많은 복지비를 지출하고 있었다는 것이다. 다음으로 콜리어와 메시(Collier & Messick)는 전 세계 59개국을 분석하여 상대적으로 경제적 수준이 낮은 동유럽 및 남유럽 국가들이 선진 유럽복지국가들의 영향을 받아 사회보장정책을 확대했다는 것을 밝혔다. 그리고 그들은 영국 식민지국가 중 영국인들이 정착한 국가에서 유럽식 사회보장제도가 정착된 것을 근거로 확산이론의 타당성을 주장했다.

사회복지정책의 역사에서 이미 알려진 대로 1900년대 초반 로이드 조지(Lloyd George)가 독일을 방문함으로써 독일 사회보험제도에 깊은 영향을 받아 1911년 로이드 조지의 자유당 정부가 국민보험법을 만드는 데 중요한 계기가 되었다. 또한, 제2차 세계대전 후 독립한 제3세계의 국가군은 대부분 식민지시대에 물려받았던 정치 · 행정제도를 답습하거나 연장하는 과정에서 자연스럽게 지배국가의 온갖 제도를 도입하는 결과가 되었다. 그리고 이러한 전통은 행정적 편의와 프로그램적 수입의 용이성으로 말미암아 독립 후에도 지속적으로 지배국가의 제도적 장치가 유지되는 경향이 있다. 그 결과 종속적인 상태를 유지하면서 프로그램의 전파와 확산이 이루어지고 있다(Midgley, 1984, 재인용).

1975년에 행한 'prerequisites thesis'(Collier & Messick, 1975)에 의하면, 확산은 크게 다음의 두 가지로 나눌 수 있다(현외성, 1991, 재인용).

(1) 위계적 전파(hierarchical diffusion)

위계적 전파는 선진국에서 먼저 만들어진 기술혁신이나 새로운 제도가 선진국에서 후진국으로 전파되는 경우를 말한다. 일반적으로 근대화가 먼저 진행된 국가에서부터 늦게 진행된 국가로 위계적 전파가 존재하는데, 개발도상국은 근대화의 수준이 낮은 상태에서 사회복지제도와 프로그램을 도입한다는 것이다. 예를 들어, 영국의 식민지였던 지역들이 영국으로부터 받아들인 많은 선진 제도나 상호 교류를 통하여 영향을 받은 다양한 제도가 있다. 그러나 근대화가 영국보다 늦었던 독일에서 한세대 먼저 사회보험을 시작한 사례가 있다. 그리고 사회복지제도는 각국의 제도마다 세부사항에 차이가 존재하며 제도가 도입되기 이전의 상황(가령, 공제조합 조직 수준등)도 각국마다 다르다. 이런 부분들은 확산 이론 중 위계적 전파의 한계점으로 지적될 수 있다.

(2) 공간적 전파(spatial diffusion)

공간적 전파는 특정 국가에서 만들어진 제도나 프로그램이 우선 지리적으로 가까운 순서대로 확산되어 나간다고 보는 것이다. 콜리어와 메식(Collier & Messick, 1975)이 1975년에 행한 연구에 의하면, 사회복지제도가 어떻게 공간적으로 유럽국가군에서 아시아 · 라틴 · 아메리카 국가군으로 전파되고 확산되었는지를 보여주고 있다. 이러한 전파를 제도 도입시기를 중심으로 하여 4단계로 구분하여 검증하였다.

1923년에서 1960년 사이로 나누어 공간적 전파를 확인하였다. 1891년 이전 단계에서는 독일에서 처음으로 사회보험제도가 도입되었고, 두 번째인 1908년까지는 사회보험제도가 독일 주변의 유럽 국가군으로 도입이 이루어졌으며, 세 번째

단계인 1902년에서 1922년까지의 시기에는 다른 유럽 국가들, 즉 독일에서 공간적으로 좀더 멀리 떨어져 있는 국가인 그리스, 스페인, 포르투갈, 루마니아, 불가리아, 유고 및 러시아 등이 사회복지제도를 도입하였다. 그리고 1923년 이후에는 일본을 제외한 아시아, 라틴아메리카 국가들이 사회복지제도를 도입하였다. 일본의 경우는 다른 아시아 국가들보다는 일찍 사회복지제도가 도입되었고 최초의 사회보험제도로서 건강보험법이 1922년에 제정되어 1927년부터 시행되었다. 이처럼 한 나라에서 사회복지정책을 시작하게 되는 주된 이유는 선진복지국가의 경험에 있었다.

4) 위인론과 엘리트론(Great man Theory & Elite Theory)

사회복지정책을 소수의 지도적 위치에 있는 개인이나 집단의 작품으로 간주하는 이론도 있다. 역사상 한 사회를 이끈 '위대한' 사람이 사회복지정책을 만들었다고 보는 위인론과 사회복지정책과 관련된 엘리트들이 자신들의 이익을 위해 사회복지정책을 도입한다고 보는 엘리트론이 그것이다.

위인론이란 록펠러, 카네기, 디즈레일리 등 위인들이 역사를 만드는 데 지배적인 역할을 한다고 보는 입장으로 이때 역사는 당시대의 여론을 주도했던 위인들의 행적이 된다. 위인론은 정책결정 과정에 참여한 사람들의 선진적 인식과 헌신성이 제도의 도입이나 그 변화에 영향을 미친 사실들을 생생하게 전해 주고, 또 입장의 차이들을 기록으로 명확히 남겨 준다는 커다란 강점을 지닌다. 위인론과 엘리트론에 대한 실제적인 예로 데딕(Derthick)은 1960년대와 1970년대의 미국 노령급여 및 노인복지관련법의 입법 및 개선 사례를 들었다. 당시 미국 사회보장청의 고위직에 있었던 엘리트들이 진보적인 가치를 추구했고 인간에 대한 신뢰를 바탕으로 사회개량과 개선을 위해 헌신한 결과로 노령급여 및 노인복지관련법의 수립 및 개선이 이루어졌다는 것이다.

그러나 이 이론의 결정적인 취약점은 왜 그와 같은 제도가 받아들여졌고 실행되었으며 이용되었는가, 다시 말해서 한 제도가 누구에 의해서 누구의 이익을 위해서 재생산되며 전개 되었는가라는 가장 중요한 질문을 회피한다는 데 있다.

엘리트론은 다원주의론과 함께 정치학의 대표적인 이론으로 모스카(Mosca)와 파레토(Pareto)가 그 대표자이다. 이들은 사회를 엘리트와 대중으로 구분했으며, 이들에 있어 역사는 계급투쟁이 아니라 엘리트의 교체과정이다. 또한 중요한 것은 계급 간의 투쟁이 아니라 엘리트 간의 갈등이며, 엘리트의 대중에 대한 지배는 역사적 필연이다.

5) 이익집단론(Interest group Theory)

이익집단이란 '공통의 목적을 가지고 공공정책에 영향을 미치기 위해 노력하는 개인들의 조직체'를 말한다. 이익집단론은 사회복지정책을 이러한 이익집단 간의 갈등과 타협의 산물로 간주한다.

이익집단은 경제적 다양화와 정치적 민주화의 결과로만 결성되는 것이 아니라 역동적인 집단행동으로도 조직되고, 조직력이 강화된다. 공통의 이익을 중심으로 집단이 형성되고, 이들 집단의 행동을 통해 이익을 관철시키게 되면, 집단 역동성은 더욱 강해진다. 이익집단의 성장은 정부 지출의 증대를 가져오는 경향이 있다. 다시 말해서, 이익집단의 구성원들이 집단이익을 실현하기 위해 국가에 대해 가하는 압력은 결국 복지비의 증대를 가져온다는 것이다.

이익집단론에서 중시하는 것이 정부의 역할이다. 이익집단론은 기본적으로 사회는 안정되어 있고, 권력은 분산되어 있어 한 집단이 지배적인 권력을 행사할 수 없다고 전제하기 때문에 다양한 이익집단들의 이익상충을 조정하는 데 있어 정부의 역할이 중요하다.

이익집단론은 제도와 관련한 서로 다른 이해집단들이 행사하는 영향력을 분석하고 각 집단들의 이해관계가 폭로됨으로 정책과 이익집단들의 관계를 근원적으로 들여다 볼 수 있는 장점이 있다.

이익집단론에 의하면, 권력은 적대적인 계급으로 구분되는 것이 아니라 국가와 정권을 포함한 권력을 둘러싸고 경쟁하는 여러 집단으로 구성된다. 이 말은 권력의 한 범주로서의 계급을 경영자, 노동조합, 정당, 정부기구 등으로 대치한다는 것을 의미한다. 하지만 바로 이 지점 때문에 이익집단론의 한계가 드러나게 된다. 기존 계급간의 갈등이 이해집단간의 갈등으로 대치된 것은 자본과 노동간의 거시적 투쟁이 아니라 압력집단 간의 소전투로 축소시키는 결과를 낳는다. 즉 이익집단론에 의하면 대중의 관심은 특정 쟁점(가령 보건의료 부문, 기본소득부문)에만 집중하게 만든다. 그리하여 위기에 처한 것이 그 부분만이 아니란 사실을 잊게 만든다. 결국은 정책을 이익집단론적 관점에서 바라보면 대중들은 자본주의 계급권력관계를 고려하지 않고 자본주의를 강화하는 데 자신도 모르게 복무하게 된다.

6) 페미니즘론(Theory of Feminism)

복지국가의 주요 목표와 역할이 남성의 여성에 대한 지배를 강화하기 위한 데 있다고 보는 입장을 페미니즘론이라 한다.

마르크스주의나 비마르크스주의 페미니스트들에 있어 베버리지 보고서는 개혁의 청사진이 아니라 남성 중심의 이데올로기를 함축한 문서일 뿐이다. 다시 말해서, 베버리지의 제안들은 결혼한 여성을 남성 가장의 파트너로서 가정을 지키고 경제적으로 가장에 예속되어 국가의 이익을 위해 자녀를 양육해야만 하는 존재로 가정하였다는 것이다.

마르크스주의 페미니스트들은 복지국가의 여성은 전통적 역할, 즉 자녀를 양육하고 남편에 봉사하는 일을 무보수로 해 줌으로써 사회가 필요로 하는 노동력을 재생산하는 데 희생당하고 있다고 본다. 또 이들은 여성 노동력은 노동력 부족 시 값싸게 동원할 수 있는 산업예비군으로, 그리고 경기 후퇴 시에는 가장 먼저 해고되는 존재로 취급되고 있다고 비판한다. 페미니스트들은 취업 기회의 증대로 기혼 여성이 해방되고 있다는 데 대해서도 의문을 제기하고 있다. 즉, 취업 기혼 여성의 상당수가 직장생활과 가정주부의 역할을 동시에 수행할 것을 강요당하고 있다는 것이다. 페미니스트들은 베버리지 보고서와 같은 주류적 접근에 대해서도 비판적이다. 복지국가에 대해 매우 비판적인 좌파들 역시 복지국가가 여성들을 양육인이나 피부양인으로 간주한다는 사실, 즉 복지국가가 노동력의 성차별을 심화시키고 있다는 사실을 무시하고 있다는 것이다.

7) 시민권론(Citizenship Theory)

시민권이란 공동체의 완전한 성원에게 부여된 여러 가지의 권리와 권력을 향유할 수 있는 지위를 말하는데, 시민권은 공민권(civil rights), 정치권(political rights), 복지권(welfare rights)으로 구성된다. 시민권론을 개념화했을 뿐만 아니라 시민권 개념으로 사회복지정책의 출현을 설명한 학자가 마샬(T. H. Marshall)이다.

마샬(1981)은 시민권의 요소는 법 앞에서의 자유와 평등 같은 공민권(Civil Right)과 투표권 혹은 참정권과 같은 정치권(Political Right), 그리고 집단적 복지에 공헌하는 사회권(Social Right)이라는 세 가지로 이루어져 있으며 18세기 초~19세기 초, 19세기 초~20세기 초, 20세기 초~21세기 중반까지 시민권이 변화되면서 조성된 것으로 보았다(진화론적 관점). 마샬이 말한 세 가지 권리 중에서 복지에 대한 권리와 밀접한 관계에 있는 것은 사회권이다.

마샬은 1949년 초판인 그의 저서 『시민권과 사회계급(Citizenship and Social Class)』에서 사회권을 적정수준의 경제적 복지 및 보장으로부터 사회적 유산을 충분히 공유하고, 사회의 보편적 기준에 따라 문명화된 삶을 영위할 수 있는 권리에 이르기까지 진 범위의 권리로 규정하였다. 그리하여 마샬은 사회권과 가장 밀접한 제도로서 교육 및 사회복지를 들고 있다. 사회권의 원천은 공동체에 대한 멤버십과 공동체 성원과의 기능적 유대이다. 이러한 사회권은 19세기 말부터 20세기에 이르기까지 다양한 사회복지제도들을 통해서 실현되고 있다.

즉, 사회복지제도의 변천을 시민권의 변천이란 측면에서 진화론적으로 설명하는 것이 시민권론이다. 이때 시민권이란 완전한 사회구성원으로서 인정되는 지위의 향유라고 해석되는데, 과거의 인류 역사로 거슬러 올라갈수록 시민권의 미분화 현상이 현저하다는 것이다. 그러나 영국의 경우 18세기에서 19세기에 걸쳐 공민권이 확립되었고, 이어 19세기와 20세기 사이에는 정치권이, 그리고 사회권은 20세기 중반까지 조성되었다고 한다. 그리하여 복지국가로 지칭되고 있는 현대사회는 개인의 생활수준이 그 사람의 계급적 신분이나 경제적 교섭 능력과는 무관하게 다만 정치적 결정에 따라 개선 · 확대되는 것으로 설명하는 것이다.

마샬은 시민권을 완전한 사회구성원으로서 인정되는 지위의 향유라고 보고 있는데, 일종의 기본적 평등을 의미하는 것으로 시민권의 개념은 자본주의의 경제적 불평등과 모순되지 않는 것이라고 주장한다(현외성, 2015, 재인용). 다시 말해 마샬은 시민권 개념으로 사회복지정책의 출현을 설명했을 때 시민권과 사회적 불평등의 관계, 양자의 공존관계에 의도를 맞추었다. 특히 마샬은 20세기의 자본주의적 불평등이 팽배했을 때 시민권과 자본주의적 계급은 일종의 전쟁상태에 있었다고 주장했다. 그러나 시민권이 자본주의 사회에 대한 불평등 설계자가 되면 사회적 효율성을 해치지 않으면서 사회적 불평등을 완화할 수 있다고 논하면서 이 사회적 불평등의 완화제를 사회복지정책이라 했다(Marshall, 1977).

8) 음모이론(Conspiracy Theory)

사회정책의 주목적이 인도주의나 동정이 아니라 사회안정 및 질서의 유지와 사회통제를 위한 것이라는 이론이다. 따라서 사회정책의 변화 시기는 지배계층이 기존 사회질서를 위협받고 있다고 느낄 때가 된다. 사회통제(social control)는 정치적 · 경제적 위기가 도래했을 때 안전과 효율을 도모하기 위하여 발전하는데, 이는 정치적 불안정이나 위기 때는 정치적 정당성을 확보하거나 사람들의 잠재적 욕구를 충족시키기 위하여 사회복지정책이 확대되고, 선거 등과 같은 제도적 메커니즘을 통해 위기를 해결하려고 하며, 안정이 정착되면 효율성을 강조하는 측면으로서의 노동윤리를 강조하는 방향으로 전개된다고 할 수 있다(이명현, 1992, 재인용).

이 이론은 사회복지제도의 변천은 인도주의나 인정의 실현에 따라 좌우되는 것이 아니고 사회안정 및 질서의 유지와 사회통제에 따라 영향을 받게 된다고 주장함으로써 사회양심론에 정면으로 도전하는 입장을 취하고 있다. 그리고 사회복지제도의 변천을 줄곧 진화의 과정을 밟아 발전만 하는 것이 아니라 개선과 악화의 양면이 교차되는 것으로 해석하고 있다. 즉, 음모이론에 의하면, 사회복지정책은 인도주의적 이타심이나 양심의 실현이라기보다는 사회 전체의 안정과 질서의 유지를 통한 사회통제와 현상의 유지에 목적이 있다고 보는 것이다.

음모이론의 구체적 배경은 1960년대와 1970년대 미국의 신 좌파(New Left)의 팽창과 더불어 기존 미국 사회복지의 주류견해인 인도주의 관점의 사회복지에 대해 전면적으로 반박하고 도전하는 견해로 등장했다. 피븐과 클로워드(Piven & Cloward)의 '빈민규제론' 사상이 음모이론의 대표적 주장이라 할 수 있다. 빈민규제론은 미국의 중상층계급이 공적 사회복지제도를 사용하는 이유가 자비심에 근거한 것이 아닌 빈민규제를 통한 수혜층으로서의 계급유지를 위한 것이라는 견해다. 좀 더 상설하면 시민사회의 무질서를 해결하면서 노동규범을 강제하기 위한 억압책으로 사회복지정책이 기능한다고 주장한다. 이런 목적을 위해 사회복지정책에 대한 의사결정은 지배계급의 장기적 계획으로 만들어지며 지배계급은 자신들의 이익에 기초해 정책을 실행한다고 논한다.

다시 말해 피븐과 클로워드(Piven & Cloward)는 미국의 구빈정책의 역사를 분석하여 역사적으로 대량실업 등과 같은 사회혼란과 무질서 상태가 발생하면 공공복지제도가 갑자기 확대되거나 새로운 정책과 제도가 시작되지만, 정치 · 사회적 안정이 회복되면 이러한 프로그램이 줄어들거나 폐지되는 경향이 있음을 발견하였다. 이는 결국 사회적 지배계층이 구빈정책을 통하여 사회적 혼란을 막고 현상을 유지함으로써 기득권을 유지하는 데 정책목적이 있을 뿐 겉으로 표현된 정책목표인 빈민들의 사회복지 증진과는 사실상 정반대의 목적을 가지고 있다고 주장하였다.

음모이론의 또 다른 한편은 마르크스주의자들의 지적에서 나오는데, 사빌레(Saville)는 사회정책을 자본주의에 절대 필요한 안정과 효율의 유지를 위한 물리적 강압책의 대안으로 보고 있다. 또한 오코너(O'Connor)에 따르면, 정부의 사회복지 지출액은 시장의 법칙에 의해 결정되는 것이 아니라 계급 또는 집단 간의 사회경제적 갈등에 의하여 구조적으로 결정된다고 한다. 결국 마르크스주의자들은 사회정책을 단기적으로는 폭력사태의 방지를 위한 자본주의자들의 방편으로, 그리고 장기적으로는 노동자 계급의 혁명에 대한 정열을 식히는 전략으로 보고 있다(김상균, 1987, 재인용).

음모이론의 장점은 이론적 · 현실적 타당성이 크다는 점이다. 권력교체기 혹은 사회의 갈등기에 나타나는 사회복지정책의 본질에 대해 잘 드러낸다는 것이다. 이 시기에 정당성 확보 내지 정치권력의 재생산을 창출하기 위해 사회복지정책을 활용하는 경우를 자주 볼 수 있기 때문이다.

하지만 이 이론은 뚜렷한 한계점도 보여준다. 음모론은 본질적으로 동기론으로 정책결정자의 의도보다 사회복지정책의 결과에 초점을 맞추고 있다. 즉 사회복지정책의 실패를 지적함으로 음모론의 타당성을 밝히려 한다. 하지만 이런 방식은 논리적이지가 않다. 정책결정자가 의도하지 않는 정책실패에 대해서 근본적으로 취약해지기 때문이다. 게다가 우파적 입장을 견지하고 있는 펨버튼(Pemberton)의 지적 또한 음모론의 한계론을 보여준다. 즉 복지의 사회통제 기능이 지배계급의 의도한 결과인지 의도하지 않은 결과인지가 명확하지 않다는 것이다. 그리고 음모론에서 복지제도가 노동자, 노인, 장애인등에게 혁명의식을 약화시킨다고 주장 하지만 이에 대한 증거 역시 빈약하다고 반박한다.

9) 코포라티즘론(Theory of Corporatism)

코포라티즘(Corporatism)이란 다원주의의 변종으로서 거대한 노조가 출현하여 사용자와 대등한 수준에서 임금 · 근로조건 등 노사 간의 주요 현안을 협상하고 정부가 이를 중재하며, 나아가 정부와 노사 간의 현안인 물가와 복지 등의 문제를 상의 · 결정하는 삼자협동주의가 정착된 2차 세계대전 이후 서구사회의 특징을 지칭한다. 아울러 코포라티즘은 정책형성 과정에 있어서 국가가 능동적이고 적극적인 주도권을 행사한다는 점을 특징으로 하고 있다. 다원주의론에서는 정책형성 과정에서 사회 내의 제반 집단을 분석대상으로 삼으며, 국가는 수동적이고 일종의 집단 간 게임의 심판관으로서 역할을 한다는 생각을 특징으로 한다. 하지만 코포라티즘에서는 국가란 국가 전체의 이익 확대와 사회질서를 유지하며 사회를 일정한 방향으로 유도하기 위하여 의도적으로 사회집단과 개인의 이익 및 가치를 통제 · 조정하는 수단이라고 본다.

아울러 코포라티즘 이론가들은 코포라티즘의 기원을 뒤르껭(Durkheim)의 『분업론』에 두고 있다. 코포라티즘은 유럽 각국이 정치적으로 대단히 혼란했던 시기인 1차 세계대전 종료 이후부터 2차 세계대전이 발발하기 직전인 기간에 정치적 혼란의 극복방안으로 활발히 논의되었다. 윌렌스키(Wilensky)는 현대의 코포라티즘을 세 가지 유형으로 구분했다.

첫째, 민주적 코포라티즘(corporatism democracy)으로서 네덜란드, 벨기에, 스웨덴, 노르웨이, 오스트리아, 서독 등이 여기에 해당된다.

둘째, 노동자 계급의 완전한 참여 없는 코포라티즘(corporatism without full-scale participation by labour)으로서 일본, 프랑스, 스위스 등이 여기에 속한다.

셋째, 분절된 코포라티즘(the fragmented and decentralized political economy)으로서 미국, 영국, 캐나다, 호주 등 선진 복지국가라 할 수 있는 나라가 이에 속한다.

사회복지정책의 형성과정 연구에서 코포라티즘적 설명이 나타난 연구들은 다음과 같다. 스팰딩(Spalding)의 멕시코 사회보장연구(1980), 림링거(Rimlinger)의 독일 비스마르크 사회보장제 도입에 관한 연구(1971), 말로이(Malloy)의 브라질 사회보장 정책 연구(1979)등이 이에 해당한다.

10) 자본논리론(Thesis of the laws of motion of capital)

자본주의 국가의 사회복지정책에 대한 정치경제학적 접근 중 가장 대표적인 것 중의 하나가 자본논리론이다.

자본주의 국가의 복지 개혁은 계급투쟁의 산물인 동시에 자본가 계급과 국가가 장차 노동자 계급에 의해 제기될 자본에 대한 잠재적 위협을 선제 제압하고 규제하기 위해, 즉 자본 축적의 원활화와 방해 요소의 제거를 위한 '장기적인 포석'으로 그 도입에 동의하고, 경우에 따라서 주도적으로 그것을 추진한 결과라는 것이다.

이 자본논리론을 주장한 대표적인 학자가 긴즈버그(Ginsberg)이다. 그에 따르면 사회복지의 기능은 두가지로 첫째, 가부장제 가족 및 숙련노동력을 재생산하는 것이고 둘째, 빈곤의 해결 및 충분한 자본축적을 위한 수단이라는 것이다. 즉 사회복지정책은 자본주의 발달과 유지에 필수적인 요소인 노동력을 재생산함으로 자본축적에 공헌한다는 것이다. 이와 관련해 대표적인 사회복지정책이 보건의료정책과 교육정책이다.

자본논리론을 자유주의적 코포라티즘론이라고도 한다. 자유주의적 코포라티즘론은 정책을 좌지우지하기 위한 계급의식적인 자본가들의 전략과 자본주의에 유리한 정책을 추구하는 부르주아 국가의 입장을 강조하는 이론이다.

이런 자본논리론의 논리는 사회복지정책에 대해 노동자뿐만 아니라 자본가도 받아들였다는 것을 보여준다. 그러나 사회복지정책의 수용에 대해 노동자와 자본가의 입장은 달랐다. 우선 노동자계급 입장에서 사회복지정책은 생활곤란을 완화하고 시장관계의 불평등을 개선시켜 줄 것으로 기대했기 때문에 받아들였다. 반면 자본가계급은 사회복지정책을 통해 노동자계급의 불만이 감소되며 그들을 체제내로 통합하여 통제할 것으로 생각했기 때문에 환영했다.

2. 사회복지정책의 가치

가치는 귀중함의 정도 혹은 중요함의 비중을 구분하는 것과 연관된다. 가치는 주관적이고 개인마다 다른 비중을 가진다. 또한 사회경제적 여건에 따라 개인적 · 사회적 가치기준이 변화한다. 물론 한 개인의 가치 역시 연령이나 자신이 살아가는 상황에 따라 변화될 수도 있다.

그렇지만 사회구성원들이 어느정도 인정하는 가치가 존재한다. 물론 사회구성원들 간에 완전히 합의된 가치가 존재하기는 힘들 것이다. 이런 상황에서 민주주의는 특정한 사회적 쟁점에 대해 사회 구성원 사이의 합의를 만들어가는 과정이라 할 수 있다.

가치는 얻고자 하는 대상을 전제로 하고 있다. 이 대상은 물건일 수도 있고 어떤 상태일 수도 있다. 이런 대상은 사람들에 의해 바람직한 것으로 여겨지는 것이다. 바람직한 대상에 대한 욕구, 선호가 곧 가치이다. 대상이 과연 바람직한 것이냐 아니냐의 판단은 사람에 따라, 상황에 따라 달라질 수 있다. 그렇지만 악의 추구, 나쁜 것에 대한 욕구까지도 가치로 볼 수는 없다. 비록 사람에 따라, 상황에 따라, 대상에 대한 평가가 달라질 수는 있지만 가치의 대상은 개인의 삶에 보탬이 되고, 사회적으로도 선하고 좋은 의미를 지닌 것이어야 한다(김병록 외, 2007, 재인용).

한편 정책이란 사회구성원 사이에 제한적인 사회적 자원을 어떻게 배분할 것인가라는 논의 결과로 만들어지는 소산이다. 이러한 의미에서 볼 때, 정책선택에는 가치선호가 결정적인 역할과 기능을 할 수 있으므로 정책연구에서 가치에 대한 연구와 분석이 매우 중요하다. 특히 사회복지정책은 다른 어떤 정책보다도 추상적이고 예민한 가치적 반영을 포함하는 것이니만큼 가치분석과 선택이 중요하다. 가치는 매우 주관적이어서 개인마다 그리고 시대마다 각기 상이하게 정의되기도 하고, 사회경제적 여건에 따라 개인적 · 사회적 가치의 기준이 변화한다고 할 수 있다. 특히 정책결정 과정에서 가치의 선택과 관련하여서는 여러 요소가 영향을 미칠 뿐만 아니라 가치의 우선순위를 설정하는 데 어려움이 많아 매우 복잡한 양상을 띠는 것이 보통이다.

사회복지정책은 그것이 존재하는 사회로부터 영향을 받을 수 밖에 없다. 이 때문에 사회전반의 주류가치가 사회복지정책 선택을 놓고 이를 좌우하게 된다. 따라서 사회복지정책을 계획, 수립 및 분석하는 과정에서 기존 사회적 가치에 관한 검토가 필수적이다.

사회복지정책은 다른 학문 분야와 비교하였을 때 상대적으로 규범적 성격을 강하게 지니고 있다고 할 수 있다. 왜냐하면 탈가치적 가치정향을 지니기보다는 '바람직한' 방향으로의 사회변화를 추구하는 사회개량적 특성을 지니고 있기 때문이다. 그러한 의미에서 사회복지정책의 선택 과정에서는 다른 어느 정책보다도 가치분석과 선택이 중요하다.

1) 인간의 존엄성(human dignity)

사회복지에서 무엇보다도 중요한 가치는 인간의 존엄성이다. 인간의 존엄성은 "인간은 누구라도 인간이다."라는 인식에서 출발하며, 이 말은 모든 인간은 존엄성을 지니기 있기 때문에 그 존엄성을 보장해 주어야 한다는 의미로서, 인간이 무엇을 하고 무엇을 할 수 있는가, 또는 어떤 상황에 놓여 있는가와 관계없이 존중받아야 한다는 뜻으로 해석된다.

따라서 인종, 성, 지위, 종교, 국적, 지능, 신체적 조건이라는 속성 때문에 무시되거나 차별 받아서는 안 된다. 더 나아가 모든 인간의 차이와 같음은 수용되어야 하며, 자신을 위해 성장할 수 있는 기회가 주어져야 한다(김기태 외, 1993, 재인용). 인간의 존엄성은 오랜 역사적 기원을 가진 사상이며 현대사회에 와서 특히 중요시되고 있는 가치로 자리매김했다.

이러한 인간 존중의 가치는 세계인권선언문과 우리나라의 경우 『헌법』 제10조 "모든 국민은 인간으로서 존엄과 가치를 가지며 행복을 추구할 권리를 가진다."를 통해 선언하고 있다. 인간 존엄의 가치는 이러한 제도적 규정에만 머물지 않고, 사회복지실천 원칙의 하나인 '수용'에도 잘 내포되어 있다.

사회복지실천 교과과정에 포함되어야 할 가치와 원칙은 다음과 같다.

첫째, 사회복지사의 전문적 관계는 인간의 가치와 존엄성에 대한 존중에 근거해야 하며, 상호 참여, 수용, 비밀보장, 정직, 갈등을 책임성 있게 다루는 것 등에 의해 촉진되어야 한다.

둘째, 사회복지사는 인간이 독자적으로 결정하고 원조과정에 적극적으로 참여할 권리가 있음을 존중해야 한다.

셋째, 사회복지사는 클라이언트가 필요한 자원을 얻을 수 있도록 도와야 한다.

넷째, 사회복지사는 사회제도들이 좀 더 인간적이고 인간의 욕구에 반응하게 하도록 노력해야 한다.

다섯째, 사회복지사는 다양한 인구 집단의 고유성을 존중하고 수용해야 한다.

여섯째, 사회복지사는 그들 자신의 윤리적 행동, 실천의 질에 책임이 있으며, 사회복지 전문직의 끊임없는 지식과 기술의 발전을 추구해야 한다.

2) 자유(freedom)

자유란 소극적으로는 억압과 구속에서 벗어나 적극적으로 무엇인가를 할 수 있는 것을 의미한다. 특히 사회복지적 가치로서 자유의 중요성은 사회복지 실천원칙 중 하나인 자기결정권의 존중에 담겨 있다.

(1) 소극적 자유(negative freedom)

소극적 자유는 '타율적 강제에서 벗어나는 것' 혹은 '일정한 유형의 간섭이 없는 상태'나 '재산을 마음대로 처분, 수익을 낼수 있는 자유' 를 의미한다. 역사적으로 볼때 이 자유는 근대시민국가를 형성하면서 발달한 부르주아와 자본가를 대상으로 한 가치라 할 수 있다. 자연스럽게 소극적 자유의 관점에서 자유를 위해 국가는 그 역할이 최소한에 그쳐야 한다고 주장한다.

즉 이 자유는 개인의 기회를 강조하며 타인의 자유를 침해할 경우에만 자유에 대한 제한이 가능하다고 한다. 하지만 소극적 자유는 사회구성원 간 상호의존성을 고려하지 않는다는 비판을 받기도 한다. 가령 주택임대차계약의 임대인(집주인)이 마음대로 계약을 변경하도록 소극적 자유를 허용한다면 평온하고 안정적으로 거주하고자 하는 임차인의 자유는 현저히 침해받게 된다. 다시 말해 소극적 자유는 상호의존성을 핵심으로 하는 사회적 맥락을 고려하지 않는다는 비판을 받고 있다.

(2) 적극적 자유(positive freedom)

실현에 방해가 되는 사회구조나 세력을 제거할 수 있도록 국가가 적극적인 개입을 필요로 하는 자유라고 할 수 있다. 역사적으로 볼 때 현대복지국가에서 발달한 자유라 할 수 있다. 또한 소극적 자유는 부르주아나 중, 상류층으로 그 대상이 제한적이지만 적극적 자유는 모든 계층이 향유할 수 있는 권리로 확장되었다.

즉 이 자유는 개인의 능력(capacity)을 강조하며 강압의 부재가 아닌 행동할 수 있는 능력에 초점을 둔다. 사람은 기본적 의식주 확보부터 지역공동체 참여를 할 수 있는 능력이 있어야 하는데 빈곤이나 공공서비스 등의 결여로 적극적 자유가 침해된다는 것이다. 결국 이 자유를 위해 국가의 적극적인 개입이 필요하다.

3) 평등(equality)

(1) 평등의 개념

사회복지정책의 주요한 기능인 사회통합과 소득재분배는 평등의 가치를 구현하기 위한 기능이다. 평등은 사회정의의 기초 요소이지만, 무엇의 평등인지에 대해서는 다양한 견해가 존재한다. 사회적 용어로 쓰이는 '평등'은 인간이 가지고 있는 권리, 의무, 자격 등에 차별이 없는 상태를 가리키며 오늘날 민주주의의 기본 이념을 이루고 있다. 평등(equality)의 개념은 크게 수량적 평등, 비례적 평등 또는 공평, 기회의 평등으로 나눌 수 있다. 수량적 평등(numerical equality)은 평등의 개념 중 가장 적극적인 것으로 결과의 평등(equality of result)이라고도 한다. 이는 모든 사람이 자신의 욕구나 능력의 차이와 상관없이 똑같이 대우받고 사회적 자원을 똑같이 분배하는 것을 의미한다. 그러나 현실 사회에서 실현이 거의 불가능한 평등이다. 이러한 가치를 사회복지정책에 반영하는 것은 이를 통해 부분적으로나마 수량적 평등을 이루고자 하는 것이다. 이에 많은 사회복지정책들이 부분적으로나마 결과의 평등을 달성하기 위해 빈자 등에게 사회적 기여나 능력에 관계없이 사회적 자원을 배분하여 빈부격차를 줄이려고 노력하고 있다. 즉 공공부조사업 등이 수량적 평등가치를 반영하고 있다. 정책사례로 아동수당이나 노인수당을 들 수 있다.

비례적 평등(proportional)은 개인의 능력, 기여 정도에 따라 사회적 자원의 배분을 달리하는 것으로 공평(equity)이라고도 한다. 비례적 평등은 자본주의 사회에서 현실적으로 가장 널리 사용되는 개념으로 결과의 평등에 비해서 상대적으로 불평등의 존재를 용인한다고 볼 수 있다. 예를 들어, 사회보장제도 중 사회보험의 경우 기여금, 즉 보험료를 많이 낸 사람이 더 많은 급여를 받도록 하고 있다. 이는 사회보험에서 기여금을 낸 것에 비례하여 급여액의 차등을 인정하는 비례적 평등의 가치를 반영한 것이라고 볼 수 있다. 공공부조정책도 공평의 가치를 반영한다고 할 수 있다. 공공부조정책의 기본원칙이라 할 수 있는 '열등 처우의 원칙' 역시 이러한 가치를 강조한 것으로 공공부조의 급여는 노동의 대가로 받는 임금보다 높아서는 안 된다는 것이다.

기회의 평등은 결과를 얻을 수 있는 과정상의 기회만을 같게 만들어 주는 것을 의미한다. 통상 기회의 평등은 빈곤층들에게 교육기회를 제공함으로 자립할 수 있는 방식으로 사용된다. 대표적 사례로 1960년대 미국의 '빈곤과의 전쟁' 시기에 빈곤층을 대상으로 제공된 각종 교육프로그램, 훈련프로램등을 들 수 있다. 하지만 이런 기회 평등프로그램은 결과의 평등을 이끄는 데는 대부분 실패했다고 평가되고 있다.

(2) 평등의 대상

이것은 평등의 대상에 누구를 포함시켜야 하는가의 문제로서 평등의 대상에 관해서 세 가지로 분류할 수 있다.

① 특정 지역에의 소속

이는 특정 지역의 소속 여부에 따라 평등의 대상을 결정하는 것으로 한 국가의 국민이나 국가 내의 특정 지역만을 대상으로 할 수 있다. 다른 조건들과 상관없이 특정 지역에의 소속 여부에 의해서만 결정되는 평등은 보편주의 대 선별주의라는 사회복지정책의 쟁점이 되어 왔다. 즉, 보편주의 관점을 취한다면 한 국가에 소속된 모든 사람에게 조건 없이 사회적 자원을 똑같이 배분해야 하지만, 선별주의 관점을 취한다면 다른 추가적인 조건, 예를 들면 개별적인 욕구 정도를 고려하여 선택적으로 제공하는 것이 바람직하다는 것이다. 이상적으로 본다면 특정 지역에의 소속 여부만을 자격조건으로 하는 사회복지정책들을 확대해 나가는 것은 평등 대상의 포괄성, 인간의 존엄성 유지 등의 측면에서 바람직하지만, 현실적으로는 그 대상의 포괄성으로 인해 정책 유지에 엄청난 자원이 소요됨에 따라 사회복지정책들의 확대가 쉽지 않다.

② 사회적 위치 차이

사회적 위치란 사람들이 가지고 있는 능력, 노력, 사회적 역할, 사회적 기여도 등에 따라 결정된다. 사회적 위치에 따른 분배란 동일한 위치에 있는 사람들 내에서의 평등을 의미하는 것으로 공평의 개념과 유사하다. 대부분의 사람들에게 평등은 이러한 의미로 받아들여지고 있다. 이러한 사회적 위치에 따른 평등은 자본주의 사회의 중요한 가치이지만 현실적으로 몇 가지 문제점을 가지고 있다. 우선 동일한 위치의 개념과 구성의 측정 방법을 둘러싼 논쟁이 있을 수 있다. 동일한 위치에 대한 합의가 존재한다 할지라도 그러한 위치에 이르기까지의 과정상의 정당성이 문제가 될 수 있기 때문이다.

③ 특정 집단에의 소속

성별, 나이, 종교, 빈곤 정도 등으로 구분될 수 있는 집단들을 기준으로 평등을 추구하는 것이다. 집단 사이에서의 불평등을 줄여야 한다는 점을 강조한다. '공평'한 분배가 이루어지기 위해서는 개인의 노력, 능력, 기여 등에 따른 보상이 이루어져야 하지만 자본주의 사회에서는 구조적인 이유로 많은 부정적인 차별(negative discrimination)이 존재한다. 특정 집단에 소속되었다는 이유로 공평한 배분이 이루어지지 않는 자본주의 사회에서 분배의 잘못을 시정할 필요가 있다. 이에 이러한 불이익을 받은 집단들에게 긍정적인 차별(positive discrimination)을 하여 불공평한 배분을 시정할 필요가 있다. 이에 여성, 장애인, 저소득층 등에게 일자리, 진급, 대학입학 등에서 유리하게 대우하는 적극적 차별 정책이 시행되고 있다.

4) 효율(efficiency)

(1) 수단으로서의 효율

일반적 의미에서 효율(efficiency)이란 최소한의 자원을 투입하여 최대한의 결과를 얻는 것을 의미한다. 인간의 욕구에 비해 사회에 존재하는 자원은 제한되어 있기 때문에 어떤 사회복지정책도 사회경제적 비용을 무시할 수는 없다. 따라서 사회복지정책의 1차적 목표인 평등의 가치를 구현한다 하더라도 효율의 가치 또한 고려해야 한다. 그러나 이런 의미에서의 효율은 주된 목표가 되어서는 안 된다. 즉, 효율은 평등을 위한 여러 사회복지정책을 실행하는 데 더욱 적은 자원으로 더 많은 평등을 이루어 낼 수 있는가를 판단하는 기준일 뿐이다. 따라서 비효율적이라는 이유로 궁극적인 목표인 평등을 위한 가치를 포기할 수 없다.

사회복지정책을 평가하는 데 수단 차원의 효율성 개념으로 많이 언급되는 것으로 운영효율성과 목표효율성이 있다. 목표효율성(target efficiency)이란 정책이 목표로 하는 대상들에게 그 정책에 사용되는 자원이 얼마나 집중적으로 할당되는가로 판단되는 것이다. 운영효율성(administrative efficiency)은 정책을 관리 · 운영하는 비용이 얼마나 적게 투여되는가로 판단되는 개념이다. 공공부조제도는 목표효율성은 높으나 자산조사 등 대상자 선정의 복잡성으로 인해 운영효율성은 떨어진다.

여러 사회복지정책 중 어떤 것이 효율적인가를 판단하는 것이 간단한 것은 아니다. 그 이유는 첫째, 사회구성원들이 중요하게 여기는 가치가 상이할 뿐만 아니라 그 상이한 가치들의 상대적 중요성을 판단하기가 용이하지 않기 때문이다.

둘째, 어떤 정책이 효율적인가를 판단하기 위해서는 먼저 투입한 자원과 달성된 결과에 대하여 수량화가 이루어져야 하지만 이러한 수량화가 어렵다.

셋째, 어떤 정책의 결과가 가져오는 이득은 직접적인 것과 사회적인 것, 현재의 이득과 미래의 이득, 시장가격으로 평가할 수 있는 것과 그렇지 못한 것 등 다양하다. 사회복지정책이 달성할 수 있는 이러한 다양한 차원의 결과를 모두 제대로 파악하는 것은 불가능하다.

(2) 파레토 효율

파레토 효율(pareto efficiency)은 사회적 자원의 바람직한 배분이라는 포괄적인 측면에 초점을 둔 것으로서 다른 사람의 효용을 저해하지 않고서는 특정 사람의 효용을 높이는 것이 불가능한 상태를 의미한다. 즉, A의 효용이 증가하려면 B의 효용이 감소해야만 하는 것이 파레토 효율적인 배분 상태로서, 이 상태에서는 추가적인 교환만으로 A와 B의 효용이 동시에 증가할 수 없다. 다시 말하면 파레토 효율적인 배분 상태는 자원배분 상태를 변화시켜서 모든 경제주체의 효용을 동시에 증가시키는 것이 불가능하다.

경제학자들은 원칙적으로 파레토 효율적인 배분은 완전경쟁시장에서 각자의 효율을 극대화하려고 하는 이기적인 사람들이 충분한 정보를 바탕으로 합리적이고 자발적인 선택에 의해 교환을 수행할 때 결국 자동적으로 달성된다고 본다.

그러나 현실에서 파레토 효율을 충족시키는 완전시장의 조건들은 성립 불가능하다. 시장기제를 통한 자원배분이 비효율적일 수 있다는 것, 즉 소위 시장실패(market failure)의 이유가 다음과 같이 다양하기 때문이다.

첫째, 시장경제를 통한 자원배분이 효율적이기 위해서는 재화의 소비가 경제적이고 배타적이어야 한다. 즉, 어떤 재화를 사용하고자 하는 사람은 반드시 비용을 지불해야 하고, 비용을 지불하지 않은 사람들에 대해서는 그 재화의 소비를 통제할 수 있어야 한다. 그러나 현실에서는 재화소비에 비경쟁적이며 비배타적인 특성의 공공재가 존재한다. 이 경우 선호를 숨기고 비용을 전혀 지불하지 않으면서 혜택을 누리는 무임승차 현상(free-rider phenomenon)이 발생한다.

둘째, 외부효과(externality) 문제이다. 특정한 행위가 시장가격의 변동 없이 다른 사람의 복지에 영향을 주거나 받을 수 있는데, 이를 시장 '외부'에서 타인의 복지에 영향을 미친다는 의미에서 '외부효과'라고 한다. 긍정적 외부효과의 대표적인 예로 질병 예방을 들 수 있다. 누군가의 노력에 의해 위생상태 개선 및 예방백신 보급이 광범위하게 이루어짐으로써 질병 예방이 효과적으로 이루어진다면 그 행위에 기여하지 않은 사람들도 감염 가능성 하락, 생산성 향상 등 여러 가지 이익을 볼 수 있다. 국가가 사회복지정책을 중심적으로 공급해야 한다는 근거 중 하나는 사회복지에서 제공하는 서비스나 재화가 공공재적 속성을 지닌다는 것이다.

셋째, 충분한 정보를 전제로 한 합리적인 선택이 사실상 어렵다는 것이다. 현대사회에서 수많은 종류의 재화나 서비스에 대해 미리 충분한 정보를 구하는 것은 어려운 일이다. 또한 개인의 자발적이고 합리적인 선택이라는 것이 성립하는가 하는 문제가 존재한다. 개인의 선택은 친구나 가족 등과의 관계, 관습과 전통, 심지어는 강제에 의해서도 이루어지기도 한다. 따라서 시장기제를 통한 자원배분이 사회복지정책을 통한 사회적 자원의 분배보다 반드시 더 효율적인 것은 아니다.

5) 사회적 적절성(social adequacy)

사회적 적절성은 사회복지급여의 수준이 신체적 및 정신적 안녕(Well-being)을 유지할 정도로 적절하게 제공되고 있는가를 의미한다. 이 가치는 또다른 사회복지의 가치인 평등과 자유와의 관계에서 살펴볼 필요가 있다. 가령 예산문제로 모두에게 똑같이 분배되어야 하는 결과적 평등의 가치는 적절한 수준의 급여를 제공해야 하는 적절성의 가치를 추구하기 어렵게 만든다. 사회적 적절성이 없는 사회복지 급여는 한 개인의 능력을 북돋아 주기가 힘들어 적극적 자유의 추구를 어렵게 한다.

사회적 적절성의 기준은 시간과 환경에 따라 다양하게 나타난다. 인간의 신체적 및 정신적 안녕은 시대에 따라서 혹은 사회적 맥락이나 구조등에 따라 다르기 때문이다. 한편 사회적으로 적절한 수준의 급여는 인위적으로 사회의 역량에 맞추기보다 대상자의 욕구를 얼마나 충족시켰는가의 여부로 맞추어야 한다. 이 가치는 신체적 및 정신적 안녕을 유지할 수 있는가 즉 인간다운 생활의 구현정도에 촛점이 맞추어져 있기 때문이다.

사회적 적절성의 가치가 구현된 사회복지정책의 예로는 최저생계비와 최저임금을 들 수 있다. 최저생계비는 '국민이 건강하고 문화적인 생활을 유지하기 위해 필요 최소한의 비용'으로 정의되어 있어서 사회적 적절성의 가치를 어느정도 반영한다. 최저임금은 사용자가 부당하게 노동자에게 저임금을 제공하는 것을 막으며 노동자의 안정적인 생활을 확보하는 매년 정하는 임금의 최저한도로 사회적 적절성의 가치를 부분적으로 구현하고 있다.

하지만 현실적으로 자본주의 사회에서 사회적 적절성의 가치보다 형평성의 가치를 강조하는 경향이 있다. 그 이유는 자본주의 체제속성상 개인의 일과 노력등에 근거한 성과를 중시하기 때문이다.

6) 사회정의(social justice)

사회정의는 인간의 존엄과 가치를 인정받으며 살 권리를 보장해 주는 사회복지 정책이 추구하는 주요한 가치라 할 수 있다. 구체적으로 이 가치는 헌법상에서 보장하는 개인의 법 앞의 평등을 포함해 인종, 성별, 지위, 종교, 언어, 피부색 등으로 차별받지 않으며 사회적 약자가 배려되는 사회를 지향한다. 또한 사회적 정의는 개인의 정당한 몫을 지키며 그에 대한 권리와 책임을 정당하게 부여하며 사람들에게 기회를 균등하게 분배하는 공정하고 투명한 사회를 실현하고자 한다. 하지만 사회정의란 가치는 시대에 따라 처한 위치와 상황에 근거해 다르게 규정할 수 있다. 이 때문에 사회정의가 무엇인가라는 질문에 대한 명확한 답을 쉽게 내리기 어렵다.

한편 사회정의에 대해 롤스(J. Rawls)는 저서 〈사회정의론〉에서 공평의 원칙, 분배의 정의에 대한 이론을 제시하였다. 그 내용을 살펴보면 다음과 같다. 우선 그는 “인간의 속성상 타인보다 더 많은 것을 소유하길 원하는 욕구를 가지고 있다.”라고 주장했다. 이에 따라 롤스는 "모든 이에게 자유를 완벽하게 누리게 할 수 있어야 하며, 빈곤한 사람들의 복지를 우선적으로 배려해야 한다. 또한 결과의 불평등은 존재하되, 모든 사람에게 기회는 균등하게 주어야 하는 것이 정의의 원칙이다." 라고 사회정의 이론을 펼쳤다. 즉 롤스는 사회구성원들에게 동일한 권리와 의무를 부여하며 경쟁이 공정하게 보장된다면(기회의 균등) 사후적으로 행해지는 배분은 공정하다고 본다. 롤스는 결과적으로 다소 불평등하게 자원배분이 이루어진다 하더라도 그 불평등이 사회적으로 용인될 수 있는 범위에서 이루어진다면 사회정의는 실현된 것으로 간주한다.

3. 사회복지정책의 이념

1) 다원주의(Pluralism)

다원주의(Pluralism)에서 정책은 개개인과 집단의 이익대결과 갈등을 정부가 공정하고 종합적인 입장에서 조정한 결과로서의 균형(equilibrium)을 의미하는 것으로 해석한다. 이때 균형상태의 위치와 내용, 즉 정책의 내용과 형태는 이익집단들과의 상대적 영향력의 정도에 따라 달라진다. 이러한 집단의 영향력은 구성원의 수와 능력, 재원, 조직력, 지도자의 리더십, 정책결정자에의 접근 가능성, 내적 결속력 등에 의하여 결정된다고 할 수 있다.

리한(Richan)은 영국과 미국의 사회서비스 정책과 연관되는 몇 가지 법령의 입법과정을 분석한 글에서, 여러 가지 배경이 영향을 주고 있음에도 불구하고 그중 특히 전문사회사업가들의 이익집단적인 활동이 크게 작용하였음을 밝혔다. 금전적 재원, 공식적인 권위, 정보, 개인적인 관계, 타이밍(timing) 등이 정책결정 과정에서 중요한 요인이긴 하지만, 사회사업가의 집단적인 활동이 가장 중요한 결정변수임을 몇 가지 관련 법안에 관한 사례연구를 통해서 밝히고 있다(Richan, 1981).

페트선(Patterson, 1981)은 미국의 경우 1960년대와 1970년대에 노인복지법을 위시하여 노령부조(OAA: the Old Age Assistance), 노령보험(OAI: Old Age Insurance) 등이 상대적으로 증가한 이유는 노인 관련 이익집단들의 영향력의 결과라고 설명하고 있다. 즉, 노인들의 이익집단의 수적 증가와 집단 규모의 크기 그리고 로비활동 등이 증대됨에 따라 1965년 노인의료부조(Medicare)법이 통과되었고 이어 사회보장급여에서 노령 관련 급여가 증가하는 데 이들이 결정적으로 영향력을 끼쳤다고 주장하였다.

2) 신자유주의(New-liberalism)

신자유주의는 대표적 오스트리아학파 학자인 하이에크와 그의 제자인 프리드먼의 자유방임주의적이며 반복지적 사상을 일컫는다. 이 사상은 고전파 경제학자들인 아담스미스와 데이비드 리카도의 자유주의 사상을 근간으로 하며 정치적으로는 1979년 영국의 대처리즘, 1980년 미국의 레이거노믹스로 구현되었다.

이 사상은 국가의 사회복지정책을 반대하며 복지정책이야말로 국민을 국가의 노예로 만들고 시민적 자유를 박탈한다는 내용으로 요약될 수 있다.

신자유주의 내용을 구체적으로 살펴보면 다음과 같다.

이 사상은 자본주의 시장을 신봉하며 억압의 근본인 정치적 권위와 강제력에 대해 시장이 제동장치 역할을 수행한다고 보았다. 또한 시장의 힘과 작동 방식인 수요와 공급, 자유로운 경쟁, 이윤, 자유로운 임금 교섭등은 사회적 평등의 확장에도 공헌했다고 주장한다(George & Wilding, 1984). 반면에 신자유주의 사상가들은 국가를 부정적으로 간주한다. 왜냐면 그들이 생각하기에 국가의 사회복지정책은 시민의 사회생활에 개입해 결국은 사회분열을 조장하고 사회를 경제적 비효율 및 자원 낭비적으로 흐르게 하기 때문이라고 보았다(George & Wilding, 1984).

이에 더해 신자유주의 사상가들은 사회보험을 위험한 제도로 보았다. 사회보험의 강제가입 원칙은 관료제를 불러왔고 대부분의 사람을 국가에 종속시키며 더 많은 국가의 보호를 바라게 만들어서 사회주의로 가는 길을 조성했다는 것이다.

하지만 신자유주의 사상가들은 무조건 국가를 반대하는 무정부주의자는 아니다. 프리드먼이 이에 대한 입장을 분명히 밝히고 있다. 그는 시장영역 안에서는 큰 비용이 발생하여 국가의 정치적인 영역을 통해 조정되면 바람직한 세 부문에 대해 명시했다.

① 규칙 제정자 또는 심판: 자유주의 사회에서 규칙의 제정은 정부의 기본적 역할이고 이에 따라 집단 간의 견해차를 조정하며 게임에 불응하려는 자들을 규칙에 순응시킨다.

② 자발적인 교환의 비용이 너무 들거나 불가능 경우: 첫째, 시장에서 원칙적으로 독점에 반대하지만, 기술적 효용성때문에 독점이 필요한 '기술적 독점'의 경우가 이에 해당한다. 예를 들어 전화나 우편영역이 기술적 독점의 영역이라 할 수 있다. 둘째, 이웃효과가 발생하는 경우가 이에 해당한다. 이웃 효과란 개인의 행동이 타인에게 손해를 끼쳤을 때 그에 대한 책임 등을 지울 수 없는 경우나 개인이 사회로부터 혜택을 받았음에도 그 효과를 측정할 수 없을 때이다. 가령 공장의 오·폐수로 인해 인근 주민들이 피해를 입었으나 그 원인을 밝힐 수 없을 때 국가가 보상한다. 다른 예시로 도시의 공원 숲의 경우 그로부터 누가 직, 간접적으로 혜택을 입는지 알 수 없다. 공원의 숲이 인근 지역의 공기를 정화하고 숲을 쳐다보는 사람들의 심신이 안정된다 해도 주변에 거주하는 사람들에게 공원관리비를 징수할 수 없다.

③ 교육의 경우: 이 상황에서는 민간의 시장영역이 작동하기 힘든 벽촌지역에서만 정부가 개입해야 한다. 하지만 그 외의 지역에서는 민간에 모두 위임한다. 정부의 교육지원은 최저수준 이하로 하되(정액의 사회보험급여 이하) 자산조사가 반드시 수반되어야 한다.

3) 사회민주주의(social democratic approach)

사회주의의 폭력에 의한 혁명 및 프롤레타리아 독재를 부인하고 의회정치를 통한 민주주의적 방법에 의한 사회주의의 합법적·점진적 실현원리를 말한다.

정치적 민주주의의 수정 또는 이념적 발전 형태로 등장하여, 노동자 계급의 해방을 위하여 사회적·경제적 평등의 실현을 목적으로 하되, 그 방법에 있어서 프롤레타리아 독재를 배척하고 의회주의를 고수한다는 점에서 공산주의와 다르다. 복지국가가 사회의 조화, 즉 민주주의에 의해 제공된 정치적 권리와 시장의 힘만을 강조하는 자유시장의 한계 사이를 조정하는 중요한 힘이 바로 복지국가라고 생각하며, 따라서 복지국가가 불평등을 감소시키고 더욱 평등한 사회를 촉진할 수 있다고 강조한다.

4) 마르크스주의(Marxism theory)

마르크스와 엥겔스를 계승한 사상 · 이론 · 학설 및 그에 따른 실천활동을 가리킨다. 마르크스주의의 사상적 · 논리적 기초는 변증법적 유물론 · 사적 유물론이며, 경제학설로서의 잉여가치설 그리고 정치적 학설로서의 계급투쟁론과 결부하여 자본주의 사회의 붕괴와 사회주의 · 공산주의 사회의 도래를 전망하였다.

마르크시즘(Marxism)은 자본주의 사회에서 국가란 하나의 중립적인 기관이나 조직이 아니라 계급지배에 기여하는 도구로서 간주한다. 이때 국가는 지배계급이나 부르주아계급의 장기적인 이익에 봉사하는 도구로서 활동하는 것으로 해석하고, 그 구체적 형태가 정책으로 표현되는 것으로 본다.

따라서 마르크스주의자들은 경제정책이나 그것과 연관된 정치사회적 구조에 집중하고 있으며, 이런 점에서 사회복지정책은 부수적인 것으로 간주한다. 즉, 국가가 떠맡는 두 가지 기능으로 인해 한편에서는 자본의 축적을 보장하기 위한 '사회적 투자'가 점점 증대하고, 다른 한편에서는 정당화를 위한 복지 제공, 즉 '사회적 지출'이 점차 증대한다. 이러한 재정위기의 상황에서 자본은 축적에 장애가 되는 비생산적인 것으로 간주되는 복지비용을 삭감할 것을 요구하게 되고, 이는 대중의 광범위한 반발에 부딪히게 됨으로써 축적과 정당화의 모순이 폭발적 형태로 표출된다고 보는 것이다.

연습 문제

CHAPTER 03

01 사회복지정책 발달이론과 그 특징의 연결이 잘못된 것은? 7회 기출

① 사회양심론: 타인에 대한 따뜻한 관심을 바탕으로 사회복지제도가 생겼다.
② 산업화이론: 수렴으로서 이데올로기와는 상관이 없다.
③ 시민권론: 사회복 지를 권리의 차원에서 접근한다.
④ 확산이론: 제3세계의 사회복지 발전을 설명할 수 있다.
⑤ 엘리트이론: 실질적인 정책결정이 소수의 권력가에 의해 이루어진다고 본다.

[해설] 제3세계의 사회복지 발전을 설명하는 이론은 종속이론이다.

02 사회복지정책의 발달 관련 이론에 관한 설명으로 옳지 않은 것은? 12회 기출

① 수렴이론은 산업화와 이로 인한 인구사회구조 변화에 주목한다.
② 확산이론은 한 나라의 사회복지정책이 다른 나라에 미치는 영향을 강조한다.
③ 시민권론은 정치권의 실현을 통해서 완전한 시민권의 실현이 가능하다고 본다.
④ 이익집단론은 노인복지의 확대를 설명하는 데 유용하다.
⑤ 사회양심이론은 인도주의에 입각한 사회적 의무감이 복지정책을 확대할 수 있다고 본다.

[해설] 마샬의 시민권이론에서 사회권(최소한의 경제적 안정)이 사회복지와 관련된다.

03 복지국가 발달이론 중 수렴이론에 관한 설명으로 옳은 것을 모두 고른 것은? 10회 기출

가. 산업화로 인한 사회문제에 대응하여 사회복지제도 확대
나. 복지국가 간 차이점보다 유사성 강조
다. 이데올로기나 정치적 변수의 역할은 중요하지 않음
라. 경제발전 수준과 사회복지 지출 수준 간에 강한 상관관계 존재

① 가, 나, 다
② 가, 다
③ 나, 라
④ 라
⑤ 가, 나, 다, 라

[해설] 일반적으로 수렴이론은 사회복지를 산업화의 산물로 간주한다. 다시 말해, 선진 산업사회의 복지체계와 내용은 이데올로기나 법적 · 정치적 제도, 사회적 양심이나 권리 등이 아니라 오로지 기술과 산업화의 수준에 달려 있다고 주장한다. 자본주의 체제이든, 사회주의 체제이든 정치 · 경제적 체제에 관계없이 경제발전 수준이 비슷하면 사회복지의 수준 또한 비슷해진다는 것이다.

04 신마르크스주의(Neo-Maxism) 이론에 관한 설명으로 옳지 않은 것은? 13회 기출

① 전통적 마르크스주의에 이론적 기초를 둔 갈등주의적 시각이다.
② 다양한 비계급적 집단들의 이해의 조정을 통해 복지국가가 발전하였다고 본다.
③ 복지국가 발전을 독점자본주의의 속성과 관련시켜 분석하였다.
④ 복지정책은 자본축적의 위기나 정치적 도전을 수정하기 위한 수단으로 본다.
⑤ 국가의 자율적 역할 정도에 따라 도구주의 관점과 구조주의 관점으로 대별된다.

[해설] 다양한 비계급적 집단들의 이해의 조정을 통해 복지국가가 발전하였다고 하는 이론은 이익집단 이론이다.

05 신자유주의가 지향하는 정책적 특성으로 옳은 것을 모두 고른 것은? 13회 기출

> 가. 시장의 자율적 경쟁을 강조한다.
> 나. '작은 정부'를 지향한다.
> 다. 복지국가는 국민의 책임보다 권리를 강조한다고 비판한다.
> 라. 복지 제공에서 보편주의를 주창한다.

① 가, 나, 다
② 가, 나
③ 나, 라
④ 라
⑤ 가, 나, 다, 라

[해설] 신우파는 국가개입을 지양하고 시장경제를 고수한다. 근로능력이 없는 빈자에 대한 국가 책임을 인정한다.

정답 01 ④ 02 ③ 03 ② 04 ② 05 ①

제04장 사회복지정책의 대상과 급여

1. 사회복지정책의 분석틀

사회복지정책에 대한 분석틀은 매우 다양하게 제시되고 있다. 사회복지정책의 분석은 기존의 사회복지정책이나 새롭게 수립되는 정책의 이론적 기반을 만들고 여러 가지 대안 중에서 바람직한 것을 선택하는 기준이 되는 틀을 확립하는 데 영향을 준다고 할 수 있다.

정책의 분석틀은 복잡하게 얽혀 있는 사회복지정책 현상들을 체계적으로 분해하여 상호 간의 논리적 연계성이나 인과 관계 및 규칙성을 살펴보고 올바로 이해하기 위한 개념적 도구로 이해할 수 있다. 여기에서는 길버트와 테렐(Gilbert & Terrell, 2005)의 분석틀, 즉 급여의 대상, 급여형태, 전달체계, 재원 등에 대하여 살펴보고 사회복지정책의 분석틀을 이해하고자 한다.

첫째, 사회적 할당 기반으로 배분의 범위를 제시하며, "사회복지급여를 누구에게 제공해야 할 것인가?"

둘째, 사회적 급여의 형태로 "사회복지 대상자들에게 무엇을 제공할 것인가?"

셋째, 사회적 급여를 전달하기 위한 전략으로 사회복지급여 제공주체와 수급자 간의 조직체계로 "어떠한 방법으로 전달할 것인가?"

넷째, 사회적 급여에 필요한 재정을 마련하기 위한 재원조달방식으로 "어떤 재원을 사용하는가?"

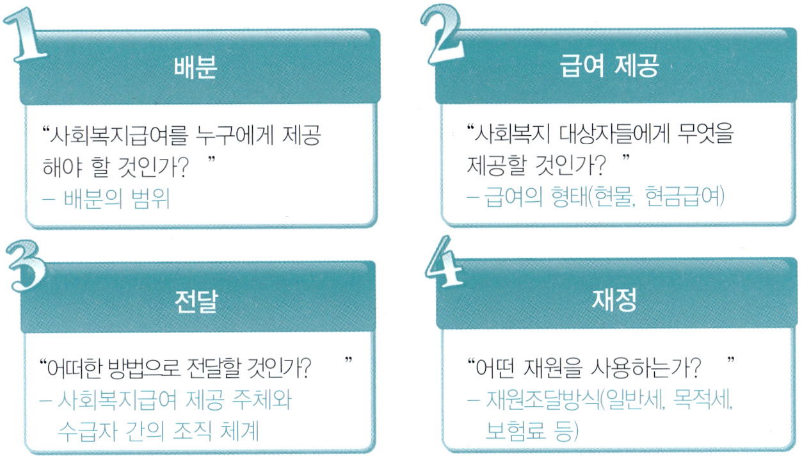

[그림 4-1] 사회복지정책의 분석틀

사회복지정책은 사회복지정책의 실시를 통하여 복지수준 향상에 기여할 수혜자가 누가 될 것인가를 설정하는 것이 명확해야 한다. 사회복지정책에 있어서 누가 사회복지급여를 받을 것인가와 수혜자의 자격을 어떻게 선정하고 규정할 것인가라는 급여 대상자의 선정기준이 중요한 이슈로 제기될 수 있다. 따라서 사회적 할당의 원리가 무엇인가를 이해할 필요가 있다. 이러한 수혜자 자격조건에 대한 논의는 사회복지정책의 대상을 보편주의와 선별주의에 대한 논의를 통하여 전개되고 있다.

권기창(2015)은 대상 선정의 기준과 관련하여 자격조건의 기준으로 거주지, 결혼 여부, 취업 여부, 가족구성원의 수, 건강, 연령, 성별, 인종, 소득 등 다양하게 제시하였다. 그러나 어느 것을 선택할지는 그 정책을 통해 첫째, 어떤 평등을 어느 정도까지 추구할 것인가, 둘째, 그것으로 야기되는 비효율의 문제를 어느 정도 수용할 것인가, 셋째, 사회구성원들의 자유를 어느 정도까지 제한할 것인가, 넷째, 욕구를 어디까지 인정할 것인가 등에 의하여 결정될 것이다. 이러한 자격조건 결정은 사회복지정책의 대상을 둘러싼 보편주의와 선별주의 논쟁으로 전개된다.

2. 대상자 선택의 기준 - 할당원리

할당의 원리는 사회복지정책에 있어서 누구에게 복지 혜택을 부여할 것인가, 자격의 조건을 어떠한 방식으로 제시할 것인가, 사회적 할당의 기준은 무엇인가와 관련된 선택의 문제로 귀결된다. 따라서 사회복지 급여자격의 문제는 사회복지정책의 수준을 제시할 수 있는 기준으로 매우 중요하다.

1) 보편주의와 선별주의

보편주의란 급여는 사회적 권리로서 모든 사람에게 주어져야 한다는 원리이다. 보편주의는 일종의 사회적 권리로서 모든 사람에게 부여되어야 한다는 것을 강조하고 있다. 이러한 원리에서는 모든 복지서비스의 급여를 받을 권리가 되는 수급자격을 모든 국민에게 부여한다. 복지서비스 수혜의 자격과 기준을 균등하게 하여 누구나 복지서비스를 공평하게 제공받는 것을 의미한다. 사회의 모든 구성원들에게 국가가 제공하는 복지서비스나 재정적인 지원을 하는 것이다. 따라서 자산조사가 필요 없으며, 아동, 청소년, 노인, 장애인 등 특정한 인구 범주를 구분하지 않고 어떠한 자격 요건을 필요로 하지 않는다. 장점으로는 수급자의 사회적 권리를 보장하며 낙인감 및 열등감을 갖지 않는다는 것이며 행정절차가 용이하여 행정비용이 절감되는 효과를 가져온다. 단점으로는 전체 사회적 비용이 크며 한정된 자원을 필요한 분야에 효과적으로 사용하는 데는 어려움을 가지고 있으며 개인이 지급받는 급여의 수준이 낮아질 수 있는 문제점을 가지고 있다.

반면에 선별주의란 급여는 개인의 욕구에 기초하여 부여되며, 이러한 욕구의 판단은 자산조사를 통해 이루어진다는 원리이다. 선별주의는 자산조사를 통해 복지서비스 제공의 필요가 있다고 규정되는 사람에 한하여 복지서비스를 제공한다. 사회복지서비스 대상자 선정에 있어 다양한 기준에 따라 요건을 엄격히 제한하여 선정하는 것을 말한다. 장점으로는 복지서비스를 꼭 필요한 대상으로 한정하여 제공함에 따라 자원을 필요한 대상자에 집중할 수 있으며, 자원을 효과적으로 활용하여 낭비를 줄일 수 있으며 비용이 적게 투입된다. 단점으로는 자산조사 과정에서 사회적 낙인감을 줄 수 있다.

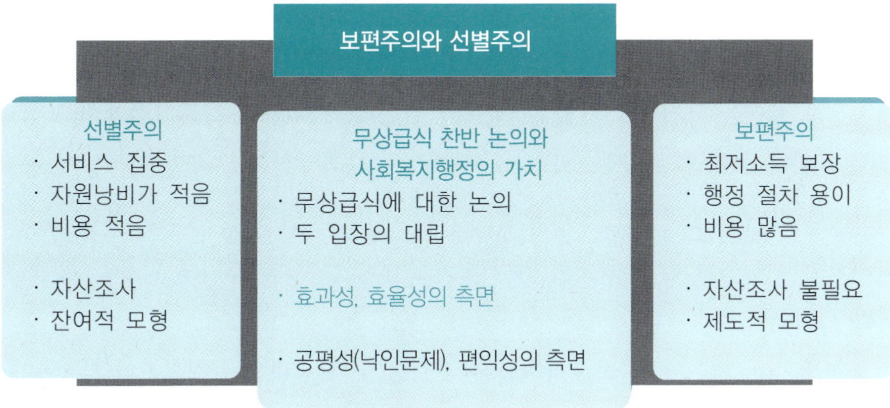

[그림 4-2] 급여대상의 선정

2) 자격조건의 형태

사회복지정책의 대상자를 규정하는 자격조건으로 거주여부, 거주기간, 인구학적 조건, 기여 조건, 진단적 구분, 자산조사 등으로 나누어 볼 수 있다.

(1) 거주여부 및 거주기간

사회복지정책의 자격조건 중 가장 기본적이고 가장 보편적인 것으로 활용되며 한 나라 또는 한 지역의 거주여부와 거주기간에 따라 급여자격을 부여하는 것이다. 그 예로 영국의 'NHS'를 들 수 있다.

(2) 인구학적 조건

사회복지 급여자격조건 중 인구학적 조건이란 연령, 성별, 결혼여부, 인종 등과 같은 인구학적 조건을 말하며 어떤 집단에 속할 경우 급여의 자격을 갖춘 것으로 간주하는 것이다. 이러한 조건은 일반적으로 보편주의적 성격을 가지고 있다. 인구학적 조건으로는 보편적 노령연금, 아동수당(가족수당)을 들 수 있으며, 인구학적 조건과 더불어 다른 조건을 갖추어야 자격이 되는 것으로 자산조사의 조건도 필요한 범주적 공공부조 프로그램과 국민연금 등 사회보험을 들 수 있다.

(3) 기여조건

사회복지 급여 자격조건의 중요한 조건으로 기여를 들 수 있다. 이것은 사회경제적으로 공헌을 하거나 기여를 한 경우를 말한다. 사회보험 프로그램에서 보험료 납부에 의하여 운영되는 것으로 대표적인 것은 사회보험으로 국민연금 등의 공적 연금, 건강보험, 산재보험, 고용보험, 노인장기요양보험 등을 들 수 있다. 이러한 사회보험의 급여를 받기 위해서 가장 중요한 조건은 각종 보험료 납부를 통한 보험료 기여이다.

사회에 대한 기여로 자격을 부여받는 것으로 국가를 위해 순직하거나 부상을 당한 군인, 경찰 등 사회에 특별한 공헌을 한 경우로서 대표적인 예로서는 국가보훈제도를 들 수 있다.

(4) 전문가 판단에 의한 진단적 구분

사회복지 급여 대상자를 선정하는 자격조건으로 기능별 전문가의 진단적 판단을 들 수 있다. 사회복지정책의 급여를 받기 위하여 인구학적 조건, 기여조건 등 다른 조건을 충족하였지만 전문가나 행정적 판단이 추가로 필요한 경우에 해당된다. 이것은 장애, 질병, 요양 진단 등 신체장애와 질병을 기초로 전문가의 진단에 따라 서비스 필요성을 판단하여 제공하는 것을 말한다. 대표적인 사례로는 장애등급의 판정이나 노인장기요양급여의 판정 등을 들 수 있다.

(5) 자산조사

급여 대상의 자격조건으로 자산조사란 본인 스스로의 노력으로 상품이나 서비스를 구매할 능력이 없는 빈곤계층임을 증명하는 조사에 근거하여 수급자격을 결정하는 것이다. 소득 조사가 포함되며 대부분의 공공부조 프로그램의 자격을 결정하는 가장 중요한 기준이 된다. 우리나라의 기초생활보장과 긴급지원 등 주로 저소득층 복지정책에서의 수급권자는 이를 근거로 하여 선정한다.

〈표 4-1〉 사회복지 급여 대상자 선정조건

구분	귀속적 욕구	기여	진단적 구분	자산조사
대상자	집단	집단	개인	개인
대상자 선정기준 (욕구판단 기준)	규범적 판단 조건을 갖춘 사람 거주 여부 인구학적 속성 (연령, 성별 등) 국적 여부	형평성에 입각한 규범적 판단 일정한 공헌 희생을 한 사람	기술적 · 전문적 등급 분류 장애연금 등급 분류	경제적 기준 소득과 재산에 대한 조사
사회복지개념	제도적 개념 보편주의	⟷	⟷	잔여적 개념 선별주의

3. 사회복지정책의 급여체계 - 무엇을 줄 것인가?

사회복지정책의 급여체계는 사회복지 대상자에게 '무엇을 줄 것인가?'에 대한 맥락을 이해해야 한다. 사회복지정책에서 제공되는 급여의 형태는 전통적인 급여 형태인 현금급여와 현물급여를 기반으로 많은 논의를 이루고 있으나 대안적 급여의 형태로 확대하여 증서, 기회, 권력과 같은 여러 유형의 급여를 다양하게 다루고 있다.

1) 현금급여

사회복지정책에서 제공되는 가장 대표적인 급여의 형태가 현금급여라 할 수 있다. 현금급여는 수급자에 대한 급여를 현금으로 지급하는 것으로 서구 복지국가에서 제공되는 사회복지 급여 중 가장 큰 급여의 형태이다. OECD 국가의 공공사회복지 급여 중 절반 이상이 현금급여 형태로서 소득보장 급여의 범주에서 대부분 현금의 형태로 지급하기 때문이다(구인회 외, 2010).

우리나라의 현금급여 제도는 국민기초생활보장제도에서의 생계급여, 교육급여, 해산급여, 장제급여와 건강보험제도에서의 요양비, 장애인보장구 구입비 등이 있다. 국민연금제도에서는 노령연금, 장애연금, 유족연금 등이 있으며, 고용보험에서의 실업급여, 산재보험에서 휴업급여, 장해급여, 상병보상연금, 유족연금과 장애인연금, 기초연금제도 등이 대표적이다.

현금급여가 사회복지의 가장 대표적인 급여형태로 자리 잡은 것은 여러 가지 장점을 가지고 있기 때문이다(권기창, 2015).

첫째, 현금급여는 수급자 선택의 자유와 소비자 주권을 최대로 보장하는 급여형태이다. 현금으로 자기가 원하는 물건이나 서비스를 선택함으로써 수급자들은 선택의 폭을 넓혀 다양한 취향을 반영하고 있다.

둘째, 현금급여는 수급자 개인의 효용을 극대화할 수 있고, 이를 통해 사회 전체적으로 자원의 효율적 배분을 달성할 수 있다. 수급자들이 자신이 원하는 물건이나 서비스를 선택하여 소비함으로써 만족감을 높일 수 있다.

셋째, 현금급여는 인간이 존엄성을 유지시키는 데 다른 형태의 급여보다 우월하다. 일부 사회복지 프로그램의 수급자들은 다른 사람에게 본인의 수급 사실이 알려지는 것을 원하지 않는다. 수급자란 사실이 알려지는 것을 원하지 않는다. 수급자란 사실이 알려지면 낙인감이나 치욕감을 느낄 수 있기 때문이다.

넷째, 현금급여는 운영효율성 측면에서 다른 급여에 비하여 우월하다. 현금급여의 지급은 복지계좌로 입금됨에 따라 현물을 구매하고 전달하는 비용을 줄일 수 있으며, 현물을 보관 및 관리하는 비용 등 행정비용을 줄일 수 있다.

현금급여의 한계점으로는 사회복지정책의 목표 이외에 사용하는 것을 사회적으로 통제할 수 없다는 점을 들 수 있다. 정책의 목표대로 수급자의 욕구충족에 필요한 재화의 구입에 사용되지 않고 다른 용도로 사용될 가능성이 높아 남용이나 오용될 수 있다.

〈표 4-2〉 현금급여

구분	현금급여	
정의	• 현금 형태로 제공	
장점	• 소비자 주권에 유리 • 운영효율적	• 사용이 편리 • 오명(낙인)이 없거나 적음
단점	• 원래 목적 아닌 용도로 사용 가능 • 목표효율성 낮음	• 사회적 효용 감소

2) 현물급여

현물급여는 수급자에 대한 급여를 현금 대신 재화나 서비스의 형태로 제공되는 것이다. 수급자 스스로 필요한 재화나 서비스를 구입할 수 없는 경우 또는 현금을 자유롭게 사용할 수 없는 노인이나 아동의 경우에 해당된다. 이는 우리나라에서 공공부조의 영역에서 쌀이나 의복 등이 현물로 제공되었던 경우를 들 수 있으며, 비화폐적인 서비스이다. 우리나라의 현물급여 제도로는 건강보험제도에서의 의료서비스인 요양급여, 건강검진을 들 수 있으며, 산재보험제도의 요양급여와 노인장기요양보험제도에서의 재가급여, 시설급여 등을 들 수 있다.

현물급여는 현금급여와 달리 수급자에게 필요한 물품이나 서비스 등이 직접적으로 지급되는 것으로 대량으로 구매하여 저렴하게 제공할 수 있으며, 생산의 표준화를 통하여 생산비용을 절감할 수 있다는 측면에서 총급여비용이 규모의 경제로 인하여 상대적으로 절약된다고 할 수 있다.

구재관 등(2015)은 현물급여를 지지하는 사람들의 주장을 두 가지로 정의하고 있다. 첫째, 현물급여는 수급자에게 정책의 목표대로 전달될 수 있어 현금급여에 비해 남용이나 오용의 문제가 적다. 둘째, 현물급여는 대량생산과 대량소비로 인해 규모의 경제의 효과가 있어 급여를 저렴하게 제공할 수 있다. 그러나 현물급여는 수급자의 자기결정의 자유를 보장하기 어렵고 현물관리에 많은 비용이 든다는 비판을 받고 있다.

현물급여의 한계점으로는 일반적으로 수급자에게 수치심을 자극할 수 있다는 점을 가지고 있으며, 수급자의 수급여부의 노출로 사생활이 간섭될 가능성이 있다는 점이다. 또한 서비스 제공에 있어 질적인 면에서의 변화가 없는 획일적인 제공이라면 규모의 경제 효과가 나타나기 어려울 수 있다.

[그림 4-3] 현물급여

〈표 4-3〉 현물급여

구분	현물급여
정의	• 현물, 서비스 형태로 제공되는 급여
장점	• 낮은 비용으로 제공(단, 이것을 부정하는 견해도 있음) • 대상자에게 직접 전달 • 지역의 시급한 복지 욕구충족에 유리 • 목표효율성이 높음
단점	• 오명 가해짐 • 자원의 낭비 • 운영효율성 낮음

3) 증서

증서는 바우처(voucher)로서 일정한 자격조건이 되는 수급자에게 재화나 서비스에 대한 쿠폰이나 카드 형태로 구매권을 지급하는 것을 말한다. 현금급여와 현물급여의 장점을 보완할 수 있는 형태로 미국의 푸드 스탬프(Food Stamp) 프로그램은 수급자에게 증서로 주며 이것을 이용하여 음식물을 자유롭게 선택할 수 있다. 이를 통해 소비자의 선택과 사회통제를 조화시키고자 하는 사회복지정책의 급여

형태이다. 증서는 현물급여의 장점인 사회복지정책의 목표효율성을 살릴 수 있으며, 현물급여보다 수급자의 효용을 높일 수 있으며, 운영비용도 적게 들어가며 정치적으로도 현물급여과 유사하게 유리한 편이다.

〈표 4-4〉 증서(바우처)

구분	증서(바우처)
정의	• 공개된 시장에서 사회서비스, 의료, 기타 욕구 등을 보조하는 방법
장점	• 한편으로는 소비자에게 선택의 길을 열어 주면서, 다른 한편으로는 어느 정도의 사회통제가 가능함
사례	• 사회서비스 전자바우처 • 푸드 스탬프(food stamp)

우리나라에서는 현재 바우처(voucher)로 알려져 있으며, 정해진 용도 내에서 원하는 재화나 서비스를 자유롭게 선택하여 사용할 수 있는 이용권으로 현금급여와 현물급여의 장점을 가지고 있다. 현행 보건복지부의 사회서비스 전자바우처 사업은 2007년 장애인활동보조(장애인활동지원), 노인돌봄종합, 지역사회서비스 투자사업을 시행하여 시작되었다.

사회서비스 전자바우처 도입배경으로는 기존 사회복지서비스는 공급자 지원방식으로 이루어져 수요자의 선택권이 제한되어 시장 창출에 한계가 있어, 수요자 중심의 직접 지원방식으로 바우처(서비스 이용권) 제도를 도입하였다. 수요자 직접 지원 방식으로 공급기관의 허위 · 부당 청구 등 도덕적 해이를 최소화하고, 자금흐름의 투명성, 업무 효율성 확보, 정보 집적 관리를 통한 사회서비스 발전기반 마련을 위해 금융기관 시스템을 활용한 「전자식 바우처」 추진이 필요하여 도입하였다.

국가바우처는 국가가 복지 대상자에게 직접 현금이나 서비스, 물품을 제공하는 대신, 정해진 이용처에서 서비스(또는 물품)로 교환할 수 있는 이용권을 제공하는 것을 말한다.

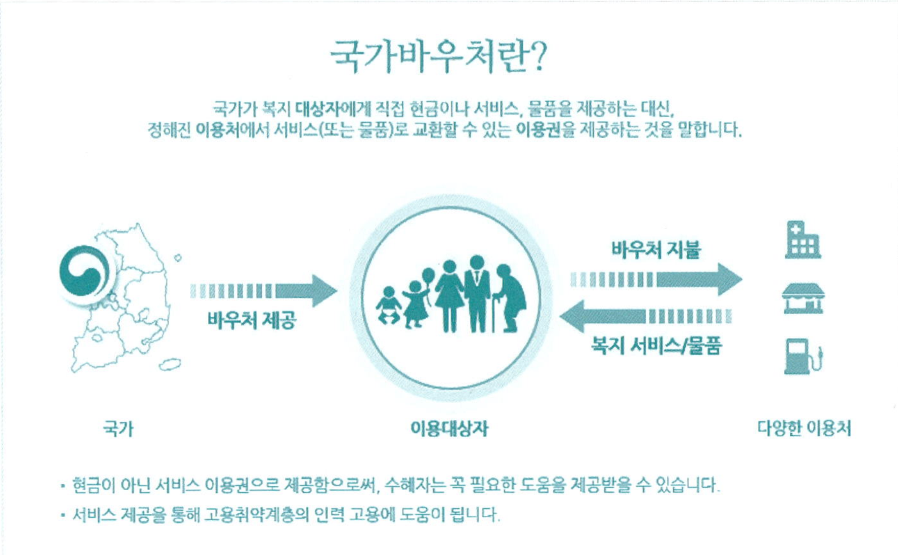

출처: www.voucher.go.kr/voucher/subIndex.do?p_sn=63

[그림 4-4] 국가바우처

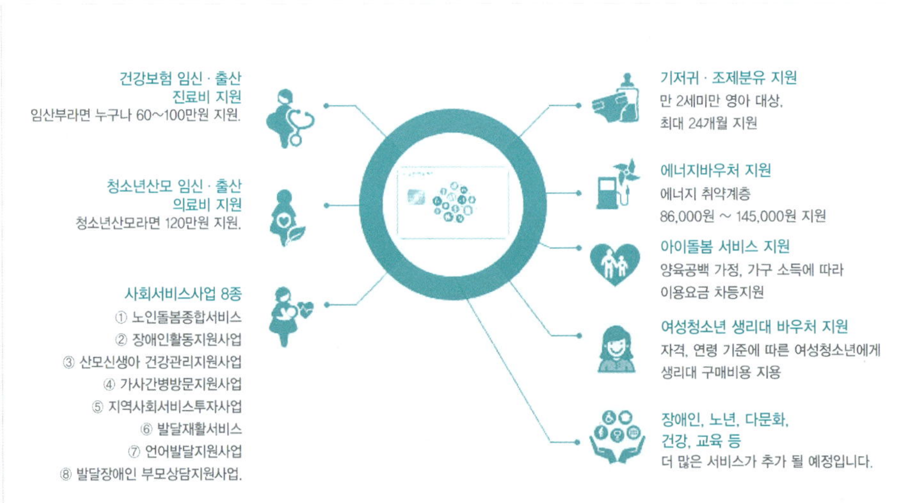

출처: www.voucher.go.kr/voucher/subIndex.docard/introduce.do?p_sn=51

[그림 4-5] 국가바우처사업

〈표 4-5〉 우리나라 사회서비스 전자바우처사업 현황

<table>
<tr><th colspan="2">사업명</th><th>시작
시기</th><th>대상</th><th>선정기준</th><th>지원수준</th><th>본인부담금
(월/원)</th></tr>
<tr><td rowspan="2">장애인
활동
지원</td><td>장애인
활동 지원</td><td>2011년
11월</td><td>등록 장애인(만6세이상~만65세미만)</td><td>인정점수 42점 이상 등록 장애인</td><td>등급에 따라 60~480시간
(특별지원급여 20~80시간)</td><td>면제
~170,700원</td></tr>
<tr><td>시 · 도
추가 지원</td><td>2010년
10월</td><td>등록 장애인
(시 · 도별 상이)</td><td>시 · 도별 상이</td><td>시 · 도별 등급에 따라 지원</td><td>시 · 도 및등
급별 상이</td></tr>
<tr><td rowspan="3">지역
자율형
사회
서비스
투자
사업</td><td>지역사회
서비스 투자</td><td>2007년
8월</td><td>사업 유형별로 상이</td><td>중위소득 120% 이하(사업 유형별 상이)</td><td>사업별로 상이
(월 1회~월 20회)</td><td>사업별로 상이</td></tr>
<tr><td>산모·신생아
건강관리
지원</td><td>2008년
2월</td><td>출산 가정</td><td>기준중위소득 150% 이하. 단, 소득기준을 초과하는 대상자에 대해 시 · 군 · 구별 예외 지원 가능</td><td>등급에 따라
5일~25일간
건강관리사 파견</td><td>제공기관별
상이</td></tr>
<tr><td>가사 · 간병
방문 지원</td><td>2008년
9월</td><td>기초수급자 및 차상위계층
(만 65세 미만)</td><td>생계 · 의료 · 주거 · 교육급여 수급자, 차상위계층 중 가사 · 간병 서비스가 필요한 자</td><td>월 24, 27, 40시간</td><td>면제
~23,980원</td></tr>
<tr><td rowspan="2">장애
아동
가족
지원</td><td>발달재활
서비스</td><td>2009년
2월</td><td>만 18세 미만</td><td>기준중위소득 180% 이하
(소득별 차등 지원)</td><td>월 14~22만 원
내에서 바우처 지원</td><td>면제~
최대 8만 원</td></tr>
<tr><td>언어발달
지원</td><td>2010년
8월</td><td>만 12세 미만 비장애아동</td><td>기준중위소득 120% 이하
(소득별 차등지원)</td><td>월 16~22만 원
내에서 바우처 지원</td><td>면제~
최대 6만 원</td></tr>
<tr><td rowspan="3">발달
장애인
지원</td><td>발달장애인
부모상담
지원</td><td>2014년
2월</td><td>발달장애인 자녀의 부모</td><td>발달장애인(「장애인복지법」상 지적, 자폐성 장애인)으로 등록된 자녀의 부모 및 보호자</td><td>월 16만 원 바우처 지원</td><td>4천 원
~최대
4만 원</td></tr>
<tr><td>발달장애인
주간활동
서비스</td><td>2019년
3월</td><td>만 18세 이상~65세 미만 발달장애인</td><td>만 18세 이상~65세 미만의 「장애인복지법」상등록된 지적 및 자폐성 장애인</td><td>월 56,100,132시간</td><td>없음</td></tr>
<tr><td>청소년
발달장애
학생
방과 후
활동
서비스</td><td>2019년
9월</td><td>만 6세 이상~18세 미만
발달장애학생</td><td>만 6세 이상 18세 미만
초 · 중 · 고등학교(일반학교 및 특수학교)전공과에 재학중인「장애인복지법」상등록된 지적 및 자폐성 장애인</td><td>월 44시간</td><td>없음</td></tr>
<tr><td colspan="2">임신 · 출산
진료비 지원</td><td>2008년
12월</td><td>임신확인서로 임신이 확진된 임신 · 출산 진료비 지원 신청자</td><td>임신확인서로 임신이
확진된 건강보험 가입자</td><td>임신 1회당 60만 원
(일 한도 없음)
(다태아의 경우 100만 원)</td><td>면제
(월 지원금액
소진 시
신용카드
대금으로 청구)</td></tr>
</table>

사업명	시작 시기	대상	선정기준	지원수준	본인부담금 (월/원)
청소년산모 임신 · 출산 진료비 지원	2015년 5월	만 19세 이하 청소년 산모	임신확인서상의 임신 확인일 기준 만 19세 미만의 청소년 산모	임신 1회당 120만 원	면제 (월 지원금액 소진 시 신용카드 대금으로 청구)
기저귀 · 조제분유 지원	2015년 10월	저소득층 영아 (24개월 미만)	만 2세 미만 영아를 둔 저소득층 가구	–기저귀: 월 64,000원 –조제분유: 월 86,000원	면제 (월 지원금액 소진 시 신용카드 대금으로 청구
에너지 바우처	2015년 12월	생계급여 또는 의료급여 수급자(노인,영유아, 장애인, 임산부, 중증/희귀/중증 난치질환자, 한부모가족,소년소녀가정)	생계급여 또는 의료급여 수급자 가구원 중 노인, 영유아, 장애인, 임산부, 중증/희귀/중증난치질환자,한부모가족, 소년소녀가정을 포함하는 가구	1인 가구 : 96,500원 (하:7,000/동:89,500) 2인 가구 : 136,500원 (하:10,000/동:126,500) 3인 가구 : 170,500원 (하:15,000/동:155,500) 4인 가구 : 191,000원 (하:15,000/동:176,000)	면제 (월 지원금액 소진 시 신용카드 대금으로 청구
아이돌봄 지원	2017년 1월	–시간제: 만 3개월~만 12세 이하 아동 –종일제: 만 3개월~만 36개월 영아	기준중위소득 150% 이하 가구	소득 유형별 상이	소득 유형별 상이
여성청소년 생리대 바우처 지원사업	2019년 1월	출생연도 기준 만 11세~만18세 (만18세에 도달하는 연도 말까지 바우처 지급)	「국민기초생활보장법」 생계·의료·주거·교육 급여 수급자 –「국민기초생활보장법」에 따른 법정차상위계층 –「한부모가족지원법」 제5조 및 제5조의2에 따른 지원대상자	월 11,500원 (연간 최대 138,000원, 6개월 단위로 지원)	없음
첫만남이용권	2022년 4월	2022년 1월 1일 출생아동 부터	없음	최초 1회 200만원 바우처 지원	없음

출처: https://www.socialservice.or.kr:444/user/htmlEditor/view.do?p_sn=2

4) 기회

기회는 현물이나 현금처럼 상품가치가 있는 것이 아닌 무형의 급여형태로서 매우 포괄적이며 애매한 개념이다. 기회의 불평등으로 인해 개개인이 원하는 목적을 성취하지 못하거나 처음부터 동기부여가 되지 못하는 것은 사회복지의 기본에 어긋나는 것으로 기회는 다른 급여를 얻는 데 도움이 될 수 있다. 사례로는 고용과 교육 분야에서 살펴볼 수 있으며 대학특별전형, 장애인 의무고용, 여성고용 할당을 들 수 있다. 기회는 사회복지정책이 추구하는 목표인 평등을 이루기에는 한계가 있으며, 사회기득권자들의 이득을 합리화시키기 위한 수단으로 이용될 수 있다.

급여형태로서 기회가 갖는 특징은 다음과 같다(권기창, 2015).

첫째, 기회는 인권을 보장하는 하나의 방법이다. 사회적 약자에게 더 많은 기회를 줌으로써 실질적인 기회의 평등을 실현하는 것은 인권보장과 관련이 있다.

둘째, 급여로서 기회는 오·남용이나 전이 가능성이 전혀 없는 급여이다. 기회는 주어지는 면에서만 사용되는 급여로서 취업이나 교육 기회의 제공 등 다른 사람에게 양도하거나 교환할 수 없는 특징을 가진다.

셋째, 현실적인 어려움 때문에 단순히 기회를 제공한다고 해서 결과적으로 소득이 높아지는 것은 아니다. 기회의 제공이 결과의 평등을 보장하는 것은 아니다. 경우에 따라서 기회의 제공은 사회의 기득권자의 이득을 합리화하기 위한 수단으로 이용될 가능성이 있다.

〈표 4-6〉 기회

구분	기회
정의	목적달성을 위해 사용하는 자극과 제재
장점	직접 제공 급여들 중에서 가장 모호한 형태의 급여 사회복지정책 중에는 기회를 만들고 분배하는 데 관심을 가진 정책이 많음
사례	고용과 교육: 특례입학, 장애인 의무고용, 여성고용 할당 등

5) 권력

다른 급여의 형태는 제도나 정책의 한 부분을 구성하는 형태가 일반적이다. 구인회 외(2010)는 "권력은 잠재적인 사회복지 대상자들에게 보다 많은 사회적 자원이 배분될 수 있도록 그들에게 정치적·사회적 힘을 확대시키는 과정이다."라고 하였다.

급여형태로서 권력은 사회복지 대상자들에게 권력을 부여하는 방법으로 다음과 같은 형태가 있다(권기창, 2015).

첫째, 사회적 약자 및 불이익 집단들을 사회복지정책 형성과 집행 과정에 직접 참여시키는 것이다. 장애인 부문에서 주장되고 있는 당사자주의가 이에 해당되며, 직접 정책반영 과정에 참여시키는 것이다. 또한 위원회 활동을 통하여 사회복지 대상자들은 자신의 문제에 대한 자문 및 심의, 의결을 담당할 수 있다.

둘째, 사회운동을 통한 권력 획득이다. 사회복지운동은 잠재적 사회복지 수급자들이 집단화된 힘을 기반으로 복지와 자원이 유리한 방향으로 배분되도록 정책 개선을 요구하고 관철해 나가는 것이다.

셋째, 지역사회조직사업을 통한 권력 부여이다. 지역사회복지관의 대표적인 활동으로 지역사회 주민들이 지역사회 문제에 스스로 참여해서 해결책을 모색하는 등 공동체 의식의 함양을 통해 문제나 욕구를 해결하는 것을 들 수 있다.

권력의 제공은 사회복지 대상자들에게 부여되는 방법이지만, 현실적으로 형식적인 참여에 그치는 한계가 있기 때문에 기득권자의 합리화를 위한 수단으로 이용될 가능성이 높다고 할 수 있다.

연습 문제

CHAPTER 04

01 할당의 원리에 관한 설명으로 옳지 않은 것? 12회 기출

① 귀속적 욕구의 원리에서 욕구는 규범적 기준에 의해 정해진다.
② 공헌 혹은 피해 집단에 속하는가에 따른 할당은 보상의 원리에 해당한다.
③ 진단적 구분은 재화 혹은 서비스의 필요성에 대한 전문가의 판단에 의존한다.
④ 귀속적 욕구의 원리는 보편주의보다는 선별주의 할당 원리에 가깝다.
⑤ 자산조사 원리는 욕구에 대한 경제적 기준과 개인별 할당이라는 두 가지 조건에 근거한다.

[해설] 귀속적 욕구는 시장에서 충족되지 않는 욕구를 공통적으로 지녔다고 규범적으로 인정되는 어떤 집단에 속할 경우 급여의 자격을 인정하는 것이다.

02 소비자의 선택권이 강한 순으로 나열한 것은? 7회 기출

① 생계비 ≥ 쌀지급 ≥ 학습바우처
② 학습바우처 ≥ 쌀지급 ≥ 생계비
③ 쌀지급 ≥ 생계비 ≥ 학습바우처
④ 쌀지급 ≥ 학습바우처 ≥ 생계비
⑤ 생계비 ≥ 학습바우처 ≥ 쌀지급

[해설] 급여형태를 소비자 선택권이 강한 순으로 나열함. 현금≥바우처≥현물

03 정책분석의 3P(과정분석, 산물분석, 성과분석) 중 과정분석의 사례에 해당하는 것은?

14회 기출

① 근로장려세제의 근로유인효과 분석
② 자활사업 참여자의 공공부조 탈수급효과 분석
③ 노인장기요양보험법 제정에서 이익집단의 영향 분석
④ 노숙인에 대한 공공임대주택정책의 탈노숙효과 분석
⑤ 보육서비스 정책이 출산율 증가에 미치는 영향 분석

[해설] 과정분석이란 사회복지정책이 형성되는 과정단계에 대해 다양한 조직들이 어떻게 영향을 미치는지를 파악하는 접근 방법이다. 정책에 대한 찬반의 상반된 의견을 가진다. 따라서 이들이 어떻게 상호작용하고 어떠한 영향을 미치는지에 초점을 두는 것이 과정분석이라 할 수 있다.

산물분석은 사회복지정책의 내용 분석 또는 핵심 분석으로 기획과정에서 어떤 정책을 선택했는가에 대해 프로그램 안이나 법률, 또는 확정된 계획에 대한 여러 가지 쟁점을 분석하는 것으로 기초연금과 국민연금의 대상자 선정 기준 분석을 들 수 있다.

성과분석은 사회복지정책 평가분석으로 정책을 집행한 결과 의도한 정책 목표에 비추어 그 효과성이나 효율성에 관한 분석을 말하며, 프로그램이 얼마나 실행되었는가, 얻은 영향이 무엇인가를 분석한다.

04 사회복지 급여형태에 관한 설명으로 옳은 것은?

12회 기출

① 현금급여는 선택권을 제한하는 단점이 있다.
② 현물급여는 대상 효율성이 높다.
③ 현금급여는 인간의 존엄성을 유지하는 데 취약하다.
④ 현물급여는 '규모의 경제'효과에 취약하다.
⑤ 증서는 현금급여에 비해 소비자 선택권이 높은 반면 현물급여에 비해서는 낮다.

[해설] 현금급여는 소비자에게 선택의 기회를 제공함으로써 자신의 선호도에 입각하여 효용을 극대화할 수 있다.

05 사회복지정책의 급여형태 중 기회에 관한 설명으로 옳은 것은? 14회 기출

① 수급자가 직접 급여에 대한 결정이나 그와 관련된 정책에 참여한다.
② 목표효율성이 가장 높은 급여형태로 평가를 받는다.
③ 빈곤층 자녀의 대학 입학정원 할당, 장애인 의무고용제 등이 해당된다.
④ 수급자가 일정한 용도 내에서 원하는 재화나 서비스를 선택할 수 있다.
⑤ 취약계층의 경제적 문제를 근본적으로 해결할 수 있다.

[해설] 기회는 사회적 약자에 취업, 진학 등에서 유리한 조건을 주어 경쟁에서 불이익을 감소시키는 것을 말한다.

정답 01 ④ 02 ⑤ 03 ③ 04 ② 05 ③

제05장 사회복지정책의 전달체계

1. 전달체계의 특성과 기준

사회복지정책의 전달체계는 '어떻게 급여를 제공할 것인가?'라는 맥락에서 비롯된다고 할 수 있다. 사회복지정책에 있어 전달체계가 중요한 이유는 사회복지정책에 규정되어 있는 사회복지급여와 서비스를 적절하고 효율적으로 대상자에게 전달하여 그들의 욕구를 효과적으로 충족시키는 데에 전달체계가 결정적인 역할을 수행하기 때문이다(현외성, 2015). 정책의 구체적 대상자의 자격을 조사하고 심사하는 일, 자격조건의 설정, 사회복지서비스 신청, 급여 과정과 절차 등과 연관된 정책은 전달체계에서 대상자에게 매우 민감하게 나타난다. 사회복지정책은 이러한 과정에서 수요자의 욕구조사에 근거하여 그들의 욕구를 효과적으로 충족시키는 데 전달체계가 매우 중요한 역할을 수행하고 있다.

1) 사회복지정책 전달체계의 개념

사회복지서비스 전달체계란 '사회복지급여를 공급하는 자들 간의 조직적인 연계 및 공급자와 소비자를 연결하는 조직적 연결'로 규정할 수 있다. 따라서 사회복지정책 전달체계는 사회복지정책의 결과로 만들어진 사회복지급여 또는 서비스를 대상자에게 전달하는 공급자와 대상자와의 연계조직을 의미한다고 할 수 있다. 사회복지정책이 제대로 효과를 발휘하기 위해서는 무엇보다도 이를 적절하고 효율적으로 대상자들에게 전달하는 것이 중요하다. 어떠한 형태의 전달체계를 선택할 것이며, 그 전달체계에 기능과 권한을 어느 정도 줄 것인지를 결정하는 것은 사회복지정책이 결정해야 할 중대한 사안이 될 수 있다. 사회복지정책이 효과를 발휘하기 위하여 어떠한 형태의 전달체계를 선택할 것이며, 그 전달체계에 기능과 권한을 어느 정도 줄 것인지를 결정하는 것은 사회복지정책이 결정하여야 할 중요한 요소이다. 권기창(2015)은 사회복지 전달체계는 서비스를 전달하는 조직, 기구의 형태를 띠고 있기 때문에 전 영역에서 사회복지 업무를 담당하는 주체들이라 할 수 있다. 전달체계는 사회복지서비스의 조직자, 실천자 및 관리자라고 할 수 있다. 현대사회에서 사회복지 전달체계는 그 중요성이 강조되고 있으며, 전달체계는 사회복지 수요의 증대에 체계적으로 대응하여야 할 것이며, 사회복지 예산의 증가에 따른 효율적인 행정 인프라를 구축하여야 하며 사회안전망에 대한 국민의 신뢰를 얻어야 한다는 면에서 역할이 강조되고 있다.

2) 사회복지정책 전달체계의 모형도

사회복지 전달체계의 기본적인 모형으로는 공급자인 정부기관, 공공기관, 사회복지기관, 비영리법인 등이 수요자인 클라이언트에게 전달되는 일련의 흐름으로 정리할 수 있으며, 이 과정에서 중요한 것은 수요자의 욕구에 근거하여 전달되어야 한다는 것이다. 사회복지 전달체계의 기본모형을 살펴보면 [그림 5-1]과 같다.

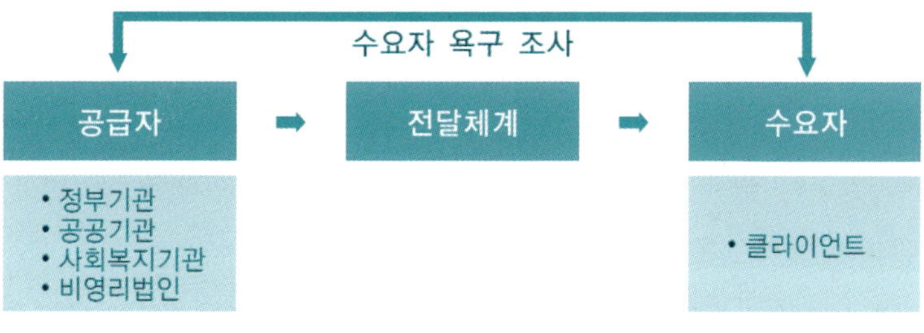

[그림 5-1] 사회복지 전달체계의 모형

3) 사회복지정책 전달체계의 원칙

사회복지 전달체계는 양질의 서비스를 제공함과 업무효율성을 높여야 하는 두 가지를 동시에 만족시켜야 한다. 따라서 사회복지 전달체계가 제대로 작동하기 위해서는 전달체계 구축 시 고려되어야 할 여러 가지 원칙으로 전문성의 원칙, 통합성의 원칙, 포괄성의 원칙, 적절성의 원칙, 연속성의 원칙, 평등성의 원칙, 책임성의 원칙, 접근성의 원칙 등 여덟 가지 원칙을 제시하고 있다.

(1) 전문성의 원칙

사회복지 전달체계는 다른 조직이나 전달체계에 비하여 사회적 문제와 개인적 욕구 등 인간의 욕구와 관련된 여러 가지 문제를 다루어야 하므로 공공정책의 전달체계와는 다른 특성을 가진다. 이러한 과정에서 클라이언트와 복잡한 관계를 형성하는 가운데 진행됨으로써 사회복지정책의 전달체계는 사회복지전문가로서의 전문성이 요구된다. 즉, 사회복지서비스의 핵심적인 업무는 반드시 객관적으로 자격이 인정된 전문가인 사회복지사가 담당해야 한다.

(2) 통합성의 원칙

사회복지 전달체계를 통하여 사회복지서비스를 제공받을 때 복합적이고 다양한 문제해결에 필요한 서비스가 체계적으로 제공되어 문제를 해결하고 충분히 목적을 달성할 수 있어야 함을 말한다. 사회복지서비스가 통합적으로 제공될 수 있도록 기관 간 상호 연관을 통하여 연계 및 협조가 원활하게 이루어져야 한다. 클라이언트에 필요한 서비스가 전달체계를 통하여 유기적으로 제공될 때 여러 문제를 해결해 나갈 수 있다. 우리나라의 공공전달체계와 민간전달체계 간의 복지체계에 시급히 갖추어져야 하는 원칙이기도 하다. 김귀환(2013)은 사례관리란 복잡하고 다양한 욕구를 가진 클라이언트가 개별 기관이나 전문가 등의 지역사회 내의 서비스 제공자들을 일일이 찾아다니지 않고, 필요한 서비스들을 효과적으로 받을 수 있도록, 사례관리자가 자원을 활용하여 클라이언트로 하여금 지역사회 내에서 독립적인 생활을 할 수 있게 도와주는 통합적인 서비스 전달방법이라고 하였다.

(3) 포괄성의 원칙

사회복지 전달체계는 사람들의 욕구가 다양하기 때문에 여러 가지 유형의 서비스를 필요로 하며, 다양한 문제나 욕구를 동시에 순서대로 해결할 수 있어야 한다. 사회복지서비스의 포괄성을 달성하기 위해서는 한 사람의 전문가가 여러 문제를 다루거나 각각 다른 전문가가 한 사람의 문제를 다룰 수도 있고, 여러 분야 전문가가 팀을 이뤄 문제를 해결할 수도 있다.

(4) 적절성의 원칙

사회복지 전달체계는 클라이언트의 상황에 따라 서비스가 바람직한 수준으로 제공되어야 함을 의미한다. 사회복지서비스는 그 양과 질, 그리고 제공하는 기간이 클라이언트나 소비자의 욕구충족과 서비스의 목표달성에 충분해야 한다. 소득보장을 위한 급여가 최저생계비 수준에 미치지 못하거나, 상담서비스가 일회적인 수준에 그친다면 클라이언트는 욕구를 충족할 수 없을 뿐만 아니라 서비스의 목표를 달성하기 어려울 것이다.

(5) 연속성의 원칙

사회복지 전달체계는 사회복지 대상자에게 필요한 서비스를 문제가 해결되는 일정 기간 동안 연속적으로 제공하는 것을 말하며, 사회복지 문제의 특성을 고려할 때 다양한 사회복지서비스가 연속적으로 제공되어야 한다. 사회적인 흐름에 잠시 제공되고 중단되거나 상호 연관성이 결여된 1회성 서비스는 지양되어야 한다.

(6) 평등성의 원칙

사회복지 전달체계는 특별한 경우를 제외하고는 기본적으로 성별, 연령, 소득, 지역, 종교, 지위 등에 상관없이 모든 국민에게 사회복지서비스를 제공해야 한다. 현대사회에서는 급속한 사회적 변화에 의하여 개인의 경제적 형편에 관계없이 많은 문제들이 개인에게 발생하고 있다. 부부간의 문제, 청소년문제, 장애문제 등 소득의 유무에 관계없이 모든 인간에게 발생하고 있기에 모든 사람들에게 평등하게 제공하여야 하는 것이다.

(7) 책임성의 원칙

사회복지 전달체계는 사회욕구에 신속하고 융통성 있게 대응함으로써 소정의 기능수행을 다해야 하는 것으로, 전달체계의 책임성은 급여대상자에 대해 최대한 욕구해결을 도모해야 하는 전문가의 책임성을 의미한다. 사회복지조직은 복지국가가 시민의 권리로 인정한 사회복지서비스를 전달하도록 위임받은 조직이기에 사회복지서비스의 전달에 대하여 책임을 져야 한다. 주요 내용으로는 첫 번째로 서비스가 수혜자의 욕구에 적절히 대응하는 것인가, 두 번째로 서비스의 전달절차가 적합한가, 세 번째로는 서비스가 효과적이고 효율적인가, 네 번째로는 서비스 전달과정에서의 불평, 불만 등 의견 수렴장치는 적합한가 등이다.

(8) 접근성의 원칙

사회복지 전달체계는 사회복지 대상자가 필요로 하는 사회복지서비스를 제공받기 위하여 투명하고 쉬워야 한다. 지리적인 접근성뿐만 아니라 사회복지 행정서비스의 간편화, 선별주의 자격 지침, 클라이언트의 문화적인 특성 등 다양한 면을 고려하여야 한다. 접근 용이성의 원칙은 서비스를 요할 때 용이하게 접근할 수 있어야 하는 것으로, 시간적 · 공간적 · 문화적 접근성 등이 높아야 한다는 것이다. 주요 장애 요인은 서비스에 관한 정보의 결여 및 부족, 지리적 장애, 심리적 장애, 선정 절차상의 장애, 자원 부족 등을 들 수 있다.

사회복지정책 서비스 전달체계의 원칙을 정리해 요약하면 [그림 5-2]와 같다.

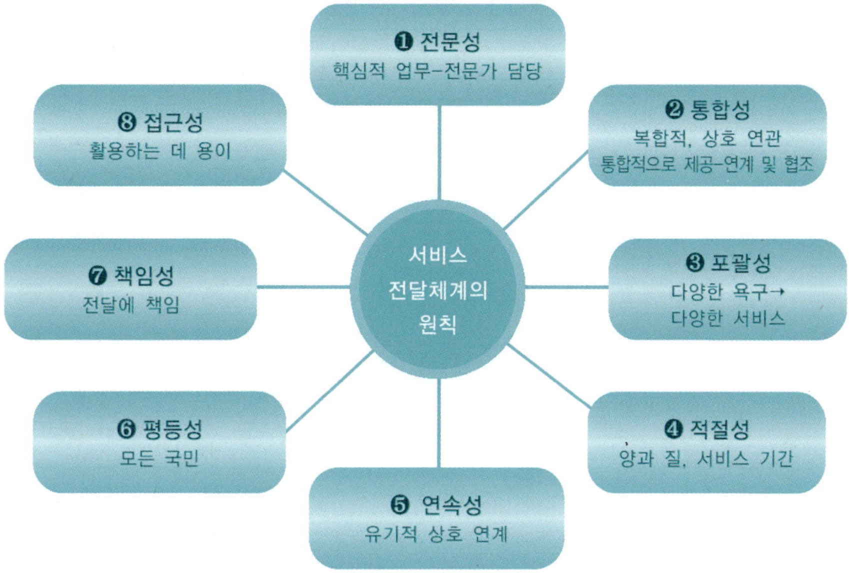

[그림 5-2] 사회복지서비스 전달체계의 원칙

2. 전달체계의 종류

사회복지정책에 있어서 전달체계의 구분은 공급주체에 따라 공공전달체계와 민간전달체계로 크게 분류할 수 있다. 공공전달체계는 사회보험, 공공부조 및 사회복지서비스 전달체계로 세부적인 구분을 하고, 민간전달체계는 주로 사회복지서비스 전달체계 중심으로 이루어지고 있다.

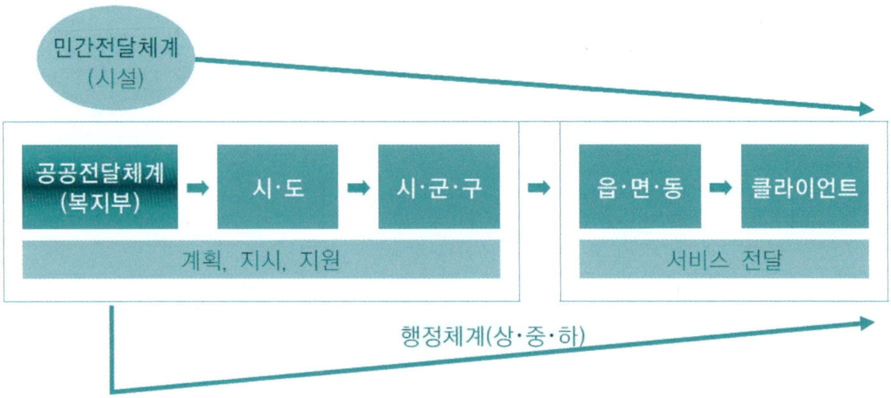

[그림 5-3] 사회복지서비스 전달체계

현대사회에서 사회복지서비스는 공식적이며 조직된 활동이고 법률에 의하여 제도화된 것이므로 조직체계를 통하여 전달되어야 한다. 현재 우리나라는 법률에 의하여 크게 사회보험, 공공부조, 사회복지서비스로 구분하고 있다.

① 사회보험으로는 연금보험, 국민건강보험, 고용보험, 산업재해보상보험, 노인장기요양보험으로 나누어 볼 수 있다.

② 공공부조로는 국민기초생활보장, 의료급여 등이 대표적이다.

③ 사회복지서비스로는 아동복지, 청소년복지, 장애인복지, 노인복지, 여성복지, 한부모복지, 정신보건복지 등으로 나누어 볼 수 있다.

1) 공공전달체계

공공전달체계는 국가 또는 지방자치단체가 수립과 운영주체인 경우를 말한다. 세계적으로 사회보험, 공공부조 및 사회복지서비스의 대부분은 정부에서 공공복지정책을 통하여 제공하고 있다(현외성, 2015). 사회보험과 공공부조는 중앙정부에서 관장하는 경우가 많고, 사회복지서비스는 지방정부가 상담부분을 전담하는 경향이 있다.

우리나라의 경우 사회보험은 중앙정부 차원에서 전달을 수행하고 있으며, 공공부조와 사회복지서비스 전달체계는 중앙 및 지방자치단체에서 분담하고 있는 형태로 볼 수 있다.

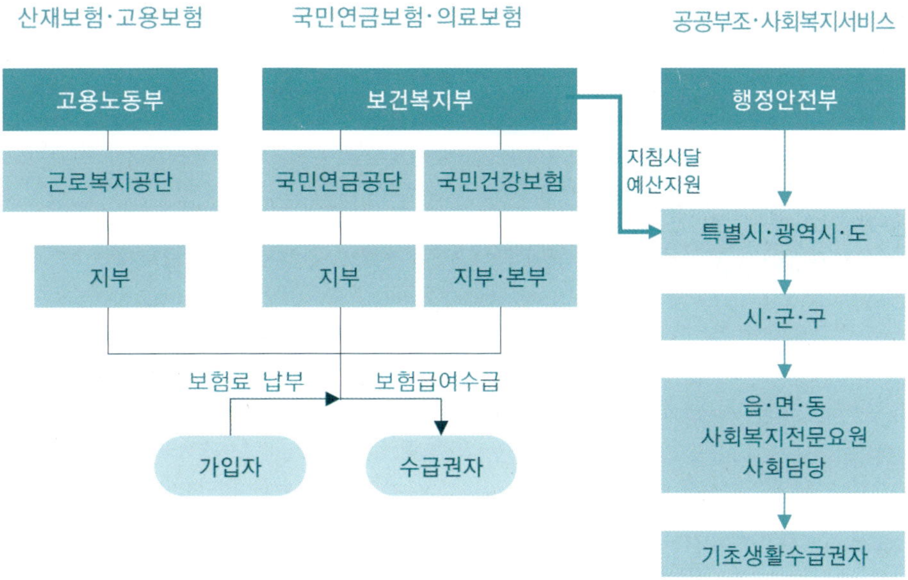

[그림 5-4] 사회복지제도별 공공전달체계

장관
대변인
•홍보기획담당관
•디지털소통팀
장관정책보좌관
감사관
•감사담당관
•복지급여조사담당관
제1차관
운영지원과
인사과
기획조정실
•정책통계담당관
•정보화담당관
•정보보호팀
•보건복지상담센터
정책기획관
•기획조정담당관
•재정운용담당관
•혁신행정담당관
•규제개혁법무담당관
•양성평등정책담당관
국제협력관
•국제협력담당관
•통상협력담당관
•해외의료담당관
비상안전기획관
사회복지정책실
복지정책관
•복지정책과
•기초생활보장과
•자립지원과
•기초의료보장과
복지행정지원관
•지역복지과
•급여기준과
•복지정보기획과
•복지정보운영과
사회서비스정책관
•사회서비스정책과
•사회서비스사업과
•사회서비스자원과
•사회서비스일자리과
차세대사회보장정보시스템 구축추진단
인구정책실
인구아동정책관
•인구정책총괄과
•출산정책과
•아동복지정책과
•아동권리과
•아동학대대응과
노인정책관
•노인정책과
•노인지원과
•요양보험제도과
•요양보험운영과
•치매정책과
보육정책관
•보육정책과
•보육사업기획과
•보육기반과
장애인정책국
•장애인정책과
•장애인권익지원과
•장애인자립기반과
•장애인서비스과
연금정책국
•국민연금정책과
•국민연금재정과
•기초연금과
사회보장위원회사무국
•사회보장총괄과
•사회보장조정과
•사회보장평가과

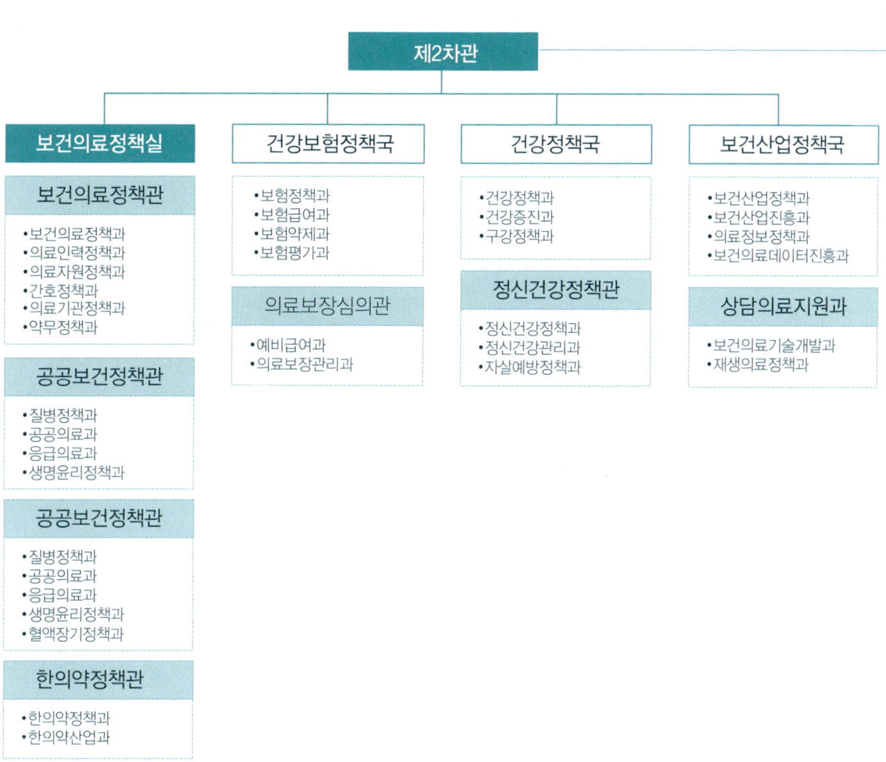

[그림 5-5] 보건복지부 조직도

출처: www.mohw.go.kr/react/sg/ssg0101mn.jsp?PAR_MENU_ID=05&MENU_ID=050201

(1) 중앙정부

최근의 복지국가에서는 중앙정부의 역할이 가장 크다고 할 수 있으며, 국가에서 제공되는 재화 및 서비스의 대부분이 중앙정부 차원에서 급여의 자격, 급여의 금액, 재원, 구체적인 전달체계 등에 관한 사항이 결정되고 운영된다고 볼 수 있다. 복지국가에서 중앙정부의 역할이 큰 이유는 다음과 같다.

첫째, 사회복지 재화나 서비스 중 의료나 교육서비스와 같은 것은 공공재적인 성격이 강하다. 모든 국민을 대상으로 하는 것이 전체 사회의 이득의 관점에서 유리하다. 따라서 누구나 일정 수준 이상의 서비스를 받도록 하는 것이며 이러한 역할은 현실적으로 중앙정부만이 할 수 있기 때문이다.

둘째, 대상의 보편성으로 대상이 되는 사람이 많을수록 기술적인 측면에서 유리하고 규모의 경제를 통하여 전체를 포괄하여 운영하기가 용이하다. 예를 들어 사회보험의 경우가 여기에 해당된다.

셋째, 사회복지정책이 추구하는 중요한 목표인 소득재분배와 사회적 적절성을 실현할 수 있다. 사회복지정책에서 평등과 사회적 적절성의 두 가지 가치를 구현하는데, 중앙정부가 유리하다. 이는 중앙정부의 정책에 의해서만 조세의 징수와 급여의 양면에서 모든 국민의 소득분배 형태에 영향을 미칠 수 있다는 것이다. 또한 중앙정부의 소득재분배 정책에 대한 정치적 저항이 적을 수 있다는 점이다.

넷째, 프로그램의 통합 · 조정 때문이다. 중앙정부에 의한 사회복지정책은 다양한 사회복지에 대한 욕구를 체계화하여 다양한 프로그램을 통합 · 조정하거나 지속적이고 안정적으로 유지하는 데 유리하다.

반면에 중앙정부가 사회복지의 재화나 서비스를 독점적으로 제공하는 전달체계는 다음과 같은 몇 가지 문제점이 있다.

첫째, 중앙정부에서 제공하는 재화나 서비스들은 일반적으로 그것들의 공급량이나 형태에 관한 수급자의 선택이 반영되기 어렵기 때문에 수급자들의 효용을 극대화하는 데 한계가 있다.

둘째, 중앙정부의 재화는 공급자가 독점적이기 때문에 공급자가 다수인 경쟁적인 체계에 비하여 재화의 가격과 질에 있어 수급자에게 불리할 수 있다.

셋째, 중앙정부를 통하여 제공되는 재화나 서비스는 정부조직의 관료성으로 인하여 수급자의 욕구에 대한 대응이 신속하지 못하고, 지역의 특수한 욕구에 대한 대응에 융통적이지 못하다.

(2) 지방정부

국가에 따라 재화나 서비스에 따라 지방정부의 전달체계가 상대적으로 중요하게 작용하고 있다. 과거 사회복지가 발달할수록 지방정부의 역할은 축소되는 경향을 가지고 있었으나 1970년대 중반 이후 '복지국가의 위기'의 시대를 맞아 중앙정부의 재정위기 상황에서 요즘에는 지방정부의 역할을 다시 강조하고 있다.

지방정부는 중앙정부에 비해 다음과 같은 장점을 가지고 있다.

첫째, 가장 중요한 이유로 지방정부가 사회복지서비스를 제공하는 것이 지역주민들의 욕구를 더 효율적으로 해결할 수 있다.

둘째, 지방정부 단위로 서비스를 제공하게 되면 지방정부들 간의 경쟁을 유발시켜 경쟁논리에 의하여 재화의 가격과 질이 향상되어 수급자에게 유리해질 수 있다.

셋째, 지방정부 전달체계는 중앙정부에 비하여 비교적 창의적이고 실험적인 서비스 개발이 용이하여 수급자의 변화되는 욕구에 적극적으로 대처해 나갈 수 있다.

넷째, 지방정부의 전달체계에서는 수급자들이 정책결정에 참여할 기회가 많아져 수급자의 입장이 반영될 가능성이 높아진다.

반면에 지방정부 단독의 전달체계는 여러 가지 문제점을 갖고 있다.

첫째, 지역 간의 커다란 불평등을 야기해 사회통합을 저해할 수 있다.

둘째, 지방정부 단위는 중앙정부에 비해서 규모의 경제를 통한 효과가 적고, 사회보험의 경우 기술적인 측면에서도 불리하다.

셋째, 지방정부 단위의 프로그램 제공은 재화와 서비스를 통합적으로 제공하지 못하고 단편화할 가능성이 크다.

넷째, 프로그램의 안정성과 지속성의 측면에서는 상대적으로 불리하다.

(3) 정부와 민간부문의 혼합체계

① 중앙정부와 지방정부의 혼합체계

사회복지서비스 전달체계에서 중앙정부와 지방정부의 혼합체계를 택할 경우 대부분 중앙정부가 프로그램 재정의 일부 또는 전부를 책임지고 지방정부의 프로그램 운영을 관리 · 감독하는 역할을 수행한다. 중앙정부가 지방정부에 재정을 이전해 주는 체계를 재정 양식이라 하는데, 다음과 같이 크게 세 가지로 나누어 볼 수 있다.

첫째, 범주적 보조금으로 항목별 보조금이라 한다. 재원이 사용될 각각의 세부적인 내용을 지정하여 제공하는 것이다. 지방정부의 자율적 권한은 거의 없기 때문에 지방정부는 단순 전달자로서의 역할에 그치기 쉽다.

둘째, 포괄 보조금으로 기능별 보조금이라 한다. 프로그램의 기능별로 묶어서 제공하며 기능 범위 안에서는 지방정부가 상황에 따라 선택할 수 있는 여지가 있기 때문에 지방정부의 자율성이 어느 정도 부여된다.

셋째, 특별 보조금으로 일반 교부세라 한다. 목적을 규정하지 않고 중앙정부의 예산 일부를 지방정부에 넘겨주어 지방정부의 독립성을 높이는 방법으로 이 경우 지방정부 전달체계의 장점을 크게 살릴 수 있다.

② 정부와 민간부문의 혼합체계

사회복지서비스 전달체계에서 오늘날 '복지국가의 위기'의 상황에서 민영화를 말하며 정부와 민간부문의 혼합체계를 강조하고 있는 경향이 있다. 많은 국가에서 정부와 민간부문의 혼합체계를 통하여 제공되는 사회복지 재화나 서비스는 개별적 사회서비스로서, 이 부문에서 민간이 중요한 이유는 민간부문의 시장원리에서의 효율성, 경쟁성, 선택의 자유 등 여러 장점을 중앙정부와 지방정부의 혼합체계에 비하여 더 크게 활용할 수 있기 때문이다. 그러나 정부와 민간부문의 혼합체계의 단점들도 상대적으로 크게 나타날 수 있다. 단점으로는 공공재적 성격을 갖는 재화 제공의 어려움, 평등 추구의 어려움, 규모의 경제에서의 한계 등을 들 수 있다.

오늘날 복지국가들에서 제공되는 사회복지서비스 중에서 재원과 운영 모두를 민간부문에서 책임을 지고 제공하는 것은 극히 드물다. 이러한 역할이 축소된 이유는 국민의 복지를 책임져야 하는 국가의 목표상 민간부문에 맡길 경우 민간부문의 단점이 크게 나타날 수 있기 때문에 국가가 민간부문에 개입해야 한다.

(4) 희망복지지원단

희망복지지원단은 복합적 욕구를 가진 대상자에게 통합사례관리를 제공하고, 지역 내 자원 및 방문형서비스 사업 등을 총괄·관리함으로써 지역단위 통합서비스 제공의 중추적 역할을 수행하는 전담조직이다. 2015년 하반기부터 통합사례관리가 읍·면·동에 확대됨에 따라 지역 통합사례관리 총괄·조정 기능 강화를 필요로 하며, 민관협력을 통한 지역단위 통합적 서비스제공 체계를 구축·운영함으로써 맞춤형 서비스제공 및 지역주민의 복지체감도를 향상시키는 데 그 목표를 두고 있다.

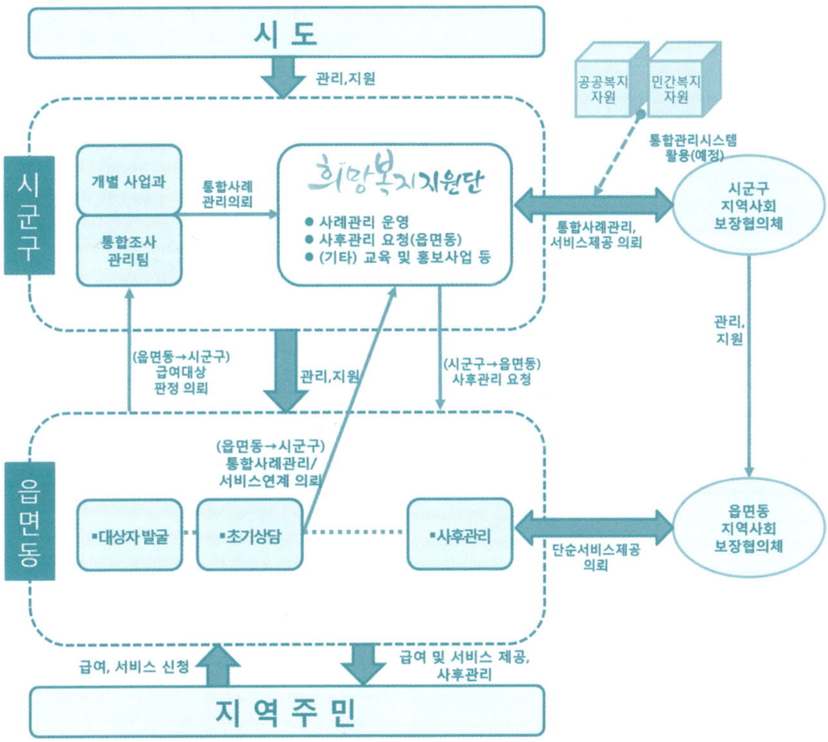

[그림 5-6] 희망복지지원단 읍·면·동 맞춤형 복지 모형도

2) 민간전달체계

민간전달체계는 주로 사회복지서비스 전달체계 중심으로 이루어지고 있으며 일반적으로 사회복지실천현장에서의 사회복지서비스라 할 수 있다. 민간전달체계는 거의 대부분 사회복지서비스 부문에 집중되어 있다. 정부에서 재정지원과 행정적 지도감독을 하는 한편, 민간주체는 다양한 형태와 방법으로 전달체계를 수립하여 운영하고 있다. 민간전달체계의 구조를 살펴보면 [그림 5-7]과 같다.

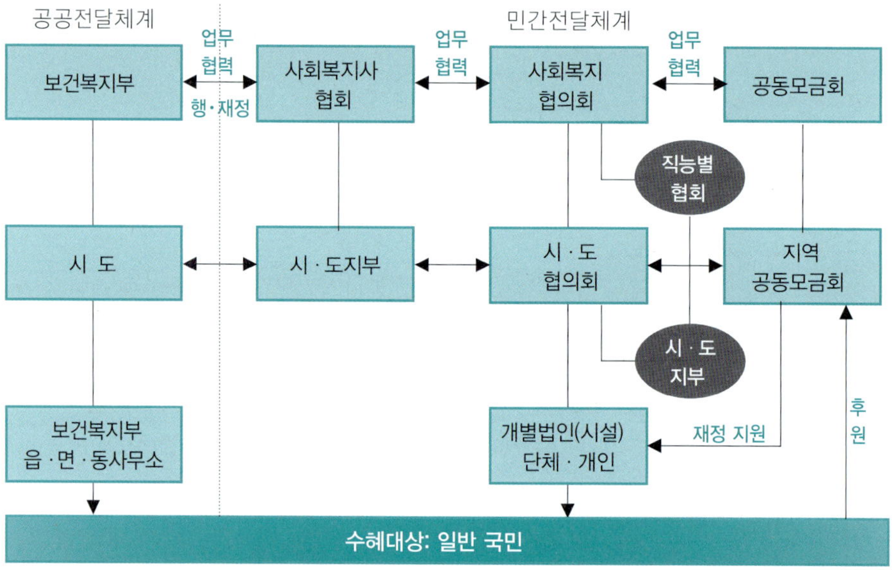

[그림 5-7] 민간사회복지 전달체계의 현황

민간전달체계는 사회복지법인, 비영리사회단체, 기업, 개인과 같은 민간부문이 주체가 되어 행하는 비정부 전달체계로서 자선사업, 민간 사회복지기관과 시설, 기업복지 등이 여기에 속한다. 민간부문은 선택의 자유, 접근의 용이성, 융통성이라는 장점을 가지고 유연하게 진행하는 전달체계의 특성을 가지고 있다. 반면에 단점으로는 서비스의 통합성과 지속성, 안정성이 취약하고 평등성의 확보가 어려우며, 규모의 경제, 정책의 안정성 및 통합조정 가능성 등의 면에서 불리하다.

민간 사회복지전달체계는 사적 사회복지조직이고 민간 사회복지조직이며 이러한 민간기관은 주로 「사회복지서비스법」과 「민법」 등에 기초하여 설립된 것이다(김영모, 1999). 또한 민간 사회복지조직은 '영리를 목적으로 하지 않는 주민조직과 사회복지법인, 재단법인, 사단법인 그리고 종교단체, 법정단체 및 기타 특수법인, 등록단체나 그 법인 또는 단체가 사회복지사업을 목적으로 운영하는 시설과 기관을 총칭하는 것'으로 보고 있다(이정호, 1987).

(1) 민간 사회복지조직의 분류

민간 사회복지조직은 조직에서 제공하는 서비스의 대상에 따른 분류, 제공하는 서비스가 클라이언트나 소비자에게 직접적으로 전달되느냐 아니면 서비스의 기획과 감독 등의 업무를 수행하여 간접적으로 전달하느냐에 따른 분류, 서비스를 제공하는 장소 이외의 다른 장소에 거주하면서 서비스를 제공하느냐에 따른 분류, 해결해야 할 문제나 욕구별 또는 문제나 욕구를 가지고 있는 대상 인구집단에 따른 분류, 조직 설립주체의 성격에 따른 분류 등이 있다(임봉호 외, 2013). 민간전달체계는 다양하게 분류될 수 있으며 제공하는 사회복지서비스도 다양하기 때문에 민간전달체계를 간략히 제시하기는 어렵다. 민간전달체계로 가장 대표적인 것으로는 한국사회복지협의회와 사회복지공동모금회 등을 들 수 있다.

(2) 민간 전달체계의 조직기구

한국사회복지협의회는 사회복지사업법에 의거, 설립된 사회복지 공익법인으로서, 민간 사회복지 증진을 위한 협의조정, 정책개발, 조사연구, 교육 · 훈련, 자원봉사활동의 진흥, 정보화 사업, 사회적 취약계층을 위한 사업수행을 통해 우리나라의 사회복지 증진과 발전에 기여하고 있다. 사회복지협의회는 정부의 행정기관과 민간 사회복지기관 사이의 가교역할을 수행하며 민간자원을 연계 · 활용할 수 있는 가장 적절한 조직이다. 시 · 군 · 구 지방행정기관과 파트너십을 형성하여 지역 내 각종 사회복지시설 및 기관과의 협의조정 기능을 수행하고 있다.

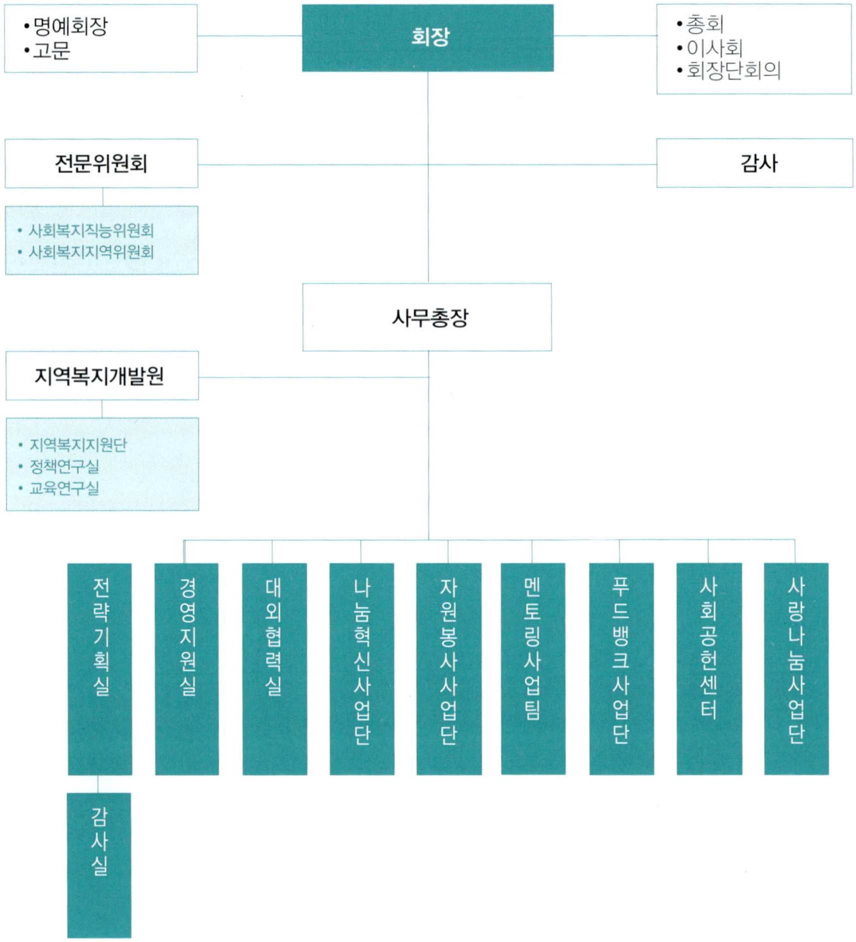

[그림 5-8] 한국사회복지협의회 조직도

최근 지방행정기관의 통합사례관리체계, 지역사회보장협의체를 통한 민·관 협력체계를 구축하고 있으나 여전히 관 주도의 행정시스템으로 운영하고 있어 민간의 자발적 참여와 능동적 협력체계가 결여되어 있다. 사회복지 전달체계상의 문제점을 해결하고 특히 사각지대, 복지소외계층 등의 문제를 제대로 해결하기 위해서는 민간주도의 풀뿌리복지전달체계를 발전시켜 나가야 하며, 지역사회중심의 민·관 협력체계를 구축해 나가야 한다. 사회복지협의회는 공공복지체계에서 해결하기 어려운 복지소외계층의 욕구에 효과적으로 대응할 수 있는 접근성 및 유연성의 장점을 가지고 있다(차흥봉, 2016).

사회복지공동모금회는 어려운 우리 이웃에게 희망을 주기 위해 1998년 설립되었다. 사회복지공동모금회의 공동모금을 통하여 국민이 사회복지를 이해하고 참여하도록 함과 아울러 국민의 자발적인 성금으로 조성된 재원을 효율적이고 공정하게 관리 · 운용함으로써 사회복지 증진에 이바지함을 목적으로 한다.

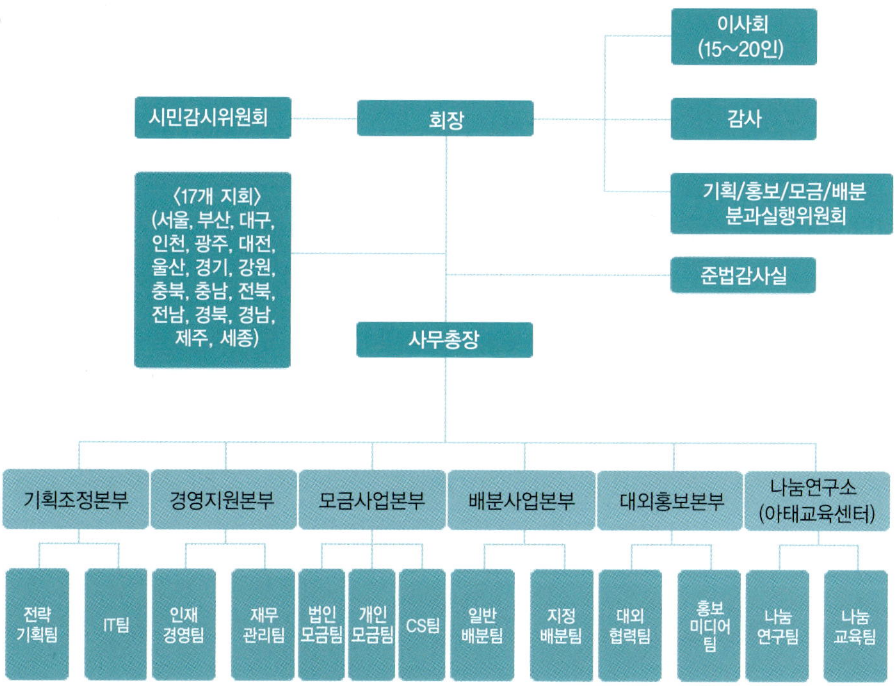

[그림 5-9] 사회복지공동모금회 조직도

3. 전달체계와 인력

1) 사회복지사 자격

사회복지 전달체계에서 사회복지인력은 사회복지 관련 분야에서 전문직에 종사하는 종사자를 의미한다. 사회복지현장에서 전문가로 활동하기 위해서는 사회복지사 자격을 취득하여야 한다. 현행 「사회복지사업법」에 의하면, 자격의 등급은 1급, 2급으로 나뉘어져 있다. 「사회복지사업법」 및 동법 시행령에 의거, 사회복지에 관한 소정의 전문지식과 기술을 가진 자에게 사회복지사 자격을 부여하고 이들에게 복지업무를 담당하도록 함으로써 아동 · 청소년 · 노인 · 장애인 등 보호가 필요한 사람들에게 전문적이고 체계적인 복지 서비스를 제공하기 위하여 도입되었다.

사회복지사 1급은 국가시험으로 취득할 수 있으며 국가시험과목은 8과목으로 세 영역으로 나뉘어 있다.

〈표 5-1〉 사회복지사 1급 국가시험과목

구분	시험 과목	시험 영역	문항 수
1	사회복지기초	인간행동과 사회환경 사회복지조사론	영역당 25문항
2	사회복지실천	사회복지실천론 사회복지실천기술론 지역사회복지론	영역당 25문항
3	사회복지정책과 제도	사회복지정책론 사회복지행정론 사회복지법제론	영역당 25문항

연도별 사회복지사 연도별 자격증 발급현황은 아래와 같다.

〈표 5-2〉 연도별 자격증 발급현황(2021년 10월말 기준) (단위: 명)

연도 \ 급수		1급	2급	3급	소계
~2005	당해년도	4,421	20,348	585	25,354
	누계	55,299	63,927	10,773	129,999
2006	당해년도	5,055	27,871	389	33,315
	누계	60,354	91,798	11,162	163,314
2007	당해년도	4,445	40,823	284	45,552
	누계	64,799	132,621	11,446	208,866
2008	당해년도	9,170	50,693	344	60,207
	누계	73,969	183,314	11,790	269,073
2009	당해년도	7,286	61,069	223	68,578
	누계	81,255	244,383	12,013	337,651
2010	당해년도	9,733	65,229	202	75,164
	누계	90,988	309,612	12,215	412,815
2011	당해년도	3,635	66,164	193	69,992
	누계	94,623	375,776	12,408	482,807
2012	당해년도	9,834	67,722	167	77,723
	누계	104,457	443,498	12,575	560,530
2013	당해년도	6,060	70,847	180	77,087
	누계	110,517	514,345	12,755	637,617
2014	당해년도	6,377	69,058	171	75,606
	누계	116,894	583,403	12,926	713,223
2015	당해년도	6,783	68,871	194	75,848
	누계	123,677	652,274	13,120	789,071
2016	당해년도	9,528	65,508	162	75,198
	누계	133,205	717,782	13,282	864,269
2017	당해년도	5,603	68,005	163	73,771
	누계	138,808	785,787	13,445	938,040
2018	당해년도	7,311	74,177	119	81,607
	누계	146,119	859,964	13,564	1,019,647

연도 \ 급수		1급	2급	3급	소계
2019	당해년도	7,747	79,724	1	87,472
	누계	153,866	939,688	13,565	1,107,119
2020	당해년도	8,427	91,794	3	100,224
	누계	162,293	1,031,482	13,568	1,207,343
2021	당해년도	16,039	68,369	6	84,414
	누계	178,332	1,099,851	13,574	1,291,757

출처: http://lic.welfare.net/lic/ViewLicNotice.action

2) 사회복지부문 인력

사회복지부문 인력은 크게 공공부문의 인력과 민간부문의 인력으로 나누어 볼 수 있다.

첫째, 사회복지 전문직으로서 공공부문의 인력은 사회복지 전담공무원이 주류를 이루고 아동복지지도원, 노인복지상담원, 장애인복지지도원, 한부모가족상담원 등이 시 · 군 · 구 등의 중앙 및 지방정부의 사회복지 관련 조직에서 활동하고 있다. 사회복지 전담공무원에 관한 규정은 「사회복지사업법」 제14조에 근거하고 있으며, "사회복지사업에 관한 업무를 담당하게 하기 위하여 시 · 도, 시 · 군 · 구 및 읍 · 면 · 동에 둘 수 있으며, 복지전담공무원은 사회복지사의 자격을 가진 자, 복지전담공무원은 그 관할지역에서 사회복지를 필요로 하는 사람 등에 대하여 항상 그 생활 실태 및 가정환경 등을 파악하고, 사회복지에 관하여 필요한 상담과 지도를 한다." 로 규정하고 있다.

사회복지 전담공무원 현황(시 · 도)을 살펴보면 2018년 현원 23,125명, 2019년 현원 24,835명, 2020년 현원 26,749명으로 해마다 점진적으로 증가하는 것으로 집계되고 있으며, 행정구역별 많은 편차를 나타내고 있다.

〈표 5-3〉 사회복지 전담공무원 현황(시 · 도)

(단위: 명)

행정구역별	2016		2017		2018		2019		2020	
	정원	현원	정원	현원	정원	현원	정원	현원	정원	현원
	소계	소계	소계	소계	소계	소계	소계	소계	소계	소계
전국	20,307.5	19,263.0	22,711.5	20,989.5	24,495.5	23,125.0	26,075.8	24,835.8	28,668.0	26,749.0
서울특별시	3,810.0	3,614.0	4,232.0	4,151.0	4,467.0	4,313.0	4,724.0	4,575.0	4,991.0	4,718.0
부산광역시	1,395.0	1,356.0	1,538.0	1,512.0	1,638.5	1,631.5	1,680.0	1,690.3	1,840.0	1,855.0
대구광역시	956.0	953.5	1,096.0	1,070.0	1,122.0	1,129.0	1,207.0	1,159.0	1,222.6	1,222.0
인천광역시	864.0	844.0	1,041.0	897.0	1,112.0	1,053.0	1,223.0	1,187.0	1,374.0	1,389.0
광주광역시	609.0	582.0	697.0	664.0	715.0	714.0	846.0	812.0	850.0	893.0
대전광역시	486.0	474.0	567.0	524.0	618.0	584.0	622.0	599.0	635.0	625.0
울산광역시	304.0	299.0	325.0	322.0	350.0	346.5	368.0	374.0	416.0	357.0
세종특별자치시	68.0	68.0	83.0	85.0	116.0	100.0	131.0	128.0	143.0	149.0
경기도	3,341.5	3,094.0	3,708.0	3,330.0	4,263.0	3,917.5	4,516.9	4,331.5	5,017.5	4,709.0
강원도	928.0	878.0	1,057.0	916.5	1,055.0	1,008.0	1,171.0	1,051.0	1,328.0	1,161.0
충청북도	674.0	669.0	710.0	679.5	789.0	757.0	822.0	800.0	896.0	901.0
충청남도	1,048.0	985.0	1,205.0	1,050.0	1,380.0	1,163.5	1,562.0	1,185.0	2,288.0	1,357.0
전라북도	1,133.0	1,095.0	1,223.0	1,170.0	1,277.0	1,262.0	1,388.0	1,412.0	1,454.0	1,431.0
전라남도	1,506.0	1,338.0	1,701.0	1,440.0	1,816.0	1,621.0	1,924.0	1,770.0	2,050.0	1,902.0
경상북도	1,495.0	1,451.0	1,653.0	1,540.0	1,767.0	1,671.0	1,882.0	1,787.0	1,950.0	1,923.0
경상남도	1,466.0	1,349.0	1,625.0	1,405.0	1,679.0	1,583.0	1,733.0	1,703.0	1,937.0	1,861.0
제주특별자치도	224.0	213.5	250.5	233.5	331.0	271.0	275.9	272.0	275.9	296.0

출처: 국가통계포털(https://kosis.kr/statHtml/statHtml.do?orgId=101&tblId=DT_1YL20261&conn_path=I2).

둘째, 사회복지 민간부문의 인력은 사회복지실천현장에서의 활동을 담당하고 있는 인력으로 사회복지기관 및 시설 영역, 지역사회복지, 대상자 유형별로 아동복지, 노인복지, 장애인복지, 청소년복지 등 민간사회복지기관의 다양한 영역에서 사회복지사 자격을 취득하고 전문적인 활동을 수행하고 있다.

사회복지부문의 일자리는 매우 다양한 부문에 존재하며 2020년 기준 복지부 소관시설의 인력은 총 612,957명으로 집계되고 있다.

〈표 5-4〉 사회복지시설 종사자 현황(2020년 기준)

(단위: 명)

행정 구역별	2020									
	계	노인	아동	장애인	정신 보건	노숙인	결핵 및 한센	지역 자활센터	사회 복지관	어린이집
전국	612,957	208,664	20,790	39,626	3,542	1,897	102	2,394	10,273	325,669
서울특별시	93,584	25,679	3,247	7,055	542	635	9	347	2,832	53,238
부산광역시	29,012	7,583	1,220	1,789	199	143	0	200	1,172	16,706
대구광역시	24,038	7,759	892	1,526	177	172	12	92	625	12,783
인천광역시	34,297	13,432	924	1,548	86	78	0	144	447	17,638
광주광역시	19,845	6,748	1,154	1,344	158	28	0	97	227	10,089
대전광역시	20,270	6,829	672	1,825	220	68	0	54	234	10,368
울산광역시	11,642	2,712	307	921	33	6	0	47	108	7,508
세종특별자치시	4,838	695	83	211	37	21	0	9	34	3,748
경기도	166,365	58,389	3,792	8,036	467	186	14	387	1,930	93,164
강원도	24,676	12,047	802	1,746	13	74	0	140	405	9,449
충청북도	21,878	8,076	966	1,837	216	106	0	73	172	10,432
충청남도	29,448	10,503	1,118	1,966	354	5	0	94	272	15,136
전라북도	24,961	9,862	1,230	1,931	363	62	0	144	462	10,907
전라남도	26,860	11,616	1,657	1,595	169	126	18	162	445	11,072
경상북도	33,410	12,494	1,143	2,935	261	57	31	160	377	15,952
경상남도	37,416	11,341	1,196	2,351	183	80	18	196	435	21,616
제주특별자치도	10,417	2,899	387	1,010	64	50	0	48	96	5,863

출처: 국가통계포털(http://kosis.kr/statHtml/statHtml.do?orgId=101&tblId=DT_1YL20271&conn_path=I2).

연습 문제

CHAPTER 05

01 다음 중 설명으로 옳지 않은 것은? 7회 기출

① 지방정부는 지역주민들의 욕구에 신속하게 대응하는 것이 가능하다.
② 중앙정부는 서비스를 독점적으로 공급함으로써 질 높은 서비스를 제공할 수 있다.
③ 중앙정부와 지방정부의 재원 부담의 비중에 있어서 지방정부의 부담이 증가하면 지역 간 불균형을 야기할 수 있다.
④ 공공재의 공급은 중앙정부에서 제공하는 것이 유리하다.
⑤ 중앙정부는 변화하는 욕구에 융통성 있게 대응하기 어렵다.

[해설] 독점 공급에 따라 서비스 질이 저하될 우려가 있다.

02 길버트와 테렐이 제시한 정책분석 모형에서 4가지 선택의 차원(할당, 급여, 전달체계, 재원)과 3가지 축(가치, 이론, 대안)을 이용하여 정책설계의 중요한 구성요소 등을 분석하였다. 이러한 정책분석 접근방법은? 9회 기출

① 과정분석
② 성과분석
③ 산출분석
④ 집행분석
⑤ 사후분석

[해설] 산출분석은 특정 선택이 이루어져서 배제된 대안을 분석하거나 선택된 대안에 깔려 있는 가치와 이론, 가정 등을 분석한다.

03 우리나라 사회복지 전달체계에 관한 설명으로 옳지 않은 것은?

① 중앙정부는 사회통합이나 평등과 같은 정책목표를 달성하는 데 유리하다.
② 중앙정부는 지방정부에 비해서 다양한 욕구에 부합하는 사회복지서비스 제공에 유리하다.
③ 비영리 사회복지기관은 공공부문과 연계하여 서비스를 제공하기도 한다.
④ 영리기관은 이윤을 목적으로 하며 효율성을 추구한다.
⑤ 최근 서비스 생산 및 전달에 있어 지방정부와 민간기관의 역할이 증대되고 있다.

[해설] 중앙정부는다양한 욕구가 늘어날수록 신속하게 대응하기 어렵다.

04 현재의 우리나라 복지 전달체계에 관한 설명으로 옳은 것을 모두 고른 것은?

가. 사회보험의 관리 감독은 중앙집권적이다. 나. 지방자치단체는 사회복지시설 위탁 및 지도 감독의 주체가 될 수 있다. 다. 분권화 이후 지방자치단체의 역할이 과거에 비해 확대되고 있다. 라. 사회보장정보시스템에는 보건복지부의 타 부처 복지사업도 포함되어 있다.

① 가, 나, 다　　② 가, 나, 다
③ 나, 라　　④ 라
⑤ 가, 나, 다, 라

05 사회복지서비스 전달체계 가운데 중앙정부의 역할이 중요한 이유로 적합하지 않은 것은?

① 사회복지서비스가 가치재적인 성격을 갖고 있기 때문에
② 대상 집단이 전 국민이기 때문에
③ 평등의 가치를 구현하기 위해서
④ 수급자의 선택을 반영하기 위해서
⑤ 프로그램의 통합이나 조정을 위해서

[해설] 중앙정부의 재화는 포괄적이기 때문에 수급자의 선택이 반영되기 어려워 수급자들의 효용을 극대화하는 데 한계가 있다.

정답 01 ② 02 ③ 03 ② 04 ⑤ 05 ④

제06장 사회복지정책의 재원

1. 사회복지정책 재정의 개념과 실태

1) 사회복지정책 재정의 개념

재정이란 사회복지정책을 실현하는 데 있어서 사용되는 제반 비용과 관련된 것을 의미한다. 사회복지정책에 있어서 사회복지재정에 대한 관심은 '사회복지정책 목표를 달성하기 위해 필요한 재원을 어떻게 얼마만큼 조달하느냐'의 문제와 함께 '조달된 재원을 어떻게 배분하느냐'의 문제로 크게 대별된다(현외성, 2015). 사회복지정책의 재정이란 사회복지정책을 수행하는 데 투입되는 비용을 말하며, 사회복지정책을 분석하는 데 있어 재원의 분석은 매우 중요하다고 할 수 있다. 사회복지정책의 내용이나 목표가 재정 상태에 따라 크게 달라질 수 있으며, 재정 상태가 취약하고 충분하지 못한 정책은 실제 집행하는 데 많은 어려움이 따르고 본래의 목표 달성을 이루기 어렵기 때문이다. 그만큼 사회복지정책에 있어 재정의 영향력이 크다고 할 수 있어 사회복지정책을 계획하고 실행하는 데 있어 선행되어야 할 중요한 기본 전제 조건이라 할 수 있다. 사회복지재원은 국민의 사회복지 욕구를 해소하기 위하여 공공부조와 사회보험 등 사회보장과 더불어 사회복지서비스를 제공하는 데 소요되는 비용을 의미한다.

사회복지재원은 첫 번째로 조세와 목적세를 기반으로 하는 정부와 지방자치단체의 재정지출을 의미하는 공공재원이 있다. 두 번째로 목적세 · 고용주 부담 · 개인부담에 의한 사회보험이 있다. 세 번째로는 기부금과 이용자 부담에 의한 민간재원으로 구분할 수 있다(손병덕, 2012).

2) 사회복지 재정의 동향

(1) 우리나라 복지재정의 동향

우리나라의 복지재정의 동향을 살펴보면, 매우 빠른 속도로 증가한 것을 알 수 있다. 우리나라 사회복지지출은 국가재정 운용 계획상 보건 · 복지 · 고용 분야의 지출에 해당하며, 예산상의 분류기준에 따를 경우에는 사회복지 분야 9개 부문과 보건 분야 3개 부문의 지출에 해당한다고 할 수 있다.

사회복지지출(social expenditure)은 사회적 위험(노령, 질병, 실업, 재해 등)에 직면한 개인에 대한 공적제도에 의한 사회적 급여(현금, 재화나 서비스)나 재정적 지원을 말하며, 사회복지지출은 공공사회복지지출과 법정민간사회복지지출로 구분한다.

〈표 6-1〉 사회복지지출 규모 (단위: 십억 원)

구분 \ 연도	2010	2011	2012	2013	2014	2015	2016	2017
GDP	1,265,308	1,332,681	1,377,457	1,429,445	1,486,079	1,564,124	1,641,786	1,730,399
사회복지지출 (C=A+B)	111,396	116,423	129,049	142,010	154,897	174,819	188,720	–
공공부문 (A)	103,959	108,523	119,953	132,454	143,642	159,738	172,708	183,904
법정민간부문 (B)	7,437	7,899	9,096	9,555	11,254	15,082	16,012	–

(주) 2015년 기준통계는 OECD에서 정식공표(2019. 1.)된 결과이며, 2016, 2017년 자료는 잠정치임. 본 통계는 OECD 요구 기준에 따른 우리나라의 사회복지지출 규모를 추계한 것으로서 OECD에서는 격년으로 자료를 요구(2년치 자료)하고 있으며, 각 회원국이 제출한 자료를 검토하여 OECD에서 격년으로 공표하고 있음.

출처: OECD Social Expenditure Database(2019. 1).

OECD 작성기준의 우리나라 사회복지지출은 2015년 약 174.8조 원으로, 이는 GDP 대비 11.2% 수준이며, 특히 공공사회복지지출은 고령화에 따른 지출 증가, 무상보육에 따른 가족지원, 맞춤형 급여 도입 등으로 2013년 132.5조 원(GDP 대비 9.3%)에서 2015년 159.7조 원(10.2%)으로 증가하였다. 2015년 기준 통계는 OECD에 제출(2018. 3.) 및 보정 후 OECD에서 2019년 1월에 공표된 확정치이다.

(단위: 십억 원)

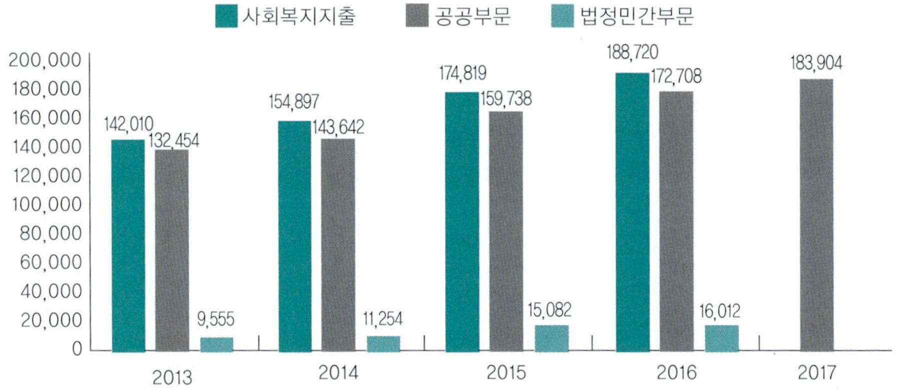

출처: OECD Social Expenditure Database(2019. 1).

[그림 6-1] 사회복지지출 규모

(2) 복지재정의 국제적 동향

복지재정의 국제적 동향을 살펴보면 우리나라는 OECD 대부분의 국가에 비하여 공공사회복지지출 비율이 매우 낮은 경향을 보이며 OECD 평균의 절반 수준의 비중을 나타내고 있다. 우리나라의 공공사회복지지출 비중은 연도별로 점진적으로 증가하고 있다고 볼 수 있으나 매우 낮은 수준에서 변화를 나타나고 있다.

〈표 6-2〉 GDP대비 사회복지지출 비율

(단위: %)

구분 \ 연도	2005	2006	2007	2008	2009	2010	2011	2012	2013	2014	2015	2016	2017
사회복지지출 (C=A+B)	6.6	7.5	7.6	8.2	9.1	8.8	8.7	9.4	10	10.5	11.2	11.5	–
공공부문 (A)	6.1	7	7.1	7.6	8.4	8.2	8.1	8.7	9.3	9.7	10.2	10.5	10.6
법정민간부문 (B)	0.5	0.5	0.5	0.6	0.7	0.6	0.6	0.7	0.7	0.8	1.0	1.0	–

(주) 2015년 기준통계는 OECD에서 정식공표(2019. 1.)된 결과이며, 2016, 2017년 자료는 잠정치임. 본 통계는 OECD 요구 기준에 따른 우리나라의 사회복지지출 규모를 추계한 것으로서 OECD에서는 격년으로 자료를 요구(2년치 자료)하고 있으며, 각 회원국이 제출한 자료를 검토하여 OECD에서 격년으로 공표하고 있음.

출처: OECD Social Expenditure Database(2019. 1).

(단위: %)

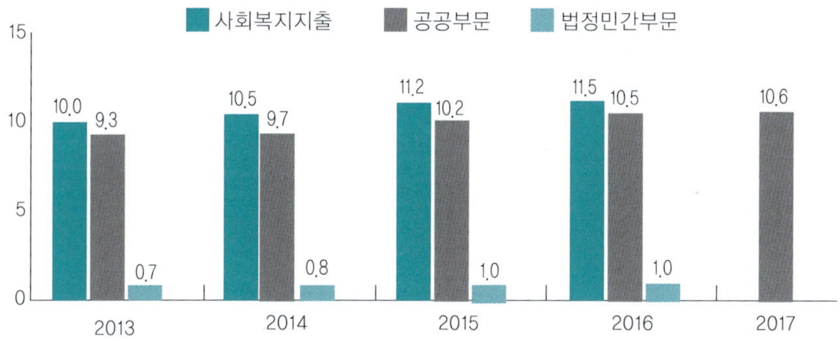

(주) 2015년 기준통계는 OECD에서 정식공표(2019. 1)된 결과이며, 2016, 2017년 자료는 잠정치임. 본 통계는 OECD 요구 기준에 따른 우리나라의 사회복지지출 규모를 추계한 것으로서 OECD에서는 격년으로 자료를 요구(2년치 자료)하고 있으며, 각 회원국이 제출한 자료를 검토하여 OECD에서 격년으로 공표하고 있음.

출처: OECD Social Expenditure Database(2019. 1).

[그림 6-2] GDP 대비 사회복지지출 비율

2015년 사회복지지출 수준을 OECD 주요 회원국과 비교하면 우리나라는 GDP 대비 11.2%로 OECD 회원국 평균 22.4%의 약 1/2 수준으로 나타나고 있다. 사회복지지출의 적정 수준에 대한 평가와 규모는 경제 여건 등의 고려와 사회적 합의가 필요한 사안으로 중·장기 계획수립 등을 통해 정책 방향을 설정하는 것이 필요하다. 현재 우리나라의 사회복지지출 수준은 제도의 성숙도, 고령화 정도, 소득 수준 등을 고려해도 OECD 국가 평균에 비해 매우 낮은 수준이고, 향후 사회보험의 성숙 단계, 새로 도입된 제도, 재정 여건 등을 충분히 고려하여 사회복지지출 수준을 확대해 나가야 할 것이다.

〈표 6-3〉 OECD 주요국 사회복지지출 규모 비교 (단위: GDP 대비 %)

한국	스웨덴	덴마크	프랑스	영국	네덜란드	일본	미국	OECD 평균
11.2	26.8	31.6	32.2	22.6	24.1	22.4	24.6	22.0

(주)OECD 국가별 비교자료는 OECD(www.oecd.org)의 가장 최근 자료인 2015년 자료임(2019년 1월)
출처: OECD Stat(2019. 1. 기준).

재정지출 규모와 복지지출 간의 관계를 나라별로 살펴보면 [그림 6-3]과 같다. 복지국가를 달성하기 위해서는 '저복지-저부담' → '중복지-중부담' → '고복지-고부담'으로의 재정전략이 필요하다고 할 수 있다.

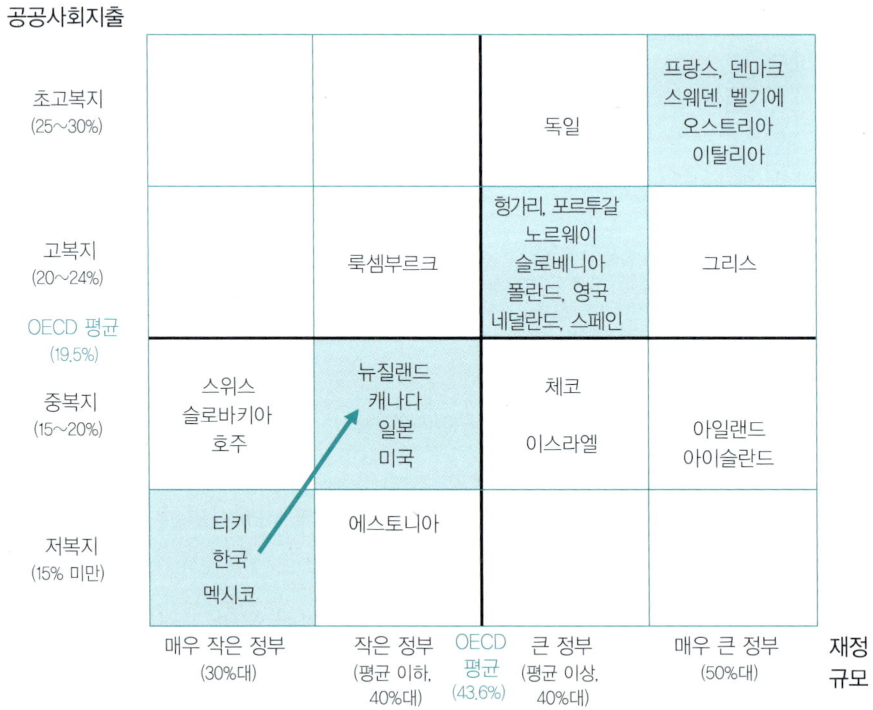

[그림 6-3] 재정지출 규모와 복지지출 간 관계

2. 사회복지정책 재원조달의 유형과 특성

1) 공공부문 재원

사회복지제도가 발달하면서 사회복지정책에 소요되는 재원 중 공공부문의 비중은 더욱 커진다. 모든 국가에서 사회복지정책 재원은 민간부문보다 공공부분에서 더 많은 재원이 조달된다. 복지국가의 핵심은 공적재원에 의한 공공급여로서 국민을 위한 건강, 교육, 소득유지, 복지서비스는 주로 공공재원으로부터 나오고 있다. 공공재원은 크게 일반조세, 사회보장세(보험료), 조세지출 등으로 나눌 수 있다(이태영, 2008).

공공부문 재원으로 정부의 일반예산과 사회보장성 조세에 대한 상대적 의존도는 국가별로 많은 차이를 나타낸다. 정부의 일반예산이나 사회보장성 조세의 규모가 클수록 사회복지정책에 사용할 수 있는 재원은 많아져서 사회복지정책이 발달할 가능성이 커진다고 할 수 있다. 일반적으로 사회복지정책의 확대를 선호하는 이들은 사회복지정책의 재원이 주로 정부의 일반예산에서 마련되어야 한다고 주장하고 있다.

첫째, 평등과 사회적 적절성이다. 사회복지정책이 추구하는 가장 중요한 목표인 평등이나 사회적 적절성을 이루기 쉽다. 정부의 일반예산을 구성하는 조세들이 다른 재원에 비해 소득재분배적으로 소득이 높은 사람의 조세부담률이 높기 때문이다.

둘째, 급여의 보편성이다. 정부의 일반예산 재원은 다른 재원들에 비하여 대상을 확대하기 용이하고 급여내용의 보편성을 달성할 수 있기 때문이다.

셋째, 재원이 안정적이고 지속적인 측면을 가지고 있다. 정부의 일반예산은 국가의 공권력에 의해 부과가 됨에 따라 재원이 안정적으로 공급되기 때문이다.

〈표 6-4〉를 살펴보면, 국가재정운용계획의 분야별 재원배분 계획에 근거한 사회분야의 세부내역에는 저소득 · 취약계층 대상 고용 · 사회안전망을 적극 확충하

고, 인구구조 변화, 소득분배 개선 등 구조적 과제에 지속 대응하고자 하는 측면을 가지고 있다. 특히 사회복지에서 기초생활보호, 사각지대 해소 및 보장성 강화 등 사회안전망을 확충하고, 장애인 · 요보호아동 등 소외계층 지원 확대와 급격한 인구구조 변화에 대응하여 보육 · 돌봄 · 청년주거 등 저출산 대응 및 노인일자리 등 노인소득 기반 확충에 역점을 두고 있다.

〈표 6-4〉 2019~2023년 분야별 재원배분 계획

(단위: 조 원, %)

구분	2019년	2020년	2021년	2022년	2023년	2019~2023년 평균
총지출	469.6 (9.5)	513.5 (9.3)	546.8 (6.5)	575.3 (5.2)	604.0 (5.0)	– (6.5)
보건 · 복지 · 고용	161.0 (11.3)	181.6 (12.8)	198.4 (9.3)	213.2 (7.4)	229.1 (7.5)	– (9.2)
교육	70.6 (10.1)	72.5 (2.6)	76.0 (4.9)	79.1 (4.1)	82.0 (3.5)	– (3.8)
문화 · 체육 · 관광	7.2 (12.2)	8.0 (9.9)	8.3 (4.6)	8.6 (3.8)	9.0 (3.6)	– (5.4)
환경	7.4 (7.2)	8.8 (19.3)	9.6 (8.5)	10.1 (5.8)	10.6 (4.2)	– (9.3)
R&D	20.5 (4.4)	24.1 (17.3)	26.7 (10.7)	28.7 (7.7)	30.9 (7.6)	– (10.8)
산업 · 중소기업 · 에너지	18.8 (15.4)	23.9 (27.5)	26.4 (10.3)	28.0 (6.1)	29.9 (6.9)	– (12.4)
SOC	19.8 (4.0)	22.3 (12.9)	23.4 (4.9)	23.7 (1.4)	23.7 (△0.3)	– (4.6)
농림 · 수산 · 식품	20.0 (1.5)	21.0 (4.7)	21.5 (2.3)	21.9 (1.9)	22.2 (1.6)	– (2.6)
국방	46.7 (8.2)	50.2 (7.4)	53.4 (6.5)	56.4 (5.7)	59.5 (5.4)	– (6.2)
외교 · 통일	5.1 (7.2)	5.5 (9.2)	5.9 (6.2)	6.3 (6.5)	6.6 (5.6)	– (6.9)
공공질서 · 안전	20.1 (5.6)	20.9 (4.0)	21.8 (4.2)	22.7 (3.9)	23.5 (3.7)	– (4.0)
일반 · 지방행정	76.6 (11.0)	80.5 (5.1)	82.4 (2.4)	84.3 (2.3)	86.1 (2.2)	– (3.0)

출처: 기획재정부(2019).

[그림 6-4]를 살펴보면, 2019~2023년에도 보건 · 복지 · 고용 분야의 연평균 증가율(9.2%)이 정부 총지출 증가율(6.5%)을 상회할 것으로 나타났다. 이에 따라 총지출 대비 보건 · 복지 · 고용 분야의 비중이 2019년 34.3%에서 2023년 37.9%로 상승할 것으로 전망된다. 이와 같은 지속적인 증가에 따라 보건 · 복지 · 고용 분야 예산은 2015년 115.7조 원에서 8년 만에 229.1조 원으로 100억 원 이상 증가할 것이다.

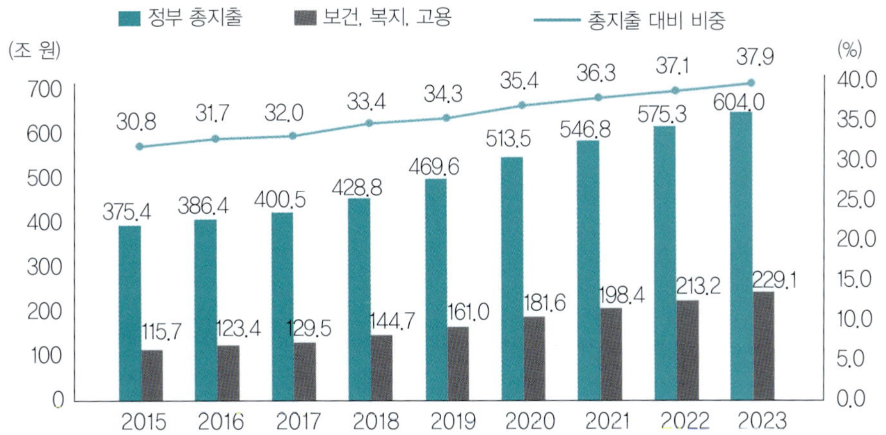

출처: 국회예산정책처(2019).

[그림 6-4] 2015~2023년 총지출 및 보건 · 복지 · 고용 분야 재정지출 현황 및 전망

공공부문 재원은 정책실현을 위한 목적으로 징수하는 것이기 때문에 사회복지정책실현의 핵심적 재원이 될 수 있다.

우리나라의 세금은 국세와 지방세로 분류되고 국세는 국가, 지방세는 지방자치단체가 부가하는 조세이다. 세금의 성질에 따라 직접세와 간접세가 있으며, 직접세는 납세의무자와 실질적으로 부담하는 자가 일치하는 세금으로 소득세, 법인세, 주민세, 취득세가 있고, 간접세는 납세의무자와 실질적으로 부담하는 자가 일치하지 않는 세금으로 부가가치세, 특별소비세, 담배소비세 등이 있다. 사회복지정책의 대표적인 공공재원에는 보통세와 목적세가 모두 포함된다. 보통세는 목적세와 달리 납세자에게 구체적인 편익이나 보상을 교환해 주는 조건으로 징수되는 것이 아니고 의무에 해당되며 강제로 징수되는 것이 특징이다. 목적세는 교육세, 교통세, 농어촌특별세, 사업소세, 지역개발세, 지방교육세와 같이 정책목적에 따라 부과된 재원이다(손병덕, 2012).

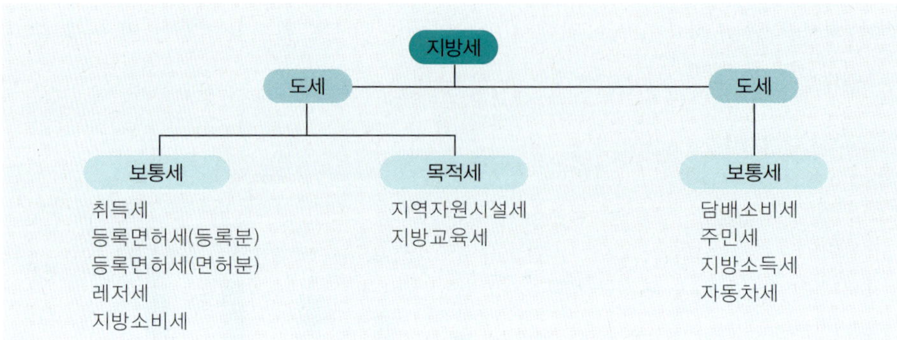

(주) ⁂ 특별(광역)시세 : 취득세, 레저세, 담배소비세, 지방소비세, 지방소득세, 자동차세, 지역자원시설세, 지방교육세, 주민세(광역시의 경우, 주민세(종업원분, 사업소분)은 자치구세임)

⁂ 자치구세 : 등록면허세, 재산세

출처: https://www.wetax.go.kr/main/?cmd=LPTIIA1R1

[그림 6-5] 세금의 분류

(1) 정부의 일반수입(조세)

정부의 일반수입은 정부가 여러 영역에 지출하기 위해 필요한 조세 수입을 말한다. 조세는 국가에서 정부의 비용으로 사용하기 위해 국민에게 징수하는 화폐라 할 수 있으며, 국가의 경제 · 사회적 목적에 따라 각각 다르게 징수되고 활용되고 있다.

조세는 강제성을 띠고 정부수준에서 부과되며, 개인과 기업에게 공적으로 부과되고 된다. 조세는 공적 사회복지활동을 위한 1차적인 재원이 된다. 사회복지정책의 주요 재원을 일반수입에서 확보해야 한다고 주장하는 경우가 많다. 이런 이유로 다음과 같은 점을 제시하고 있다(황선영 외, 2014).

첫째, 다른 재원에 비해서 정부의 일반수입에서 얻어진 재원은 사회복지정책에서 중요한 목표를 달성하는 데 유리하기 때문이다. 사회복지정책에서 중요한 목표로 평등이나 사회적 적절성이 있다.

둘째, 다른 재원에 비해서 정부의 일반수입에서 얻어진 재원은 사회복지정책의 대상을 확대하는 데 유리하고 보편적인 급여를 제공하는 데 유리하다.

셋째, 다른 재원에 비해서 정부의 일반수입에서 얻어진 재원은 안정적이고 지속적이다.

정부의 일반수입에서 마련된 재원을 활용하는 사회복지정책은 소득재분배에 있어 긍정적인 맥락에서 작용한다고 할 수 있다.

〈표 6-5〉 연도별 국세 통계

(단위: 백만원, %)

구분	예산액	징수결정액	수납액	불납결손액	미수납액	비율
	(1)	(2)	(3)	(4)	(5=2-3-4)	(6=3/1)
2016년	223,255,300	266,790,601	233,329,122	2,885,885	30,575,594	104.5
2017년	240,837,600	293,303,150	255,593,190	3,388,083	34,321,877	106.1
2018년	257,481,000	325,413,413	283,535,518	3,916,069	37,961,826	110.1
2019년	284,387,400	328,694,287	284,412,645	3,749,274	40,532,368	100.0
2020년	270,982,000	324,336,374	277,275,291	3,855,670	43,205,413	102.3
국세청 세수	270,982,000	324,336,374	277,275,291	3,855,670	43,205,413	102.3
내국세	243,501,000	296,287,263	249,995,573	3,839,607	42,452,083	102.7
소득세	93,679,100	102,992,100	98,238,398	482,221	4,271,481	104.9
신고분	36,450,600	46,115,167	41,712,911	462,002	3,940,254	114.4
종합소득세	19,046,500	21,381,288	18,057,135	330,345	2,993,808	94.8
양도소득세	17,404,100	24,733,879	23,655,776	131,657	946,446	135.9
원천분	57,228,500	56,876,933	56,525,487	20,219	331,227	99
이자소득세	2,820,700	2,624,830	2,618,893	17	5,920	92.8
배당소득세	3,156,600	3,220,083	3,211,204	216	8,663	101.7
사업소득세	3,544,600	3,393,738	3,313,179	4,102	76,457	93.5
근로소득세	43,760,900	44,294,774	44,050,712	14,995	229,067	101
원천분	43,635,700	44,192,291	43,948,229	14,995	229,067	100.7

구분	예산액	징수결정액	수납액	불납결손액	미수납액	비율
	(1)	(2)	(3)	(4)	(5=2-3-4)	(6=3/1)
납세조합분	125,200	102,483	102,483	–	–	81.9
연금소득세	282,900	216,235	216,235	–	–	76.4
퇴직소득세	1,462,400	1,366,769	1,361,223	378	5,168	93.1
근로장려금	–4,497,500	–4,480,897	–4,482,547	13	1,637	99.7
자녀장려금	–716,200	–646,758	–647,128	4	366	90.4
법인세	58,475,300	56,705,368	55,513,201	175,893	1,016,274	94.9
신고분	44,957,700	43,521,491	42,334,617	175,861	1,011,013	94.2
원천분	13,517,600	13,183,877	13,178,584	32	5,261	97.5
상속세	3,026,200	4,145,981	3,904,234	3,959	237,788	129.0
증여세	5,390,300	6,851,411	6,471,066	17,106	363,239	120.1
부가가치세	64,584,100	71,980,609	64,882,907	397,592	6,700,110	100.5
개별소비세	9,478,800	9,537,799	9,218,115	3,647	316,037	97.2
주세	3,163,700	3,044,968	3,008,381	37	36,550	95.1
증권거래세	4,935,000	8,764,960	8,758,656	318	5,986	177.5
인지세	1,052,300	965,242	965,206	–	36	91.7
과년도 수입	4,929,900	36,426,480	4,165,084	2,758,817	29,502,579	84.5
교통 · 에너지 · 환경세	15,463,600	13,973,840	13,937,883	3,794	32,163	90.1
방위세	–	237	174	2	61	–
교육세	5,041,600	4,765,487	4,692,746	5,683	67,058	93.1
농어촌특별세	3,654,800	5,155,150	5,048,265	1,834	105,051	138.1
종합부동산세	3,321,000	4,154,397	3,600,650	4,750	548,997	108.4

출처: https://tasis.nts.go.kr/websquare/websquare.html?w2xPath=/cm/index.xm

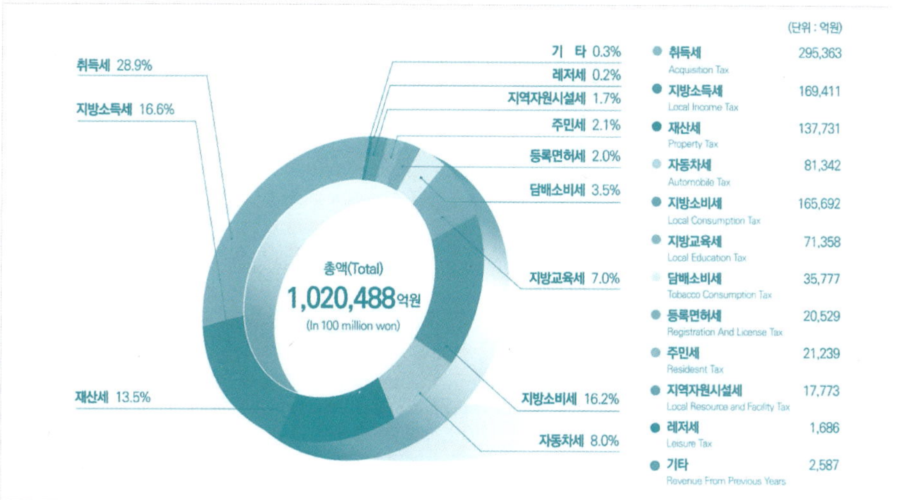

출처: https://www.wetax.go.kr/ebook/2021/book.html

[그림 6-6] 지방세 세목별 구성 비율

지방세의 세목별 구성 비율을 살펴보면 취득세가 28.9%, 지방소득세가 16.6%, 재산세가 13.5%로 나타났다.

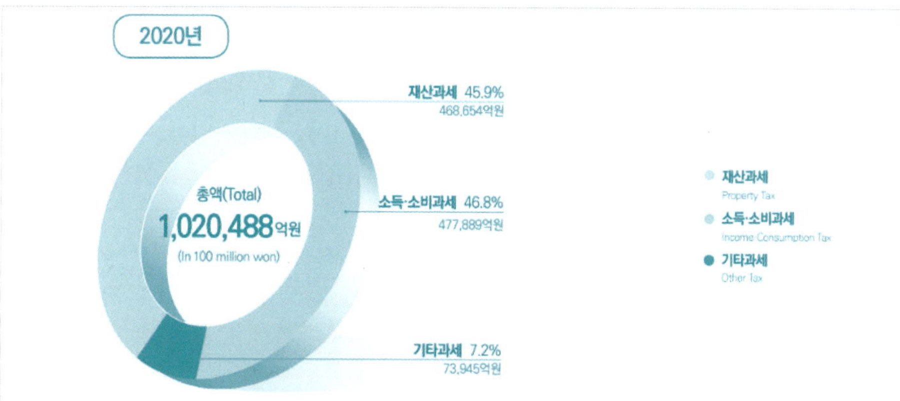

출처: https://www.wetax.go.kr/ebook/2021/book.html

[그림 6-7] 지방세 세원별 비중

지방세의 세원별 비중을 살펴보면 재산과세가 45.9%(168,654억원), 소득소비과세가 46.8%(477,889억원), 기타과세가 7.2%(73,945억원)로 나타났다.

외국의 경우 연방제 국가는 지방세 비중이 상대적으로 높은 반면, 비연방제 국가는 지방세 비중이 상대적으로 낮은 면을 가지고 있다.

〈표 6-6〉 국세 및 지방세 비중 (단위 : 2018년 기준, %)

구분	연방제 국가			비연방제 국가			
	미 국	독일	평균	영국	프랑스	일본	평균
국세	52.8	47.8	66.9	93.8	71.5	61.1	85.1
지방세	47.2	52.2	33.1	6.2	28.5	38.9	14.9

출처: OECD, Revenue Statistics(2019).

정부의 일반수입과 관련된 조세는 소득세, 소비세, 부유세로 분류할 수 있으며 조세의 특징을 살펴보면 다음과 같다(황선영 외, 2014).

첫째, 소득세는 소득에 대해 부과된다. 소득의 주체는 법적으로 개인이나 법인이므로, 개인과 법인 모두 소득에 대해 세금을 내도록 되어 있다. 사기업이 발달한 나라에서는 소득세가 정부의 주요 수입원이 된다. 법인소득세와 개인소득세는 어느 정도 일반적인 공통점이 있지만 각각의 원리 · 적용 · 문제점 등에서 차이가 있기 때문에 따로 구분해서 제도화하는 것이 일반적이다. 일반수입을 구성하는 조세들 중에서 소득세가 누진적 성격이 가장 크다. 그리고 개인 소득세가 소득재분배 효과가 크다.

둘째, 소비세는 소비에 대해 부과한다. 소비세는 본래 모두 소비자에게 부과되는 것은 아니지만 생산자나 분배자에게 부과되는 소비세가 상품의 가격에 포함됨으로써 소비자에게 전가된다. 일반적으로 소비세율은 소비지출 수준에 비례하고 고소득 집단은 저소득 집단보다 소득에 대한 소비 비율이 낮다. 따라서 소비세는 고소득층보다 저소득층에게 더 부담을 주기 때문에 역진적이라고 할 수 있다. 반면 소비는 소득보다 더 안정적인 특성을 나타내기 때문에 소비세는 정부의 확실한 수입원에 되며, 징수비용이 상대적으로 낮고 사치품의 소비 등을 규제할 수 있다는 이점이 있다. 소비세는 부가가치세 · 부당이득세 · 주세 · 특별소비세 · 관세 등을 포함한다. 이 가운데 특별소비세는 특별한 재화와 용역의 소비에 높은 세율을 과세하는 소비세를 말한다.

셋째, 부유세는 일정액 이상의 자산을 보유하고 있는 사람에게 비례적 또는 누진적으로 과세하는 것을 말한다. 불평등을 해소하고 양극화 문제를 극복하기 위해서 부유세를 도입해야 한다는 주장이 우리나라에서 제기된 바 있다. 그러나 재산의 해외 도피, 기업의 투자의욕 상실, 이중과세 문제 등을 이유로 부유세 도입을 반대하는 의견도 있다.

(2) 사회보장성 조세(사회보험료)

사회보장성 조세란 사회보험의 급여를 충당하기 위하여 보험가입자가 일정한 기간에 정기적으로 일정한 금액을 기여하는 방식을 말한다. 사회보장성 조세인 사회보험료가 공공재원으로 분류되는 이유는 국가에 의하여 조세처럼 강제로 부과하고 관리와 운영을 공공기관에서 하기 때문이다. 사회보장성 조세의 특징은 다음과 같다.

첫째, 자본주의 사회의 중요한 가치인 개별적 공평성을 유지하면서 노령, 실업, 장애, 사망 등과 같은 사회적 위험에 처할 때 개개인의 과거 소득수준을 유지해 줄 수 있다. 따라서 사회보험은 소득재분배의 역할을 하나 본질적으로 보험료를 많이 낸 사람에게 급여액을 더 많이 받을 수 있다.

둘째, 사회보장성 조세를 납부함으로써 미래에 받을 수 있는 급여액에 대한 권리를 갖는다고 보기 때문에 일반조세보다 정치적으로 유리하다.

셋째, 정부 일반예산의 재원에 의한 사회복지정책은 일반적으로 가난한 사람을 대상으로 하기 때문에 급여를 받은 것에 대한 거부감을 갖는 경향이 있다.

넷째, 사회보장성 조세는 그 재원이 사회보장 및 소득보장 등 특정한 목적을 위하여 사용되기 때문에 조세에 비하여 저항감이 약하다(안흥순, 2006).

사회보험료는 역진적이라는 측면에서 한계가 있다. 사회보험료가 역진적인 이유는 모든 근로소득에 동일한 요율로 부과되고 있고, 이자, 임대료, 주식배당금 등 자산소득에는 추가로 보험료가 부과되지 않기 때문에 자산소득이 많은 고소득층이 저소득층에 비해 부담이 상대적으로 적다. 사회보험료에는 보험료 부과의 기준이 되는 소득의 상한액이 있어서 고소득층에게 유리하다. 개인소득세는 다양한 조세감면제도를 통하여 저소득층, 저임금 근로자의 부담을 줄여줄 수 있으나, 사회보장성 조세는 모든 근로소득에 부과하기 때문에 저소득층의 부담이 크다고 할 수 있다.

일반적으로 보험방식과 조세방식은 상대적으로 대치적인 특성을 가지고 있으며, 보험방식의 장점이 조세방식의 단점이 되거나 조세방식의 장점은 보험방식의 단점이 되는 경우가 있다. 사회복지정책의 재원으로서 사회보험료를 통한 재원조달방식의 장점은 다음과 같다(현외성, 2015).

첫째, 갹출금을 통한 재원조달은 사회보험급여의 인상과 직접적으로 연계될 수 있어 무책임한 급여의 인상을 억제할 수 있다. 따라서 사회보험료를 통한 재원조달방식은 직접적으로 목적 지향적인 의미를 지니게 된다.

둘째, 급여는 보험료갹출에 수반하는 당연한 권리이고 자산조사를 필요로 하지 않는 보편적인 접근방법이다. 기여금에 의한 재원조달방식은 피보험자에게 낙인을 제공하지 않고 권리성을 부여할 수 있는 이점이 있다.

셋째, 갹출에 의하여 사회보험에 가입하는 자는 보험의 운영에 참여할 수 있다. 사회보험료를 통한 재원조달방식은 사회보험 재정과 행정 등 운영을 민주적으로 수행할 수 있는 장점을 가진다.

넷째, 보험료는 임금에 부과되기 때문에 사업주에게 사고발생 예방의 유인을 주고 부담의 증대를 억제하는 동기를 부여한다. 일반적으로 무과실책임의 원리가 적용되는 산재보험의 경우는 더욱 그러하다.

다섯째, 피용자보험의 경우 보험료의 징수비용이 낮거나 간편하다. 조세방식에 비하여 부과과정에 드는 비용을 절감할 수 있고 행정적으로 간편하다는 특징을 가진다. 갹출금은 보통 소득에서 원천징수됨에 따라 보험료 징수가 용이하다.

여섯째, 사회보험료는 일종의 목적세적 성격을 갖고 있기 때문에 피보험자의 납부 의욕이 일반조세의 경우에 비하여 높다.

일곱째, 보험료가 적립되는 경우에는 공공투자의 자금으로 이용될 수 있다. 특히 연금보험과 같은 장기보험의 경우는 적립기간이 길고 국민 대다수가 가입되어 투·융자 금액으로 적절하게 활용될 수 있는 장점이 된다.

〈표 6-7〉 사회보험료와 조세의 특징

구분	사회보험료	조세
특징	• 역진적이다. • 소득상한선이 있어 고소득층에 유리하다. • 인적공제가 없어 저소득층에 불리하다. • 부담능력을 고려하지 않는다. • 근로소득에만 부과한다.	• 누진적이다. • 소득상한이 없다. • 부양가족 등 인적공제가 있다. • 부담능력을 고려한다. • 재산이나 상거래에도 부과한다.

(3) 조세지출

조세지출(tax expenditure) 정부가 받아야 할 세금을 받지 않음으로써 간접적으로 지원해 주는 조세 감면을 일컫는다. 정부가 조세를 통해 확보한 재원을 바탕으로 직접 지원해 주는 예산 지출과 대칭되는 개념이다. 조세 지출은 동일한 액수만큼의 보조금을 준 것과 같다는 의미에서 '숨은 보조금(hidden subsidies)'이라 부르기도 한다. 조세지출은 조세의 일반적인 과세체계에서 벗어난 형태로 조세감면·비과세·소득공제·세액공제·우대세율 적용 또는 과세이연 등 조세특례에 따른 재정지원으로 정의된다. 소득지원, 고용 및 투자 증대, 중소기업 지원 등의 각종 정책적 목표를 가지고 개인과 기업의 세금부담을 감소시켜 주는 형태이다(이영욱, 2017).

2) 민간부문 재원

사회복지가 발달한 대부분의 국가는 국가의 공공재원이 사회복지정책의 주된 재원이다. 그러나 사회복지정책에서 최근 복지국가 위기의 시대에 국가 재정의 축소로 민영화를 강조하는 시점에서 민간부문의 재원은 과거보다 한층 더 중요하다. 민간의 재원에는 이용자 부담, 자발적 기여, 기업복지, 가족 간 이전이 있다(송근원 · 김태성, 2006). 각각의 재원에 관해 살펴보면 다음과 같다.

(1) 이용자 부담

이용자 부담은 사회복지서비스를 이용하는 사람이 일정한 액수의 본인부담을 하는 것을 말한다. 현재의 복지국가에서 실시하는 일부의 사회복지정책의 경우에는 재화나 서비스를 받는 사람이 일정한 액수를 이용자 부담금을 부담하도록 하고 있다. 복지국가에서도 이용자 부담금의 필요성을 다음과 같이 제시할 수 있다(황선영 외, 2014).

첫째, 사회복지서비스를 남용하는 것을 막을 수 있다. 이용자 부담을 통하여 '도덕적 해이' 문제를 해결할 수 있다.

둘째, 일부 서비스에서 정부가 과대한 부담을 하는 문제를 해결할 수 있는 방법으로도 필요하다.

셋째, 사회복지서비스의 질을 높일 수 있다. 사회복지서비스 이용에 따른 비용을 부담하게 하면 서비스 제공자는 더 높은 질의 서비스를 제공하려고 노력하게 된다.

넷째, 이용자의 오명을 줄이고 자기존중감이 높아질 수 있다.

그러나 이용자 부담은 기본적으로 역진적이어서 저소득층의 부담이 고소득층에 비하여 상대적으로 커 소득재분배에 부정적인 영향을 미칠 수 있다. 그리고 이용자 부담금의 납부에 따라 필요한 서비스를 이용하는 것을 꺼릴 수 있기 때문에 저소득층의 서비스 이용이 억제될 수 있다.

(2) 자발적 기여

자발적 기여는 개인, 기업, 기관 등 민간영역에서 제공하는 기부금품을 말한다. 이러한 자발적 기여는 국가에 의한 사회복지정책이 주도되기 시작한 이후에도 여전히 중요한 역할을 하고 있다. 사회복지정책의 재원으로서 자발적 기여가 지닌 장점은 다음과 같다(권기창, 2015).

첫째, 자발적 기여를 통한 사회복지정책은 다원화한 사회 속에서 특정한 지역이나 집단의 욕구를 해결할 수 있고 다양한 집단 간의 갈등을 해결하는 데 유리하다.

둘째, 자발적 기여를 통한 사회복지정책은 새롭고 창의적인 서비스 개발이 용이하다.

셋째, 시장의 실패와 국가의 실패를 모두 해결할 수 있는 방법으로 공공재의 성격을 동질적인 소규모로 극복할 수 있다.

넷째, 부분적으로 사회적 압력으로 인한 기여가 이루어지며 기여한 사람의 효용도 높일 수 있다.

그러나 자발적 기여에 의한 재원은 불안정함에 따라 지속적이고 체계적인 사회복지정책의 수립과 집행에는 한계가 있다.

(3) 기업복지

기업복지는 기업의 사용자가 기업의 종사자에게 물질적 · 정신적 욕구를 충족할 수 있도록 기업이 피고용자들을 위하여 비용을 지출하는 것을 말한다. 기업복지는 공공부문의 사회복지를 보충하는 기능을 하는 것을 기본으로 하고 있다. 따라서 공공부문의 사회복지가 발전하면 기업복지의 기능과 역할은 상대적으로 감소된다고 볼 수 있다. 기업복지가 민간재원에서 확산되는 이유는 다음과 같다(구재관 외, 2015).

첫째, 피고용자에게 임금을 지급하는 대신에 기업복지를 제공하는 것이 세제상 유리하다. 이는 임금 대신 기업복지를 지급하면 조세부담이 줄어든다.

둘째, 기업복지의 제공을 통하여 우수한 인력을 유치할 수 있고, 피고용자의 기업에 대한 소속감과 관심을 높일 수 있다.

그러나 기업복지는 그 대상이 주로 고소득층에게 집중되고, 급여도 고소득층에게 돌아가기 때문에 기업복지를 통하여 소득재분배가 악화될 수 있고 중복된 사회복지서비스가 제공될 수 있는 문제점을 가지고 있다.

(4) 가족 간 이전

가족 간 이전은 공공복지가 미치지 못하는 부분에 가족이나 그 이웃이 비공식적으로 지원하는 것이다.

비공식부문의 재원으로 공식적인 사회복지제도에서 사용되는 재원과는 달리 가족이나 친지, 이웃 등에 의해서 해결되는 복지 욕구를 말한다. 예를 들어 노인에 대한 부양비나 의료비 지출은 국가책임보다 가족의 부담으로 남게 되며, 연로한 노인이 자식으로부터 부양을 받는 경우가 대표적인 예이다.

가족 간의 이전은 시간적 · 공간적으로 복지 욕구를 빨리 해결해 준다는 장점도 있으나 저소득층 가족의 경우에는 가족구성원의 사회복지 욕구가 크더라도 해결해 주는 데 한계가 있다. 가족, 친척, 이웃 등의 비공식부문에 의한 사회복지는 어느 나라에서나 공공부문의 사회복지가 확대되기 이전에는 매우 중요한 역할을 하였다. 가족 간 이전은 사회복지정책이 발달하면서 점차 그 기능이 축소되었다.

한편, 비공식부문의 재원이 필요한 이유는 다음과 같다(권기창, 2015).

첫째, 비공식부문에 의한 복지제공은 국가복지에 비해 수급자나 기여자의 자유로운 선택의 폭을 넓힐 수 있다.

둘째, 비공식부문은 국가복지에서 발생하는 절차상의 비용을 줄이거나, 관료제도에서 오는 여러 가지의 문제점들을 피할 수 있다.

셋째, 비공식부문은 시간적 · 공간적인 측면에서 복지 욕구를 신속히 해결할 수 있다.

넷째, 특히 가족 간의 이전 등 비공식부문에 의한 복지 해결은 국가복지보다 비물질적인 측면에서 질 높은 서비스를 제공할 수 있다.

3. 사회복지정책 재원배분의 형태

1) 재원배분의 개념

재원배분은 조달된 사회복지재원을 분배하는 것과 연관된다고 할 수 있다. 공공재원의 배분은 중앙정부에서 지방정부로 어떻게 배분이 이루어지는가, 사회복지정책의 각 부문별로 얼마만큼 배분하는가, 왜 그렇게 하는가에 대한 쟁점과 관련된다.

민간재원의 배분도 이와 유사한데 민간부문의 재원배분은 사회복지 영역 중 어느 부분에 얼마만큼, 어떻게 배분하는가의 문제가 중요한 쟁점이 되고 있다. 재원배분은 공공부문의 경우에 사회복지정책 주체의 기능과 부담에 관한 것과 연결되는 만큼 재원배분에 대한 논의가 중요한 요인으로 제기되고 있다.

2) 재원배분의 형태

사회복지 재원배분에는 여러 가지 방식이 있으나 가장 중요한 방식은 중앙정부에서 조달된 사회복지재원을 지방정부에 분배하는 보조금이다. 조세를 통하여 마련된 재원을 지방정부에 대하여 보조금 형식으로 사회복지재원을 배분하는 경향을 가지고 있다. 중앙정부가 지방정부에 대해서 보조금을 제공하는 데에는 네 가지 배경을 가지고 있다(나성린 · 전영섭, 1998).

첫째, 지역에 따라서는 지방정부의 지출을 충당할 수 있는 지방세수를 확보하는 것이 불가능할 경우 중앙정부가 그 세수의 일부를 지방정부와 나눌 필요가 있기 때문이다. 우리나라의 경우 지방경제의 어려움으로 지방정부의 재정자립도가 높지 않아 중앙정부의 보조금 지원이 중요한 역할을 수행하고 있다.

둘째, 지역 간 경제적 불평등과 재원조달상의 불평등을 완화하기 위하여 중앙정부의 재원배분이 필요하다. 지역 간 경제적 불평등이 사회복지정책 서비스 간의 불평등을 야기하면 주민생활에 상대적으로 더욱 큰 박탈감을 가져오는 결과를 낳는다. 이는 전체 국가의 견지에서 바람직하지 않다.

셋째, 보조금은 외부성의 문제를 치료할 수 있기 때문이다. 일반적으로 지방정부는 자신의 지역에 맞는 사회복지서비스를 제공하고 정책을 수립하는 경향이 있다. 따라서 다른 지역주민들의 편익에 맞지 않은 경우, 국가 전체로 볼 때 자원의 비효율성이 조정된다. 따라서 중앙정부가 이러한 사회복지정책 서비스와 관련하여 일정한 보조금을 제공하여 다른 지역의 주민복지에도 편익을 제공할 수 있는 기회를 만들게 한다.

넷째, 중앙정부의 사무를 지방정부에 위임할 경우에 제공하는 보조금을 말한다. 이는 지방정부가 중앙정부에 비하여 지역주민의 선호나 욕구를 더욱 잘 파악할 수 있기 때문이다.

미국의 경우 연방정부에서 배분하는 사회복지재원의 형태는 네 가지이다. ① 프로그램 조건, ② 재정적 조건, ③ 수급자 조건, ④ 절차조건이다. 이 네 가지에 대한 내용은 다음과 같다(Gilbert & Terrell, 1998).

(1) 프로그램 조건

프로그램 조건은 연방정부가 사용하는 보조금정책의 주류를 형성하고 있다. 지원하려는 활동의 종류를 구체화시킨 것으로 영양, 정신보건, 약물 및 알코올중독, 특수교육, 의료보호, 금전 지불 등이다. 프로그램 조건은 일종의 범주적 보조금이다.

범주적 보조금이란 누가 자격요건이 있으며, 그들은 어떤 급여를 받으며, 어떻게 전달체계가 조직되는가와 연결되어 있다.

(2) 재정적 조건

재정적 조건은 연방정부의 재정배분을 받기 위해서는 지방정부에서 상응하는 지방재정을 부담하는 프로그램이다. 재정적 조건은 첫째, 지방정부에서 적절한 규모의 상응적 재정부담을 하게 됨으로써 지방정부의 책임성이 증대되고 행정비용을 절감할 수 있는 이점이 있다. 둘째, 연방정부는 지방정부로 하여금 필요한 사회복지 영역에 관여할 수 있도록 하는 유인책으로 재정적 조건을 활용할 수 있다.

(3) 수급자 조건

수급자 조건은 급여를 받는 사람의 유형을 조건화하는 것으로 지역이나 지방에 사는 주민의 비율을 지정하여 대상자를 설정하는 것이다.

(4) 절차적 조건

재원배분의 절차적 조건은 재원배분을 받기 위한 요건으로 계획, 회계, 인사, 보고, 클라이언트의 권리 등과 같은 다양한 절차상의 조건을 구비하기를 바라는 것이다. 어떤 경우는 시민참여 요건을 요청하는 것인데, 지역사회활동 프로그램에는 빈곤퇴치 프로그램을 만들고 가동시키는 데 있어서 가난한 사람들의 '최대한 가능한 참여'를 규정하고 있다.

〈표 6-8〉 재원배분의 형태

재원배분 장치	목적의 구체성	지방정부의 역할
• 범주별 보조금 • 블록 보조금 • 일반조세 배분	• 세부적인 구체화 • 광범위한 설정 • 구체화 없음	• 연방정책과 절차를 엄격하게 이행 • 제한적인 기능 영역 내에서 정책의 수립과 이행 • 독자적인 정책결정권자

출처: Gilbert & Terrell(1998).

연습 문제

CHAPTER 06

01 사회복지제도의 재원에 관한 설명으로 옳은 것은? 11회 기출

① 간접세 인상은 물가상승의 요인이 된다.
② 직접세는 크게 소득세, 법인세와 소비세로 대별된다.
③ 간접세는 비례적이기 때문에 일반적으로 소득재분배에 중립적이다.
④ 조세감면은 일부 소득항목에 대한 소득공제로 인해 재분배 효과가 대체로 누진적이다.
⑤ 조세는 모두가 부담하기 때문에 도덕적 해이가 적게 발생한다.

[해설] 조세의 누진성: 소득이 높을수록 세율이 높은 경우 일반조세의 직접세가 가장 누진성이 높다.

02 우리나라 사회복지 재원에 관한 설명으로 옳은 것은? 14회 기출

① 사회보장의 주된 재원은 사회보장세이다.
② 국민연금기금은 특별회계에 해당하는 예산이다.
③ 공공부조 시행에 필요한 모든 비용은 중앙정부가 부담한다.
④ 국고보조금은 중앙정부 각 부처가 지방자치단체에 지원하는 재원이다.
⑤ 일반회계예산은 기금에 비해 운용의 신축성은 높으나 재원의 범위는 좁다.

[해설] 우리나라는 사회보장세와 같이 사회보장을 위한 별도의 목적세를 부과하지 않고 있다. 사회보장성 조세는 사회보험료를 의미한다.

03 중앙정부와 지방정부 간의 복지재정 이전체계에 있어 지방정부의 재량권이 작은 것에서 큰 순서로 나열된 것은? 12회 기출

① 일반교부세 - 포괄보조금 - 범주적 보조금
② 일반교부세 - 범주적 보조금 - 포괄보조금
③ 범주적 보조금 - 포괄보조금 - 일반교부세
④ 범주적 보조금 - 일반교부세 - 포괄보조금
⑤ 포괄보조금 - 범주적 보조금 - 일반교부세

04 사회복지정책의 재원에 대한 설명으로 옳지 않은 것은? 6회 기출

가. 일반조세는 소득재분배 효과가 크다. 나. 사회보장성 조세의 경우 소득재분배 효과가 제한적이다. 다. 국민기초생활보장제도의 재원은 일반조세이다. 라. 조세지출은 고소득층보다 저소득층에 실질적인 혜택이 크다.

① 가, 나, 다 ② 가, 다
③ 나, 라 ④ 라
⑤ 가, 나, 다, 라

[해설] 조세지출은 조세감면이나 세액공제 등을 포함하는 것으로 역진적인 효과를 가져올 수 있다.

05 사회복지재원에 관한 설명으로 옳지 않은 것은?

① 조세지출은 사회복지 공공재원의 하나이다.
② 소득세의 누진성이 높을수록 재분배 효과가 크다.
③ 소비세는 일반적으로 소득재분배에 역진적이다.
④ 조세지출은 재분배 효과가 대체로 누진적이므로 확대될수록 좋다.
⑤ 사회복지 확대를 위해 조세수입을 늘리는 것은 조세부담을 높이는 결과를 가져온다.

[해설] 조세지출의 혜택은 높은 세율로 세금을 내야 하는 고소득 계층에게 더 많이 돌아가므로 역진적이다.

정답 01 ① 02 ④ 03 ③ 04 ④ 05 ④

제07장 사회복지정책과 복지국가

복지국가(welfare state)란 국가의 다양한 기능 중에서 복지 기능을 제도적으로 보장하고 있는 국가로, 국민 전체의 복지 증진과 행복 추구를 국가의 가장 중요한 사명으로 삼고 있는 국가를 말한다. 복지국가라는 용어는 본래 영국에서 생겨났으며, 복지국가란 말에 구체적인 의미가 부여된 것은 1942년 베버리지 보고서가 발표되고, 나아가 1944년에 「완전고용에 관한 정부의 백서」가 발표되어 광범위한 사회보장과 완전고용이 국가의 책임으로 규정되면서부터이다. 이러한 구상은 제2차 세계대전이 끝난 1945년에 집권한 영국 노동당이 1947년 7월 실천에 옮김으로써 복지국가가 탄생하였다.

우리나라에서 복지국가란 용어가 본격적으로 사용된 때는 1980년 제5공화국이 출범되면서부터이다. 그해 10월 대통령 시정연설에서 "정부는 민주주의의 토착화, 복지사회의 건설, 정의사회 구현, 교육혁신과 문화 창달을 국정지표로 하여 제반 시책을 추진해 나가고 있습니다. … 우리는 이와 같은 저력을 바탕으로 민주복지국가 건설의 국민적 여망을 실현하는 데 모든 국민적 역량을 경주해야겠습니다."라고 표명하였다(한국재정40년사편찬위원회 편, 1990).

사회복지학도는 왜 복지국가에 대해 관심을 두고 공부해야 되는가? 에스핑-앤더슨(Esping-Andersen, 1990)은 "복지국가를 공부하는 것은 자본주의 사회에서 나타나는 특이한 현상을 이해하는 하나의 수단"이라고 복지국가 연구의 필요성을 역설하고 있다. 복지국가에 관한 연구는 현대 사회복지학의 기초 지식 개발과 밀접한 연관성이 있다. 그뿐만 아니라 복지국가에서 나타나는 여러 제도와 특징은 우리에게 새로운 연구 소재를 제공한다. 예컨대 복지국가 생성 배경에 관한 연구는 사회복지역사 연구와 직결되며, 복지국가 유형론은 복지제도론 또는 복지변천론의 내용이 된다(김상균 외, 2005).

본 장에서는 복지국가의 개념과 정의, 발전에 관한 이론, 유형론을 중심으로 살펴보도록 한다.

1. 복지국가와 복지사회

1) 복지국가의 개념

복지국가에 대한 개념은 학자마다 조금씩 다르지만, 복지국가는 공통적으로 국민의 복지 증진을 국가의 목표로 하고, 현실적으로 상당한 정도의 복지를 실현하는 국가라고 할 수 있다. 복지국가란 복지를 국민에게 제공하는 책임의 주체가 바로 국가라는 것을 의미하며 더욱 중요한 점은 복지국가를 국가의 한 유형으로 파악한다는 것이다.

복지국가는 19세기의 소극적인 질서유지에 초점을 둔 자유국가 · 야경국가(夜警國家)와는 달리 적극적으로 국민생활의 안정 · 확보를 임무로 하는 국가이며, 이런 뜻에서는 적극국가 · 사회국가와 같은 뜻이다. 또한 복지국가란 자본주의 경제체제가 낳은 시장실패를 정치를 통해 교정하려는 체제를 말한다. 복지국가는 빈곤자의 절대적 생활수준이 일정한 수준 이하로 떨어지는 것을 막기 위한 사회안전망(social safety net)을 제공하고, 계급이나 계층 간의 상대적 박탈감, 즉 불평등 정도가 너무 커지는 것을 방지하기 위해 다양한 복지제도를 도입한다. 복지국가는 시장진입에 실패한 사람들이 자신의 노동력을 상품화하지 않고도 최저생활을 영위할 수 있게 만들어 준다는 의미에서 탈상품체계이며, 사회계층 간 격차가 너무 벌어지는 것을 예방하거나 교정하는 데 관심이 있다는 의미에서 사회재계층화 체계로 불리기도 한다.

우리가 복지국가를 아주 넓은 의미로 이해한다면 경제발전과 사회개발의 균형을 통해서 사회안정을 달성하고 모든 사회구성원의 복지와 삶의 질을 향상하려는 노력의 집합체로 이해할 수 있다. 좀 더 구체적으로 정의하면 복지국가는 민주주의, 법치주의 그리고 다원주의를 실현한 개방된 이익사회로서 경제정책, 사회정책 및 문화정책 등을 가지고 사회구성원의 삶의 조건과 삶의 질적 수준을 증진하는 국가의 한 형태이다.

이를 위해 복지국가는 시장실패를 교정하고 사회적 위험에 대비하며 모든 사회구성원에게 인간다운 삶과 안정된 삶을 영위할 수 있도록 사회적 및 경제적 안정을 유지하는 사회보장제도를 갖고 있다. 다시 말하면, 복지국가는 인간의 기본 가치로서 자유, 사회정의, 평등을 실현하기 위해 국민의 복지와 삶의 질을 개선하려는 사회정책을 적극적으로 수행하는 국가를 말한다. 여기서 사회정책은 인간의 삶을 결정하는 모든 영역에서 최종적으로 개성의 자유로운 발전, 사회정의 및 평등을 추구하는 정치적 행위로서, ① 빈곤의 원인과 상관없이 자립할 수 없는 모든 사회구성원에게 인간다운 최저생활을 보장하고(기초생활보장), ② 절대적 또는 상대적으로 불이익을 당하는 사회경제적 취약계층의 생활조건과 생활환경을 개선하고 그들이 사회적 위험으로부터 안정된 삶을 적정수준에서 유지할 수 있도록 사회보험제도를 구축하고, ③ 모든 국민에게 복지와 삶의 질을 개선하는 모든 제도와 수단의 총체로 이해한다.

복지국가에 대한 개념을 정의하고자 할 때 부딪히는 문제점은 각 학자의 가치관, 이데올로기적 입장 그리고 이론적 관점에 따라 복지국가의 개념 정의가 매우 다양하게 제시되는 점이다. 여러 학자들의 복지국가에 대한 개념 정의는 다음과 같다(김태성 · 성경륭, 2000).

(1) 윌렌스키(Wilensky)의 정의

복지국가의 핵심은 국가가 모든 국민에게 최소한의 수입, 영양, 건강, 주택, 교육을 보장하는 것이다. 국가에 의한 이러한 복지 제공은 자선이 아니라 모든 국민이 누리는 정치적 권리에 대응하여 주어진다. 최소한의 수준을 보장하기 위해 국가가 시행하는 제반 프로그램들은 비록 그 결과에 있어서 재분배를 통해 평등을 증진시킬 수 있다고 하더라도 그 목적에서는 평등과 아무런 관계가 없다.

(2) 헥셔(Heckscher)의 정의

복지국가는 자국 내에 거주하는 국민의 삶에 대해 집합적 책임을 지는 국가이다. 따라서 복지국가는 빈곤을 제거하기 위해 노력하고 국민이 빈곤상태에 빠지는 경우 그들을 위해 적절한 사회보장을 제공한다. 또한 복지국가는 기회의 평등을 촉진하여 국민의 삶을 향상시키기 위해 노력한다.

(3) 미쉬라(Mishra)의 정의

복지국가란 국민의 삶과 관련된 최소한의 전국적 기준을 유지하기 위해 국가가 책임을 제도화하는 것이다. 특히 2차 세계대전 이후의 복지국가는 이 같은 최소한의 전국적 기준을 보장하기 위해 완전고용의 실현, 국민의 기본 욕구충족을 위한 보편적 서비스의 제공 그리고 빈곤의 해소와 예방에 정책의 초점을 둔다.

(4) 코르피(Korpi)의 정의

복지국가의 발전 정도는 정치적 민주주의와 국민에 대한 최소한의 사회보장을 전제 조건으로 하여 상대적 빈곤이 어느 정도 감소되는가 혹은 결과의 평등이 어느 정도 실현되는가에 의해 결정된다.

(5) 에스핑-앤더슨(Esping-Andersen)의 정의

복지국가에는 다양한 형태(자유주의적, 조합주의적, 사회민주주의적 등)의 복지체제가 존재한다. 그러나 복지국가 발전의 정도는 국가에 의해 부여되는 사회권이 국민의 시장에 대한 의존성을 얼마나 줄이느냐, 즉 탈상품화(decommodification)의 정도가 어느 정도인가에 달려 있다.

앞서 살펴본 바와 같이 복지국가라는 동일한 대상을 두고 학자에 따라 그 개념 규정이 상이하게 달라진다는 것을 알 수 있다. 그러나 이러한 상이성에도 불구하고 최소한 세 가지 측면에서 공통점을 지닌다(김태성 · 성경륭, 2000).

첫째, 명시적으로 지적하지는 않았지만 복지국가가 자본주의 경제체제 속에서 발전하게 되었다는 점을 모두 인정하고 있다. 복지국가는 자본주의가 산업화 과정에서 초래한 광범위한 빈곤, 산업재해, 경제적 불평등, 실업 등의 폐해를 치유하기 위해 등장하였다. 이러한 점은 복지국가는 일정한 정도의 사회주의적 성향을 지닌다고 할 수 있다.

둘째, 위의 학자들은 모두 복지국가가 탄생할 수 있는 필요조건 혹은 복지국가에 수반되어야 할 필수조건으로서 정치적 민주주의를 전제하고 있다. 복지국가는 정치적 민주주의를 그것에 이르는 수단일 뿐만 아니라 보존해야 할 가치 그 자체로 간주하기 때문에, 사실상 민주복지국가를 의미한다. 따라서 권위주의 국가나 전체주의적 공산주의 국가가 거주와 이전의 자유, 사상과 표현의 자유, 결사의 자유를 비롯해 자유권, 선거권과 참정권을 비롯한 정치권 등을 박탈한 채 국민에게 향상된 물질적 보장만을 제공한다면 복지국가라 할 수 없다.

셋째, 복지국가의 개념 정의에서 복지국가는 모든 국민에게 경제적으로 최소한의 인간다운 생활을 영위할 수 있는 생활수준, 즉 '최소한의 국가적 수준(national minimum)' 이상의 보장을 강조하고 있다. 최소한의 국가적 수준이란 개념은 1942년 「사회보험과 관련 서비스에 관한 보고서」에 의해서 베버리지가 영국 복지국가의 책임 범위로 제시했던 개념으로, 복지국가는 극빈자들의 구제에 한정되었던 과거의 국가와는 뚜렷이 구별되는 것이다.

따라서 복지국가를 논의하는 경우 복지제도의 존재 유무를 기준으로 복지국가를 구분할 수 없다. 왜냐하면 대부분의 나라가 복지제도를 실시하고 있기 때문이다. 따라서 복지제도의 유무를 기준으로 할 경우 복지국가는 덜 발전된 복지국가 혹은 더 발전된 복지국가에 속하게 되어 모든 나라가 복지국가가 되는 것이다. 즉, 모두가 복지국가에 속하지만 정도의 차이만 있는 것이다.

복지국가의 발전수준이 높은 경우는 국가가 많은 종류의 복지제도를 수립하여 가능한 한 많은 종류의 삶의 위험을 포괄적으로 보호하고, 가능한 한 많은 사람을 그 대상으로 하며, 소득중단 상황이 초래되더라도 취업상태에서의 생활에 필적할 수 있는 정도(혹은 그것을 대체할 수 있을 정도)의 적절한 서비스를 제공하고, 여기에 재분배 효과가 큰 복지서비스를 제공하는 경우라고 할 수 있다. 이에 반해 복지국가발전의 수준이 낮은 경우는 국가가 소수의 선별적 복지제도를 통해 좁은 범위의 위험만을 보호하고, 소수의 국민만을 대상으로 최소한의 복지서비스를 제공하고, 재분배 효과가 적은(혹은 오히려 역진적 효과가 큰) 복지서비스를 제공하는 경우라 할 것이다(조추용 외, 2008).

2) 복지국가의 등장배경

일반적으로 복지국가라 함은 '국가가 국민의 복지를 책임지는 국가'라는 의미이다. 그런데 우리는 복지국가에 대한 개념을 논의하기에 앞서 '국가복지(state welfare)'에 대해서 생각해 볼 필요가 있다. 국가복지란 국가가 복지공급의 주체가 된다는 의미이며, 과거의 전통사회에서 가족이 복지공급의 주체였을 때는 가족복지(family welfare), 교회일 때는 교회복지(church welfare), 지역사회가 주체일 때는 지역복지(community welfare), 기업이 주체일 때는 기업복지(industrial welfare)라는 것과 대비할 수 있기 때문에 국가복지는 다른 복지공급 주체들의 복지와 함께 존재할 수가 있다. 또한 국가에 의한 복지는 동서고금을 통해 모든 나라에서 존재했으나, 우리가 이러한 나라들을 모두 복지국가라고 할 수는 없다.

복지국가란 말이 언제, 누구에 의해서, 어떤 의미로 사용되었는가에 대한 연구를 최초로 시도한 학자는 브루스(Bruce)였다. 그에 따르면, 복지국가는 산업발전과 대중사회의 공통문제인 풍요 속의 빈곤과 같은 역설적인 문제에 대한 영국식의 해답이며, 영국이 복지국가의 선구자라고 하였다(Bruce, 1968). 이어서 그는 복지국가의 어원은 확실하지 않지만 독일에서 1880년대에 비스마르크(Bismarck)가 제시한 사회보험체계를 두고 명명한 'Wohlfartstaat'일 가능성이 크다고 지적하였다. 그러나 브루스는 당시의 비스마르크 정권이 민주주의 정부가 아니었기 때문에 복지국가라고 부르기는 힘들다고 주장하였다. 대신 브루스는 짐메른(Zimmern)과 템플(Temple)이 복지국가라는 용어를 최초로 사용하였다고 주장하였다. 당시 옥스퍼드대학의 학자였던 짐메른이 1930년대 후반 독일 나치즘의 권력국가(power state)에 대비하여 최초로 복지국가라는 용어를 사용한 후, 1941년 영국 요크(York) 주교였던 템플이 「시민과 성직자(Citizen and Churckman)」라는 책에서 나치스의 전쟁국가(warfare state)인 독일과 비교하여 자유 진영의 이상적 국가, 특히 영국의 국가이념을 복지국가로 구분하여 명명하였다. 그리고 그 다음 해인 1942년 영국의 사회보장체계를 구상한 베버리지 보고서가 제출되고, 1944년 「완전고용에 관한 정부의 백서」가 발표되어 광범위한 사회보장과 완전고용이 국가의 책임으로 규정되었다. 이러한 구상은 2차 세계대전 종료 후 1945년에 집권한 영국노동당이 1947년 7월에 실천에 옮김으로써 복지국가가 탄생되었다(김교환, 2002). 이와 같이 복지국가의 탄생은 전쟁 후 국가가 국민의 삶을 보장할 수밖에 없는 시대적 상황을 배경으로 하고 있다.

복지국가는 자본주의가 산업화 과정에서 초래한 광범위한 빈곤, 산업재해, 경제적 불평등, 실업 등의 폐해를 치유하기 위해서 등장했으며, 정치적 민주주의를 위한 수단일 뿐만 아니라 추구할 목표로서의 민주복지국가를 의미하고 모든 국민에게 경제적으로 최소한의 인간다운 생활(국민최저생활)을 보장한다는 의미를 공통으로 포함한다. 이런 점에서 복지국가의 의미는 극빈자들의 구제에 한정되었던 과거와는 뚜렷이 구별된다.

자본주의가 발달하면서 자본가와 노동자 양대 집단 간의 계급투쟁이 발생하게 되고 이를 완화하기 위해서 국가의 개입은 불가피하게 되었다. 2차 세계대전 이후 서구국가들의 사회정책의 목표는 정치적 목표와 경제적 목표, 즉 민주주의와 사회주의를 조화시키는 것이었다. 복지국가는 전통적으로 대립해 왔던 양대 이념인 자유민주주의와 공산주의의 변증법적 조화, 즉 자유민주주의의 사회주의화와 공산주의의 자유주의화를 통하여 각기 정립된 신자유민주주의와 사회민주주의라는 새로운 양대 이념에 기초하게 되었다.

복지국가는 1940년대에서 1970년대 초기까지 '복지국가의 황금기'로 불릴 정도로 크게 발전했지만, 1970년대 중반부터 자본주의 체계는 극심한 경기 후퇴기에 접어들면서 복지 분야의 정부지출 삭감이 시작되면서 '복지국가의 위기'를 맞이했다. 이후 복지국가뿐만 아니라 사회 전반에 걸친 모든 정책과 이데올로기 등은 흥망성쇠의 변화를 반복하며, 그 위기 속에서 앞으로의 방향을 설정해 가고 있다.

3) 복지국가와 복지사회

복지국가는 복지사회와 구별된다. 복지국가는 국가에 의해 형성되고 유지되는 복지사회를 의미한다. 사회성원의 복지가 기본적으로 국가에 의해 제공되는 경우, 즉 국가복지를 통해 기본적인 삶이 영위되는 국가를 복지국가라 부른다. 따라서 복지국가는 반드시 복지사회이지만, 역으로 복지사회가 반드시 복지국가인 것은 아니다.

국가가 개인들의 복지에 개입하지 않고도 시민사회 내에서 개별 사회성원의 복지가 이루어질 때 이러한 사회는 복지국가는 아니지만 복지사회이다. 실제로 아담 스미스를 비롯한 고전경제학파의 복지론은 국가의 개입 없이도 시민사회 내에서 시장의 활성화를 통해 복지사회가 이루어질 수 있다고 보았다. 또한 역으로 시장을 폐지한 공산주의 사회들도 사적 소유의 철폐가 곧 사회주의 사회 내의 모든 성원들의 복지와 풍요가 보장되는 복지사회를 낳을 것이라고 보았다. 그러나 현실적으로 국가개입 없는 복지사회는 유토피아에 불과하다는 것이 입증되었다.

다만 복지사회라는 용어는 '국가' 대신 '사회'를 사용한 합성어이지만 구체적인 의미가 무엇인지에 대해서는 학계에서도 일치하지 않으며, 복지국가와 복지사회의 학술적 구별을 시도한 학자들도 많지 않다. 이 두 개념에 대해 연구한 대표적인 학자는 티트머스(Titmuss, 1976)와 롭슨(Robson, 1976)이다. 두 사람은 이미 실현되었다고 보는 복지국가를 넘어서 그것과는 다른 복지사회로 지향하는 것이, 현대국가의 사명이라고 주장한 점에서는 의견의 일치를 보이고 있다. 그러나 구체적으로 어떠한 것이 복지사회인가에 대해서는 견해 차이를 보인다. 티트머스는 국제적 시각과 평등주의 사상에 입각하여, 국가 간의 불평등과 국내적 빈부격차의 심화를 복지국가의 단점으로 보았다. 반면, 롭슨은 국민의 의무감 약화, 소수 과격파들의 독단적 의사결정, 개인의 자유침해 그리고 거대 조직체들의 횡포를 문제시했다(김상균 외 2005).

티트머스는 복지국가에 의해 달성되는 이상 사회를 복지사회라고 간주했지만, 롭슨은 복지사회를 복지국가의 전제 조건으로 설명한다. 티트머스는 현실의 복지국가가 성공적인 복지정책을 통해 이상적인 복지세계를 건설했을 때의 상태를 복지사회로 표현했다. 반면, 롭슨은 이상적인 복지국가를 성공적으로 건설하기 위해서는 사회구성원들이 이기주의적인 성향을 버리고 도덕적이고 이타적인 성향이 강한 복지사회를 이루어야 한다고 주장했다. 즉, 복지사회를 복지국가의 전 단계로 인식한 것이다.

2. 복지국가 발전에 관한 이론

복지국가의 성립요인에 관한 이론으로는 산업화의 산물로 보는 산업화 이론, 독점자본의 필요성의 산물로 보는 독점자본 이론, 노동의 요구에 따른 산물로 보는 사회민주주의적 이론, 민주정치 과정에서 각종 이익집단 정치의 산물로 보는 이론 및 국가구조의 관리자의 입장으로 보는 국가중심적 이론이 있다(김태성 · 성경륭, 2000).

1) 산업화 이론

산업화 이론은 가장 먼저 등장했고 가장 많이 비판받는 이론으로 산업화의 결과로 새로운 '욕구(needs)'에 대한 대응이 산업화로 인해서 가능해진 '자원(resources)'을 통해서 이루어진 것으로 본다. 산업화 이론에 의하면 복지국가는 산업화로 새롭게 야기된 산업재해, 대규모 실업, 대규모 도시이동으로 인한 도시화에 따른 범죄, 주택문제, 빈곤층 집중현상 등 새로운 기능적 필요에 대한 대응이 산업화로 인해 가능해진 자원을 통해서 성립된다고 설명한다. 즉, 경제성장에 의해 국민의 실질소득이 올라가면 조세부담 능력도 증가해서 사회복지에 사용할 자원을 확보할 수 있게 된다는 것이다. 산업화만 되면 기술발전으로 국가의 지배적 이념과는 상관없이 필요성에 의하여 복지국가의 확대는 필연적이라고 보았다. 그러나 산업화라는 경제적 조건만 갖추어지면 복지국가가 성립되는 것은 아니라는 점에서 비판을 받는다.

2) 독점자본 이론

신마르크스주의에 의하면 복지국가는 자본주의가 자유경쟁적 단계에서 독점단계로 이행한 결과 독점자본이 지속적인 자본축적을 위해서는 더욱 투쟁적으로 되어 가는 노동계급을 어느 정도 회유해야만 하는 필요성에 의해서 성립된 것이다.

3) 사회민주주의 이론

사회민주주의 이론은 서구사회에서 노동운동이 수행한 역할에 초점을 맞추면서 노동계급의 조직화 정도와 조직된 노동세력의 정치적 동원 정도를 그 지표로서 중시한다. 즉, 복지국가의 발전은 노동조합 등을 통해서 노동계급이 얼마나 정치적으로 동원될 수 있는가에 따라 주로 결정된다는 것이다.

4) 이익집단 정치이론

이익집단 정치이론은 산업화 이론의 정치적 측면에 초점을 맞춘다. 이익집단의 정치이론에 의하면 사회복지 발전은 다양한 이익집단 사이의 사회적 자본의 배분을 둘러싼 경쟁이 치열해지고, 이러한 집단들의 정치적 힘이 중요해져서 정치가들이 이들의 요구를 수행하는 데서 나온 결과라고 본다. 이익집단 정치이론은 복지국가의 성립을 전통적 계급 관계를 넘어서 다양한 이익집단들의 정치적 경쟁에 초점을 맞추었다는 점에서 의의가 있다.

5) 국가중심적 이론

다른 이론들이 복지에 대한 수요의 증대에 초점을 두었지만, 국가중심적 이론은 사회복지를 제공하는 공급의 측면에서 복지국가의 성립을 설명한다는 점에서 독특하다. 이 이론은 산업화, 자본의 필요, 노동의 요구, 이익집단 등의 사회복지에 대한 수요가 복지국가의 성립에 영향을 준다는 점을 부인하지는 않으나, 이러한 영향들이 독립적인 국가구조의 매개가 된다는 점을 강조한다.

〈표 7-1〉 복지국가 발전이론

구분	산업화 이론	독점자본 이론	사회민주주의 이론	이익집단 정치이론	국가중심적 이론
정의	산업화가 되면 경제가 성장하고 기술이 발전하며, 자원을 축적시켜 자동적으로복지국가가 된다.	자본주의가 독점자본주의 단계로 가면 계급문제의 해결과 노동력 재생산이 필요하여 복지국가가 된다.	자본과 노동의 정치적인 권력투쟁에서 노동계급의 정치적 세력이 커져서 복지국가가 된다.	다양한 이익집단 사이에 경쟁이 치열해지고, 이익집단의 정치적인 힘이 커져서 복지국가가 된다.	국가 나름대로 사회복지 형태가 필요한 이유를 가지고 적극적으로 공급을 하여 복지국가가 된다.
특징	산업화의 산물이고, 산업화가될수록 발전 • 욕구에 대한 경제적 자원이 있어서 복지국가 가능(사회주의와 다름) • 사회복지를 필연적인 것으로봄(독점자본 이론과 유사)	• 산업화가무시한 계급 갈등,노동력 재생산을 분석하여 복지국가 설명 • 계급을양극화로 봄(자본 대 노동) • 자본소유로부터 나오는 경제적 힘이 지배적인 것으로 봄	• 자본과 노동의 정치적인 권력투쟁에 초점(정치를중요시함) • 노동자 계급의정치적 세력 확대 • 계급구조가 분산, 다양화(중간층 확대)	• 다양한 이익집단의 정치적인 힘에 초점 • 이익집단이더욱 다양화, 세분화됨 • 노인집단으로 가장 잘 설명됨	• 국가의적극적인 역할을 강조 • 각 국가가 갖고 있는 국가구조의 특이성에 의해 결정
국가의 역할	사회복지에 대한 수요의 증대에 의해 이루어짐(소극적 역할)				사회복지를 제공하는 공급에 의해 이루어짐(적극적 역할)
	단순한 시행자	자본가의 하수인	노동자 계급의 타협자	이익집단의 중재자	적극적 공급자
복지국가 확대의 이유	산업화에 대한 필요성	계급갈등과독점자본 축적에 대한 필요성	노동자 계급의 정치적인 힘 증대	이익집단의정치적인 힘 증대	국가들 나름대로 사회복지 확대의 필요성
복지 국가의 주요 대상	노동자 계급 (상대적 불이익집단) –불이익집단의 욕구가 증대되었기 때문	자본계급 (불이익집단을 위한 것이 아님) –자본주의 사회의 경제구조 때문	노동자 계급 (상대적 불이익집단) –불이익집단의 정치적 힘이 커졌기 때문	이익집단 (불이익집단을 위한 것이 아님) –불이익집단의 정치적 힘이 약하기 때문	–
장점	–	• 산업화가 무시한 계급갈등, 노동력재생산을 분석하여복지국가 설명 • 국가의 역할에 대한 이해를 높여 줌	• 산업화이론과 독점자본 이론이 무시한 '정치적' 요소를 강조 • 실증적인 연구를 통한 산업화 이론 비판, 한계 극복	• 자본 대 노동의 관계를 넘어 다양한 집단의 정치적 경쟁을 강조 • 민주주의 제도의 정당정치를 명확히 파악	• 적극적 공급자로서의 국가를 강조함으로써 복지국가 발전의 설명 폭을 넓힘
한계점	• 산업화만 이루면 복지국가로 발전 • 계급갈등과 정치적 변수 무시	• 너무 지나치게 경제적 결정론에 의지 • 민주정치의 여러 행위자의 역할을 무시	• 노동자의 계급의식 동질성이 약함 • 순수 노동자의 지지 세력이 약함	• 정치적으로 다원화된 나라에서만 설명 가능 • 선거정치에 대한 복지국가의 설명 한계	• 각 국가의 특이성 강조로 일반화가 힘듦 • 욕구에 대한 국가의 대응만을 강조

3. 복지국가의 유형화론

복지국가의 유형화에 관한 기존의 연구들을 살펴보면 대략 다섯 가지로 나눠 볼 수 있다(김태성 · 성경륭, 2000).

첫째, 사회복지 지출에 따른 방법이다. 윌렌스키(1975)는 그 나라 GDP에서 차지하는 사회복지 자원의 비율을 토대로 15% 이상이면 선진복지국, 10~15%이면 중위 지출국, 10%가 안 되면 후진복지국가로 구분했다. 이 방법은 복지국가를 유형화하는 데 있어서 가장 쉬운 방법이나 논란도 많다. 각 국가마다 사회복지 지출에 포함되는 항목이 다르고, 사회복지 지출비율이 높고 낮음을 따지는 것이 사회복지 지출의 성격을 구분하지는 못하는 등의 문제점이 있기 때문이다.

둘째, 주요 사회복지 프로그램의 도입시기로 구분하는 방법이다. 독일, 오스트리아, 이탈리아, 프랑스 등 주요 사회복지 프로그램의 도입시기가 빠른 국가들을 '선두주자'로 부른다. 반면 미국, 캐나다, 네덜란드 등은 앞선 국가들보다 적어도 한 세대 후에 프로그램들을 도입했기 때문에 복지후진국이라고 한다(Pierson, 1991). 하지만 이 방법 또한 자료에 따라 특정 국가에서의 특정 프로그램의 최초 도입시기가 다르다는 점과 도입시기가 빠르다고 해서 그 프로그램의 내용이 반드시 더 발전되었다고 볼 수는 없다는 점에서 완전하지 못한 방법이라고 할 수 있다.

셋째, 복지국가 성격의 개념적 분석에 근거한 유형화로, 퍼니스(Furniss)와 틸튼(Tilton)에 의해 촉발되었다. 그들은 사회복지 욕구에 대한 정부의 개입 형태를 국가정책의 목적, 국가정책의 방향 그리고 사회정책의 방향을 기준으로 삼아 ① 조합 지향의 적극적 국가(the corporate-oriented positive state), ② 최소수준 보장의 사회보장국가(the social security state), ③ 철저한 민주주의와 평등주의를 지향하는 사회복지국가(the social welfare state)라는 세 가지 형태의 복지국가 유형을 제시했다(Furniss & Tilton, 1977). 역사적으로 보면 국가개입 유형은 처음 적극국가 모형에서 시작하여 점차 사회보장국가 모형으로 갔다가 다시 사회복지국가 모형으로 지향하고 있는 것이 일반적 추세다. 조합 지향의 적극적 국가에서는 국가와 기업 간의 협동이 중시되며, 복지체계는 시장체계의 기능을 강화하기 위한 사회통제적 성격이 강한 국가로 미국이 대표적이다. 두 번째 유형의 사회보장국가는 국민의 최저생활보장이 중요한 목표이며, 기회의 평등이 강조되는 국가로 영국이 대표적이다. 세 번째 사회복지국가의 대표적 사례는 스웨덴으로, 정부와 노동조합 사이의 협력이 강조되며, 최저 수준을 넘어 삶의 질의 평등을 추구하는 복지체계를 운영한다. 그러나 퍼니스와 틸튼은 서구 선진국을 3등분했지만 적극국가는 복지국가가 아니라고 주장함으로써 복지국가 유형을 결국 2등분했다고 볼 수 있다.

티트머스(Titmuss, 1976)는 복지국가 유형을 가족과 시장의 역할을 강조하며 공적 부조 프로그램을 강조하는 잔여적 유형과 사회복지의 제공이 시장에서의 업적과 밀접한 관계, 즉 시장에서의 직무수행과 생산성의 정도에 따라 차등을 두며 보편적 프로그램을 강조하는 산업적 성취능력(industrial achievement performance) 그리고 국가의 보편적 복지 제공으로 보편적 프로그램을 강조하는 제도적 재분배(institutional redistributive)로 구분했다. 이외에도 조지(George)와 윌딩(Wilding)은 정치적 이념의 차이에 따라 반집합주의, 소극적 집합주의, 페이비언 사회주의, 마르크스주의로 나누었고(George & Wilding, 1976), 미쉬라(Mishra, 1984)는 다원적(분화된) 복지국가와 조합주의적(통합된) 복지국가로 나누었다.

복지국가의 성격을 분석하는 질적 복지국가 유형화론을 한 단계 끌어올린 것은 에스핑-앤더슨(1991)이다. 그는 복지자본주의에 관한 제도주의적 분석을 통해 세 가지 유형의 복지국가를 제시하였다. 에스핑-앤더슨은 국민연금, 질병보험, 실업보험 등 세 개 프로그램들의 탈상품화 지수와 복지정책에 의해 파생되는 사회계층화 지수를 기준으로 복지국가를 다음과 같이 구분했다.

① 자유주의적(liberal) 복지국가: 소득조사에 의한 공적부조 프로그램이 상대적으로 중시, 급여대상의 저소득층에 한정, 사회복지의 확대는 전통적인 자유주의적 노동윤리에 의해 크게 제약을 받았으며, 복지의 한계는 일을 안 하는 경우 복지를 받게 되지만 자격기준은 까다롭고 엄격하여 치욕스러움을 느끼

게 된다. 그 결과 탈상품의 효과는 최소화되고 사회권 영역은 제한되며 다차원의 사회계층체제를 발생시킨다. 미국, 캐나다, 오스트레일리아 등이 포함된다.

② 조합주의적(corporatist) 복지국가: 시장의 효율성과 노동력의 상품화의 문제가 중요하지 않다. 국가가 주된 사회복지 제공자의 역할을 하며 민간보험이나 기업복지의 역할이 상대적으로 덜 강조된다. 영국, 오스트리아, 프랑스, 독일, 이탈리아 등이 포함된다.

③ 사회민주주의적(social democratic) 복지국가: 보편주의 원칙과 사회권을 통한 탈상품화 효과가 커서 새로운 중간층(new middle class)까지 확대하며 최소한의 생활수준의 보장을 넘어 최대한의 수준에서의 평등을 추구하며 복지급여의 수준이 높다. 복지와 일을 적절히 배합하는 완전고용정책을 강조한다. 스웨덴을 비롯한 스칸디나비아 국가들이 포함된다.

에스핑-앤더슨(1990)은 탈상품화 지수를 고안하기 위해 다음의 다섯 가지 변수들을 측정했다.

① 최저급여액의 평균 근로자 임금에 대한 비율

② 국민연금 평균급여액의 평균 근로자 임금에 대한 비율

③ 급여를 받을 수 있는 자격요건(기여연수)

④ 전체 프로그램 재원에서 수급자가 지불한 비율

⑤ 실제 수급자의 비율

이렇게 고안된 탈상품화 지수를 복지국가들에 적용해 본 결과 사회민주적 복지국가 → 보수주의적 조합주의 복지국가 → 자유주의적 복지국가 순으로 탈상품화의 효과가 감소한다는 것이다.

넷째, 복지국가 정책의 결정요인에 근거한 분류방법이다. 이 분류방법은 단순한 연대 구분에 따른 분류가 아니라 연대 차이를 일으킨 요인들을 찾아서 유사한 요인들을 보여 준 나라들을 한데 묶어서 연구하였다. 플로라(Flora)와 앨버(Alber)는 사회복지 프로그램의 도입시기에 영향을 주는 산업화와 도시화의 정도, 노동자 계

급의 정치적 압력의 정도, 입헌군주제냐 아니면 의회민주제냐의 문제에 따라 복지국가를 다음과 같은 다섯 가지 유형으로 구분했다(Flora & Alber, 1981).

① 노동자 계급의 정치적 압력이 강했기 때문에 비교적 일찍 사회보험을 도입했던 국가군 - 스웨덴, 핀란드, 이탈리아

② 산업화의 정도가 높았기 때문에 사회보험을 도입했던 국가군 - 영국, 네덜란드, 벨기에

③ 입헌군주제의 정치체계와 발달된 관료체계가 있었기 때문에 사회보험의 도입이 용이했던 국가군 - 오스트리아, 덴마크, 독일

④ 정권 불안정(잦은 정권교체) 때문에 사회보험 도입이 늦었던 국가군 - 프랑스

⑤ 사회구성원 사이의 큰 문화적 차이 때문에 사회보험이 늦게 시작된 국가군 - 벨기에

한편 윌렌스키(Wilensky)는 사회복지 지출에 영향을 주는 결정요인으로 ① 조합주의의 정도, ② 가톨릭 정당의 세력 정도, ③ 좌익정당 세력의 정도를 들었다(Wilensky, 1981). 이와 함께 그는 사회복지정책이 이루어지는 사회경제상, 구조상의 차이에 따라 ① 민주적 조합주의(오스트리아, 스웨덴, 벨기에, 네덜란드), ② 노동자 계급을 배제한 조합주의(일본, 스위스), ③ 최소조합주의 유형(미국, 영국, 캐나다)으로 구분하기도 하였다(Wilensky, 1987).

다섯째, 복지국가 정책의 내용분석에 따른 유형화 방법은 가장 이상적인 방법으로서, 각 국가가 가지고 있는 복지 프로그램의 내용을 분석하여 그 효과를 분석하고 유형화는 방법이다. 하지만 이 방법은 아직까지 복지 프로그램 효과에 대한 비교연구가 적어 매우 미약한 편이라고 할 수 있다. 레인워터 외(Rainwater et al., 1986)는 ① 사회복지 프로그램의 가입률, ② 급여액의 정도, ③ 사회복지 프로그램의 소득재분배 효과, ④ 빈곤제거율 등의 요소를 기준으로 삼아 스웨덴, 영국, 미국을 중심으로 각각의 특이성을 유형화했다.

연습 문제

CHAPTER 07

01 복지국가 위기론이 등장하게 된 사회경제적 배경으로 볼 수 없는 것은?

① 자유주의 이념의 확산
② 사회보장제도의 민영화 경향
③ 국가의 사회복지서비스에 따른 의존문화의 양산
④ 1970년대 석유파동과 환율체계 붕괴로 나타난 스태그플레이션 현상
⑤ 국가의 재정적 위기

[해설] 사회보장제도의 민영화 경향은 복지국가 위기론이 부각되면서 국가의 재정부담 문제를 해결하기 위한 대안으로 제시되었다.

02 에스핑-앤더슨이 분류한 사회민주주의 복지체제에 관한 설명으로 옳지 않은 것은?

① 대표적인 국가는 스웨덴, 덴마크, 노르웨이 등이다.
② 사회보험원리를 강조하는 복지정책을 주로 활용한다.
③ 적극적인 노동시장정책을 강조한다.
④ 중산층을 중요한 복지의 대상으로 포괄한다.
⑤ 탈상품화의 정도가 매우 높다.

[해설] 사회보험원리를 강조하는 조합주의 복지국가 유형에 해당하는 설명이다.

03 산업화 이론에 대한 설명으로 옳지 않은 것은?

① 산업화 이론의 대표적인 학자로는 윌렌스키(H. Wilensky)가 있다.

② 복지국가는 산업화로 발생된 사회적 욕구에 대한 대응이었다.

③ 산업화 정도와 복지국가의 다양한 제도 형태와의 연계성을 잘 설명해준다.

④ 복지국가의 발전은 산업화로 인한 경제성장과 함께 이루어지는 것으로 본다.

⑤ 복지국가는 산업화의 발전으로 재정적 능력이 향상되어 가능해졌다.

[해설] 산업화 이론은 산업화로 인해 새로운 문제들과 욕구들이 생겨났고, 이러한 새로운 문제들과 욕구들에 대응하면서 사회복지 혹은 복지국가의 발전이 이루어졌다고 설명한다. 산업화 이론은 다양한 제도와 복지 프로그램의 세부적인 내용에 대한 차이를 제대로 설명하지 못하는 한계가 있다.

04 복지국가의 유형화에 대한 설명으로 옳은 것은?

① 조지와 윌딩(V. George & P. Wilding)의 소극적 집합주의: 자본주의 시장체계의 약점을 보완하기 위해 국가개입 인정

② 윌렌스키와 르보(H. Wilensky & C. Lebeaux)의 제도적 모형: 가족이나 시장 등 정상적인 통로가 적절하게 기능하지 못할 때만 보충적 · 임시적 기능 수행

③ 미쉬라(R. Mishra)의 분화적 복지국가: 경제집단의 상호의존성을 인식하여 사회적 협력형태로 제도화 추구

④ 티트머스(R. Timuss)의 산업성취수행 모형: 시장 밖에서 욕구 원칙에 입각하여 보편적 서비스 제공

⑤ 퍼니스와 틸튼(N. Furniss & T. Tilton)의 적극적 국가: 사회보험과 사회부조 실시를 위해 국가개입 인정

[해설] ② 가족이나 시장 등 정상적인 통로가 적절히 기능하지 못할 때에만 보충적 · 임시적 기능을 수행하는 것은 윌렌스키와 르보의 잔여적 모형에 해당한다.
③ 경제집단의 상호의존성을 인식하여 사회적 협력형태로 제도화를 추구하는 것은 미쉬라의 통합적 복지국가에 해당한다.
④ 시장 밖에서 욕구 원칙에 입각하여 보편적 서비스를 제공하는 것은 티트머스의 제도적 재분배 모형에 해당한다.
⑤ 사회보험과 사회부조 실시를 위해 국가개입을 인정하는 것은 퍼니스와 틸튼의 사회보장국가에 해당한다.

05 에스핑-앤더슨의 자유주의적 복지국가 유형에 관한 설명으로 옳은 것을 모두 고른 것은?

① 가, 나　　② 가, 다
③ 나, 라　　④ 다, 라
⑤ 가, 나, 다, 라

[해설] 나. 조합주의적(보수주의적) 복지국가에 해당하는 내용이다.
라. 사회민주주의 복지국가에 해당하는 내용이다.

정답 01 ② 02 ② 03 ③ 04 ① 05 ②

Ⅱ

사회정책의 이해

제08장 사회보장제도의 이해

1. 사회보장의 개념, 목적, 기본이념

1) 사회보장의 개념

일반적으로 현대국가를 복지국가라고 하는데, 복지국가란 사회보장이 잘 갖추어진 국가를 일컫는다. 하지만 사회보장이라는 개념은 국가와 시대나 학자에 따라서 그 의미가 조금씩 다르다. 사회보장을 의미하는 영어 social security의 어원은 Se(without, 해방)+Cura(care, 근심 또는 괴로워하는 것)에서 비롯된 것으로 '불안을 없게 한다'는 뜻이다. 따라서 social security는 사회적 불안을 제거한다는 의미가 된다. 그렇다면 사회적 불안은 어디에서 비롯되며 어떻게 제거하여야 할까?

사회적 불안은 외적의 침입이나 공격과 같이 국가 외부로부터 오기도 하고 범죄나 폭력, 질병이나 장애, 실업과 빈곤 등과 같이 국가 내부 및 여러 가지 위험으로부터 오기도 한다. 이러한 사회적 불안과 관련하여 전자로부터 오는 불안은 대체로 국가가 국방력을 키워서 불안을 제거하였다. 하지만 후자로부터 오는 불안과 관련하여서는 정부의 제도와 정책을 비롯하여 개인 및 사회의 노력을 통하여 해결하였다.

우리나라의 경우에도 과거 농업사회의 전통이 강했던 시절에는 노령이나 장애 혹은 빈곤에서 비롯되는 사회적 불안을 가족이나 친척 혹은 이웃이나 지역사회에서 상부상조하여 해결해 주는 미풍양속이 있었다. 하지만 사회가 산업화되고 도시화되면서 사람들이 일자리를 찾아 쉽게 이동하면서 이러한 전통은 급속하게 무너졌다. 더구나 산업사회에서 정보사회로 패러다임이 전환하면서 노동시장의 불안정, 세계화, 기술혁신, 인구고령화, 여성의 노동시장 참여 증가, 독신과 이혼의 증가 등과 같은 사회경제적 변화가 초래되면서 이러한 문제에 대해 정부가 개입하지 않을 수 없었다. 이처럼 사회보장은 사회적 불안을 제거하기 위한 그 시대와 국가의 해답과 관련된 것이다.

근대적 형태의 사회보장제도는 19세기 말 독일 비스마르크(Bismarck)의 3대 보험에서 비롯되었다(임봉호 외, 2013). 하지만 사회보장이라는 용어는 미국에서 1930년대 대공황을 극복하기 위해서 계획되었던 뉴딜정책을 의회에서 설명하면서 사용되기 시작하였으며, 1935년 사회보장법이 제정되면서 공식적으로 사용되었다(박병현 · 윤성호, 2017).

(1) 협의의 개념

'요람에서 무덤까지'라는 오늘날의 영국 사회보장체계의 기초를 이룩한 베버리지는 베버리지 보고서로 알려진 「사회보험과 관련 서비스(Social Insurance and Allied Services)」에서 "사회보장이란 실업, 질병 또는 부상으로 인하여 수입이 중단된 환경에 대처하며, 노령에 의한 퇴직이나 본인 이외의 자의 사망으로 인한 부양의 상실에 대비하고, 나아가서는 출생, 사망 및 결혼 등에 관련되는 특별한 지출을 보충하기 위한 소득의 보장을 의미한다."라고 하였다. 이처럼 베버리지는 사회보장의 본질을 소득보장에 둠으로써 협의로 정의하였다. 또한 미국 사회보장의 어머니로 불리는 에블린 번스(Eveline Burns)는 "사회보장이란 소득보장계획과 관련된 것으로서 국민의 일부 또는 전부에게 일정 수준의 최저소득을 현금지급 방법으로 보장하는 것을 목적으로 하는 공적 제도"라고 정의하여 사회보장을 금전적 급여를 통해 행해지는 공적 소득보장으로 한정시켰다(박병현 · 윤성호, 2017).

(2) 광의의 개념

국제노동기구는 "사회보장이란 사람들이 살아가면서 직면하는 여러 가지의 위험들(질병, 노령, 실업, 장애, 사망, 출산, 빈곤 등)로 인해 ① 소득이 일시 중단되거나 ② 소득이 장기적 혹은 영원히 없어지거나 ③ 지출이 크게 증가하여 사람들이 이전 수준의 생활을 유지하지 못할 경우, 이전의 생활수준을 유지할 수 있도록 하는 국가의 모든 프로그램을 말한다."고 정의하여 포괄적으로 규정하였다. 또한 1945년 프랑스가 사회보장계획을 수립할 때 노동성 총무장관이었던 삐에르 라로끄(Pierre Laroque)는 사회보장을 "근로자에 대한 생활수단의 영속성 보장이자 최저생활의 보장"이며 더 나아가 "국민적인 연대 책임하에 전체 사회에 대한 모든 사회구성원에 대한 보장"이라고 포괄적으로 정의하였다. 라로끄는 사회보장의 구성요소로 취업의 보장, 소득의 보장, 노동 능력의 보장이라는 세 가지를 들고, 사회보장은 이들 정책의 결합이며 이들의 통일 및 정합(coordination)으로 성립된다고 하였다(박병현 · 윤성호, 2017).

한편 우리나라도 「사회보장기본법」 제3조 제1항에서 "사회보장이란 출산, 양육, 실업, 노령, 장애, 질병, 빈곤 및 사망 등의 사회적 위험으로부터 모든 국민을 보호하고 국민 삶의 질을 향상시키는 데 필요한 소득 · 서비스를 보장하는 사회보험, 공공부조, 사회서비스를 말한다."라고 하여 사회보장의 범위에 사회보험[1], 공공부조[2], 사회서비스[3]를 포함시켰다[4]. 또한 2015년 7월 「사회보장급여의 이용 · 제공 및 수급권자 발굴에 관한 법률(사회보장급여법)」이 시행됨에 따라 그동안 4년마다

1) 사회보험: 국민에게 발생하는 사회적 위험을 보험의 방식으로 대처함으로써 국민의 건강과 소득을 보장하는 제도를 말한다.

2) 공공부조(公共扶助): 국가와 지방자치단체의 책임하에 생활유지 능력이 없거나 생활이 어려운 국민의 최저생활을 보장하고 자립을 지원하는 제도를 말한다.

3) 사회서비스: 국가 · 지방자치단체 및 민간부문의 도움이 필요한 모든 국민에게 복지, 보건의료, 교육, 고용, 주거, 문화, 환경 등의 분야에서 인간다운 생활을 보장하고 상담, 재활, 돌봄, 정보의 제공, 관련 시설의 이용, 역량 개발, 사회참여 지원 등을 통하여 국민의 삶의 질이 향상되도록 지원하는 제도를 말한다.

4) 「사회보장기본법」 제3조에는 사회보장 이외에 평생사회안전망이라는 용어가 정의되어 있는데, '평생사회안전망'이란 생애주기에 걸쳐 보편적으로 충족되어야 하는 기본욕구와 특정한 사회위험에 의하여 발생하는 특수욕구를 동시에 고려하여 소득 · 서비스를 보장하는 맞춤형 사회보장제도를 말한다.

수립되던 지역사회 복지계획이 지역사회 보장계획으로 명칭이 변경되었고 영역도 복지, 보건뿐만 아니라 교육, 고용, 주거, 문화, 주거, 환경 등이 포함되었다. 따라서 중앙정부 차원에서 사회보장 증진을 위한 유관부서(교육부, 고용노동부, 국토교통부, 문화체육부, 환경부 등)의 협력이 강조되고 있으며, 자치단체 차원에서도 지역 여건을 고려하여 유관 영역 간 밀접한 사업수행체계를 마련할 수 있도록 계획수립 및 시행 과정에서 참여를 유도하여야 한다.

2) 사회보장의 목적

사회보장이 추구하는 목적은 기관과 학자에 따라 다양하게 정의되고 있다. 먼저 국제노동기구의 경우 좁은 의미의 목적과 넓은 의미의 목적으로 나누어 제시하고 있는데, 좁은 의미로는 빈곤을 예방하고 빈곤을 줄이는 것이라고 하였으며 넓은 의미로는 개인과 가족의 생활수준과 삶의 질이 사회적 사건 및 경제적 사건 때문에 크게 낮아지지 않을 것이라고 개인 · 가족이 믿게 하는 것이라고 하였다(노병일, 2016, 재인용). 세인스베리(Sainsbury)는 사회보장의 오래된 목적과 최근 목적을 구분하는 것이 유용하다고 주장하면서 오래된 목적은 사회보장제도와 관련된 목적으로 ① 빈곤을 줄인다, ② 사람의 욕구를 충족시킨다, ③ 소득을 유지한다, ④ 보상한다, ⑤ 인구층 사이에 재정적 자원을 재분배한다고 하였다. 그리고 최근 목적은 급여제도를 이용해 새롭고 더 넓은 목적을 추구하는 것으로 ① 일자리를 가지게 한다, ② 소득이 적은 층의 행동을 변화시킨다고 하였다(노병일, 2016, 재인용). 머피(Murphy)는 사회보장의 목적이 ① 질병, 노령, 실업과 같은 사회적 위험에 대처하고, ② 강제저축으로 각 개인의 위험에 대비하며, ③ 소득재분배로 사회의 평등을 지향하고, ④ 개인의 손실을 보상(compensation)하는 데 있다고 하였다(원석조, 2017, 재인용).

이러한 사회보장의 목적을 정리하여 제시하면 다음과 같다[5].

(1) 최저생활의 보장

사회보장제도는 모든 국민이 인간으로서 누릴 수 있는 최저생활을 보장함으로써 국민의 기본욕구를 보장하는 데 목적이 있다. 최저생활의 기준과 관련하여 「사회보장기본법」 제10조 제1항에서 "국가와 지방자치단체는 모든 국민이 건강하고 문화적인 생활을 유지할 수 있도록 사회보장급여의 수준 향상을 위하여 노력하여야 한다."고 규정하고 있다. 하지만 제3항에서 "최저보장수준과 최저임금 등을 고려하여 사회보장급여의 수준을 결정하여야 한다."고 함으로써 사회보장급여 수준이 최저생활의 보장과 관련이 있다는 것을 시사하고 있다. 이러한 최저생활보장은 공공부조제도에 있어서 핵심 원리이기 때문에 사회보장의 구성요소인 공공부조의 생존권 보장이념을 나타내고 있다(박병현 · 윤성호, 2017).

(2) 소득재분배

사회보장제도는 소득불평등과 그로 인한 생활격차를 줄이기 위한 소득재분배를 목적으로 한다[6]. 소득재분배는 사회보장의 기본적이고 중요한 목적으로 소득재분배 효과가 나타나지 않는다면 사회보장으로서 가치가 없다고 할 수 있다. 사회보장제도 중 소득재분배와 관련하여 공공부조제도는 고소득층에서 저소득층으로 소득이 재분배되는 수직적 재분배 효과가 있고, 건강보험제도와 고용보험제도는 소득수준이 비슷한 집단 내의 위험발생에 따른 재분배 형태인 수평적 소득재분배 효과가 있다. 한편 국민건강보험제도는 근로세대와 노령세대 또는 현 세대와 미래세

5) 사회보장의 목적과 관련하여 임봉호 외(2013)는 사회보장제도의 목적으로 ① 기본생활보장, ② 소득재분배, ③ 사회적 연대감의 증대를 들었고, 박병현 · 윤성호(2017)는 사회보장의 기능으로 ① 생존권 보장에 기초한 최저생활보장의 기능, ② 소득재분배의 기능, ③ 정치적 안정의 기능, ④ 연대를 통한 사회통합의 기능을 들었으며, 채구묵(2017)도 사회보장의 기능으로 ① 기본생활보장 기능, ② 소득재분배 기능, ③ 경제적 기능, ④ 사회 · 정치적 기능을 들어 사회보장의 목적과 기능이 혼용되고 있음을 알 수 있다. 본서에서도 이러한 입장을 반영하여 내용을 정리하였다.

6) 서구 선진국의 경우 사회보장의 소득재분배 기능에 의해 소득불평등이 많이 완화되었다(채구묵, 2017).

대 간의 소득을 재분배하는 형태인 세대 간 소득재분배 효과가 있다고 할 수 있다(박병현 · 윤성호, 2017).

(3) 연대를 통한 사회통합

사회보장제도는 사회적 위험에 노출된 사람들에게 필요한 사회보장급여와 서비스를 제공하여 최저생활을 보장하게 해 주는 것은 물론 이들에게 인적자본을 향상시킬 수 있는 기회를 제공하여 경제적 자립을 유도하는 등 사회적 연대를 이끌어 내고 이를 통해 사회를 통합하는 데 목적이 있다. 사회보장제도는 최소생활 보장 및 소득재분배를 통해서 계급 간 갈등과 대립을 완화하며 사회적 위험에 노출된 세력을 체제 내로 편입시켜 정치적 불안정을 해소하고 사회통합을 이루게 한다. 사회보장의 제도화는 사회질서를 위협하는 세력을 통제하고 정치적 급진화를 예방하거나 완화시키는 역할을 한다. 이런 점에서 사회주의자들은 사회보장제도가 자본주의를 몰락시키는 데 방파제역할을 하였다고 주장한다. 즉, 사회보장제도가 사회불만을 분출할 수 있는 출구를 마련해 줌으로써 불만세력들의 응집력을 완화시키는 역할을 수행해 사회주의 건설에 장애요인이 되고 있다는 것이다(채구묵, 2017).

3) 사회보장의 기본이념

「사회보장기본법」 제2조를 보면 "사회보장은 모든 국민이 다양한 사회적 위험으로부터 벗어나 행복하고 인간다운 생활을 향유할 수 있도록 자립을 지원하며, 사회참여 · 자아실현에 필요한 제도와 여건을 조성하여 사회통합과 행복한 복지사회를 실현하는 것을 기본 이념으로 한다."고 규정하고 있다. 이러한 내용을 중심으로 사회보장의 기본이념을 정리하면 다음과 같다.

(1) 행복하고 인간다운 생활 향유

행복하고 인간다운 생활이 무엇인가에 대해서는 다양한 의견이 있을 것이다. 그런데 「사회보장기본법」에서는 그 전제로 다양한 사회적 위험으로부터 벗어나야 한다고 하였다. 사회적 위험과 관련하여 베버리지는 1942년 복지국가 청사진을 제시하면서 나태(idleness), 무지(ignorance), 결핍(want), 불결(squalor), 질병(disease)을 5대 사회악(five giants)이라고 하여 대표적인 사회적 위험으로 규정하였다. 따라서 국민이 행복하고 인간다운 사회생활을 향유하려면 이러한 5대 사회적 위험에서 벗어날 수 있도록 제반 사회보장제도를 우선적으로 마련하여야 한다. 한편 산업이 발전하고 사회가 복잡해짐에 따라 과거와는 다른 새로운 사회적 위험이 출현하고 있다. 즉, ① 고용 불안정성을 높이는 고용패턴의 변화에 따른 노동시장의 위험 확대, ② 가족의 불안정, 직업과 가정 간 양립의 딜레마로 인한 가족위험의 증가, ③ 고령화 등에 따른 생애주기 위험 등이 새로운 위험으로 등장하고 있다(권혁창 외, 2017). 따라서 새로운 위험을 해결하기 위한 방안, 이를테면 교육 및 훈련을 통한 노동시장 재진입 유연성 확보, 일과 가족의 양립을 가능하게 하는 돌봄의 사회화, 생애주기 위험 대응방안 등이 마련되어야 행복하고 인간다운 생활이 이루어질 것이다.

(2) 자립생활

일반적으로 자립이란 신체적, 정신적, 경제적, 사회적으로 다른 사람에게 의존하지 않고 생활하는 것을 말한다. 이러한 자립생활에는 '자기실현', '자기결정', '자기책임', '자기관리', '사회참여'의 관념이 포함되어 있다(정일교 · 김만호, 2016). 사회보장은 자립생활을 지원하여야 한다. 즉, 사회보장을 통해서 개개인은 지역사회에서 주체적 인격자로서 자기실현을 추구하여야 하며, 타인에게 의존하지 않고 본인의 의사에 따라 스스로 선택(결정)하고 그 선택에 대하여 책임을 져야 한다. 또한 사회보장은 개개인이 일상생활 및 사회생활에 필요한 영양 및 건강관리, 대인관계, 안전관리, 시간관리 등 자기관리 능력을 향상시키고 자기실현을 위해 사회참여를 할 수 있도록 지원하여야 한다.

(3) 사회통합

사회통합이란 각각의 구성원이 하나의 통합된 전체로 결합해 가는 과정으로, 다양한 사회집단이나 인종집단으로 결합하여 조화로운 관계를 형성해 가는 과정이라고 할 수 있다(Barker, 1995). 이처럼 사회통합은 각 개인의 존엄성 및 사회공동체의 물질적 · 정신적 풍요를 달성할 수 있도록 모든 사회집단이 조화롭게 살 수 있는 사회의 구현을 담고 있다. 사회통합이란 상호 차이를 가진 사람들이 가치 있는 방법에 의해 지역사회 안에서 인격적인 개인으로서 참여하는 것으로, 통합화의 과정은 개개인이 모든 기회에 공동으로 협력해 갈 가능성을 위한 조건 추구를 지향하는 과정이다. 즉, 사회통합이란 빈부의 격차나 피부색의 차이, 장애나 질병, 정규직 혹은 비정규직, 남녀노소를 떠나 차별 없이 모든 사회활동에 참여하고 더불어 사는 것이며 이렇게 하는 것이 바로 복지사회 실현이라고 할 수 있다.

2. 사회보장의 형태

사회보장의 형태란 사회보장을 제공하는 방법을 의미하는데, 학자에 따라 다양하게 분류하였다. 먼저 베버리지(1942)는 사회보장을 사회보험(social insurance), 국가보조[7](national assistance), 임의보험[8](voluntary insurance)으로 분류하였으며 미국의 저명한 사회보장학자인 레이다(Rejda, 1999)는 사회보험, 공공부조, 보편주의수당[9](universal or demogrant program), 공적 공제기금[10](public provident funds)으로 나누었다. 피터스(Pieters, 2006)는 사회보장을 사회보험, 사회부조(공공부조),

7) 공공부조를 의미한다.

8) 사회보험을 보충하는 것으로, 개인이 기본적인 생활수준에 추가해서 더 높은 수준을 유지하고 할 때 선택할 수 있다(노병일, 2016).

9) 수급자의 소득, 고용, 재산과 관계없이 모든 시민과 주민들에게 현금급여를 제공하는 것으로 재정은 조세로 충당된다(원석조, 2017).

10) 공적인 강제저축제도로 근로자와 사용자가 공동 부담하는 보험료가 개인계좌에 적립되고 가입자가 퇴직하면 개인별로 저축한 적립금 총액과 그 이자수입을 합한 금액을 되돌려주며 가입자가 사망하면 수급권은 유족에게 승계된다. 싱가포르와 말레이시아 그리고 일부 개발도상국가에서 시행하고 있다(원석조, 2017).

사회수당, 사회보상으로 구분하였다. 한편 우리나라의 「사회보장기본법」은 사회보장의 형태를 사회보험, 공공부조, 사회서비스로 구분하고 있다(제3조 제1항).

이러한 내용을 종합해 볼 때 사회보장의 중요한 형태는 사회보험과 공공부조라고 할 수 있다. 따라서 여기서는 사회보험과 공공부조 및 우리나라에서 사회보장으로 포함하고 있는 사회서비스 그리고 2018년부터 도입된 사회수당에 대해서 살펴보기로 한다.

1) 사회보험

사회보험이란 「사회보장기본법」 제3조 제2호에서 규정하고 있는 바와 같이 "국민에게 발생하는 사회적 위험을 보험의 방식으로 대처함으로써 국민의 건강과 소득을 보장하는 제도"를 일컫는다. 이처럼 사회보험은 사회정책을 위한 보험으로 국가가 사회정책을 수행하기 위하여 보험의 원리와 방식을 도입하여 만든 제도이다. 구체적으로 보면 사회보험은 국민을 대상으로 업무상 재해(산업재해보상보험), 질병 혹은 부상(국민건강보험), 노령이나 장애 및 사망(국민연금), 실업(고용보험), 중풍이나 치매(노인장기요양보험) 등으로 인하여 활동능력의 상실과 소득의 감소가 발생하였을 때 보험방식에 의하여 그것을 보장하는 제도이다. 이와 같이 사회보험은 운영과 방법 면에서 보험기술과 원리를 따르고 있다는 점에서 공공부조와 상이하다. 사회보험은 사회의 연대성과 강제성이 적용되며 비영리성을 전제로 한다는 점에서 사보험과는 본질적으로 다른 제도이다.

2) 공공부조

공공부조란 「사회보장기본법」 제3조 제3호에서 규정하고 있는 바와 같이 "국가와 지방자치단체의 책임하에 생활유지 능력이 없거나 생활이 어려운 국민의 최저생활을 보장하고 자립을 지원하는 제도"를 말한다. 공공부조는 스스로 생활을 유지할 능력이 없거나 생활이 어려운 사람들에게 국가나 지방자치단체가 인간다운 생활을 영위할 수 있도록 지원하는 사회복지제도이다.

공공부조에 내재하는 중요한 원칙은 빈곤을 포함하여 제반 사회생활상의 문제를 개인책임으로 하기보다는 사회적 · 국가적 책임으로 한다는 것이다. 공공부조는 과거의 자선과 시혜와 같은 소극적 개념으로부터 급여의 권리성을 인정하는 방향으로 발전되어 왔다. 1999년에 확대 · 개정된 국민기초생활보장제도는 이러한 입장을 반영한다. 즉, 구법인 「생활보호법」에서는 보호대상자, 보호기관 등의 용어가 사용되었으나 「국민기초생활 보장법」에서는 수급권자, 보장기관 등으로 용어가 바뀌어 저소득층의 권리성이 강화되었다. 공공부조제도는 헌법에서 말하는 인간다운 생활을 할 권리를 가진다는 생존권 규정을 구체적이고 직접적으로 실현하는 법적 근거를 제시하는 제도라고 할 수 있다(권경주, 2012).

3) 사회서비스

사회서비스란 「사회보장기본법」 제3조 제4호에서 규정하고 있는 바와 같이 "국가 · 지방자치단체 및 민간부문의 도움이 필요한 모든 국민에게 복지, 보건의료, 교육, 고용, 주거, 문화, 환경 등의 분야에서 인간다운 생활을 보장하고 상담, 재활, 돌봄, 정보의 제공, 관련 시설의 이용, 역량 개발, 사회참여 지원 등을 통하여 국민의 삶의 질이 향상되도록 지원하는 제도"를 말한다. 이처럼 사회서비스는 서비스제공주체가 공공 및 민간부문이며 제공되는 서비스도 물질적 보상과 더불어 비물질적 보상을 내용으로 개별 차원의 서비스를 다양하게 제공한다는 점에서 특징이 있다. 또한 사회서비스 재원은 주로 국가의 일반조세에 의해 충당되나 일부는 본인부담에 의해 충당되는 경우도 있다.

사회서비스는 2007년 사회서비스 전자바우처제도가 도입되면서 그 개념이 우리나라 학계에서 논의되기 시작하였다(최현묵, 2017). 이러한 사회서비스는 서비스 대상에 따라 아동복지, 청소년복지, 여성복지, 노인복지, 장애인복지, 한부모가족복지, 다문화복지 등으로 분류될 수 있으며 대부분 소득보장과 함께 서비스가 제공되는 경우가 많기 때문에 공공부조 프로그램과 그 대상자가 겹치는 경우도 있다(채구묵, 2017).

4) 사회수당

사회수당(social allowance)은 일정한 인구학적 조건만 갖추면(해당 국적을 가진 국민, 해당 국가에 일정 기간 거주한 사람, 아동, 장애인, 노인 등) 기여금을 지불하지 않고 소득조사나 자산조사를 받지 않아도 급여를 지급받는 제도이다(채구묵, 2017). 기여금을 지불하지 않는다는 점에서 공공부조와 같으나 소득조사나 자산조사를 받지 않고 급여를 받을 수 있다는 점에서 공공부조와 다르다. 한편 기여금을 지불하지 않고 급여를 받는다는 점에서 사회보험과 다르며 주로 물질적 보상이 이루어진다는 점에서 사회서비스와 구별된다.

사회수당은 인구학적 조건만 갖추면 모두에게 제공하는 급여라는 점에서 데모그란트(demogrant)라고도 부른다. demogrant란 demograpic(인구학적)+grant(교부금)의 합성어로 인구학적 조건만 갖추면 모두에게 제공하는 사회보장급여로 보편적 프로그램(universal program)이라고도 한다(김기원, 2016). 현재 문재인정부는 2018년 「아동수당법」을 제정하여 그해 9월부터 소득 및 재산 하위 90% 가구의 0~5세 아동에게 아동수당을 지급하였으나 2019년 1월부터는 소득이나 재산에 상관없이 만 6세 미만의 모든 아동에게 아동수당을 지급하였으며 2019년 9월부터는 더 많은 아동이 혜택을 누릴 수 있도록 아동수당 지급 대상을 만 7세미만의 모든 아동으로 확대하였다. 이런 점에서 현재 아동수당은 우리나라 최초의 사회수당이라고 할 수 있다.

3. 사회보험 일반론

1) 정의

사회보험은 19세기 말 노동자의 선거권의 확대와 사회주의 정당의 탄생으로 인해 등장[11)]한 것으로 질병, 장애, 배우자의 사망, 노령을 겪었을 때 현금급여와 의료급여를 제공하기 위해 강제보험방식을 사용하는 것을 말한다. 즉, 사회보험은 사회적 위험에 대처하기 위하여 모든 사람들을 보험에 가입하게 하여 위험발생을 분산시키는 동시에 위험을 공동으로 부담하게 하여 개인의 짐을 덜어주는 것이다. 이처럼 사회보험은 연대(solidarity)를 기초로 한다[12)].

연대를 통한 사회적 위험의 분산과 공동부담은 개인적으로는 물론 국가적으로도 장점이 있다. 즉, 개인적으로는 사회보험 보험료를 부담하면서 기여에 대한 대가로 급여를 수령하기 때문에 공공부조와 같은 낙인감이 없고 본인의 자존감을 지킬 수 있다. 국가적으로도 제도만 만들어 놓으면 비용을 별로 들이지 않고 빈곤을 예방할 수 있다(박병현 · 윤성호, 2017). 이를테면 산업재해보상보험제도의 경우 보험료의 납부자는 사업주이며, 고용보험제도의 경우 고용안정 및 직업능력개발사업 보험료는 사업주가 전액 부담하고 실업급여 보험료는 근로자와 사업주가 각각 절반씩 부담한다. 다만 국민연금제도의 경우 사업장가입자는 근로자와 사용자가 절반씩 부담하고 지역가입자의 경우 본인이 전액을 부담하되 농어민의 경우 일부

11) 영국과 독일에서 노동자 계급에게까지 선거권이 확대되고 그로 인해 사회주의정당이 결성되면서 사회개혁, 즉 사회보험의 도입이 이루어졌다. 영국의 경우 사회보험을 도입한 정당은 자유당이었으나 자유당으로 하여금 사회개혁 조치를 실시하도록 영향력을 행사한 것은 노동당의 창당과 활동이라고 할 수 있다(임봉호 외, 2013).

12) 사회보험과 관련된 연대는 사회적 위험관련 연대(risk solidarity), 소득관련 연대(income solidarity), 범위관련 연대(scope solidarity)를 들 수 있다(이준영 · 김제선, 2012). 사회적 위험관련 연대란 사회적 위험이 발생할 확률이 낮은 사람으로부터 사회적 위험이 발생할 확률이 높은 사람으로 소득이 이전된다는 것이다. 소득관련 연대란 지불능력에 따라 보험료를 차등 부과한다는 것으로 이에 따라 소득이 높은 구성원이 소득이 낮은 구성원을 지원하게 된다는 것이다. 범위관련 연대는 가입자가 받을 수 있는 혜택(entitlement)의 범위 및 가입할 수 있는 회원자격(membership)의 범위와 관련된 것이다

국고보조가 지원된다[13]. 또한 국민건강보험제도의 경우 가입자 및 사용자로부터 징수한 보험료와 국고 및 건강증진기금 등 정부지원금을 재원으로 하고 있으며, 노인장기요양보험제도의 경우에도 가입자의 장기요양보험료와 국가 및 지방자치단체의 부담금 그리고 본인 일부부담금이 있다. 이처럼 사회보험은 근로자와 사업주가 연대를 통해서 부담하는 것을 기본으로 하고 있어서 재정을 확보하기가 비교적 쉽고 정부는 예외적으로 지원하는 제도이기 때문에 국가의 재정부담이 적다.

하지만 신자유주의자들은 사회보험이 사회적 연대(social solidarity)에 기여한다는 전통적인 인식을 부정한다. 오히려 개인을 강제 가입시키는 사회보험은 개인의 책임을 무시하고 선택의 자유를 침해한다고 하였다. 또한 소득재분배 효과에 대해서도 비판적이다. 즉, 일부 사회보험급여가 저소득층에 지급되지만 중상층 가구에 지급되는 액수가 더 많다는 것이다. 연금보험의 경우 고소득층은 평균수명이 길어 더 많은 연금을 받고 건강보험의 경우에도 고소득층은 저소득층에 비해 수진율이 높아 더 많은 혜택을 보며 실업급여의 경우에도 실업 전에 임금이 높았던 사람이 더 많은 실업급여를 받기 때문에 실질적으로는 소득재분배 효과가 없다고 하였다(원석조, 2017).

이러한 논란에도 불구하고 사회보험은 사회보장제도에서 규모가 가장 큰 프로그램으로 사회구성원의 소득을 안정되게 유지하여 빈곤을 예방하는 데 목적이 있다. 즉, 사회보험은 예측할 수 없는 사회적 위험에 대비하여 경제적으로 안정된 생활을 보장함으로써 개인적으로는 가족이 빈곤상태에 빠지는 것을 사전에 방지하고 국가적으로는 경제를 안정시킨다.

13) 정부는 연금운용을 위한 행정적 비용 중 일부도 부담한다.

2) 원칙

사회보험의 원칙은 다음과 같이 정리할 수 있다.

(1) 강제가입의 원칙

민간보험이 개인의 선택에 따라 자유롭게 가입하는 것과 달리 사회보험은 가입요건을 갖추었을 경우 강제적으로 가입하는 것을 원칙으로 하고 있다. 강제적 가입은 필연적으로 사회적 연대를 가져온다. 즉, 강제적 가입은 잘사는 계층과 못사는 계층을 연대하게 하고 위험부담이 높은 계층과 위험부담이 낮은 계층을 연대하게 한다[14]. 산업재해보상보험제도와 고용보험제도 및 실업급여보험은 전자와 관련되어 있고 국민건강보험제도와 노인장기요양보험제도의 경우 후자와 관련이 있다. 한편 개인은 자발적으로 자신의 노후를 준비하지 않는 경향이 있다. 특히 직업을 갖고 있지 않은 배우자와 비정규직 근로자들은 정기적인 소득이 없기 때문에 노후생활을 대비해서 자발적으로 저축을 하기 힘들다. 하지만 강제적인 사회보험제도가 시행될 경우 이들도 노후를 대비할 수 있게 된다. 이 밖에 강제가입은 역선택(adverse selection)[15]의 폐해를 해결할 수 있다. 즉, 정부가 사회보험을 통해 모든 보험대상자들의 가입을 강제할 경우 역선택의 문제를 해결할 수 있다.

(2) 위험분산의 원칙

사회보험은 집단적 대응을 통해서 불확실성을 제거하는 방식으로 위험을 분산시킨다는 측면이 있다. 사회적 위험이 닥쳤을 경우 개인 차원에서 이 문제를 해결하려면 막대한 비용이 수반된다. 하지만 사전에 보험료를 부담하면서 사회적 위험에 대처하는 것을 법적으로 규정한다면 일정 범위의 보장도 받고 공동으로 문제를

14) 일반적으로 저소득층은 보험료 부담능력이 없어 민간보험에서 배제되는 경우가 많은데 사회보험은 연대를 통해서 이 문제를 해결할 수 있다.

15) 비대칭적인 정보 또는 불완전한 정보로 인하여 보험시장에 바람직하지 않은 결과가 초래되는 현상 즉, 보험가입자와 보험회사 간 정보의 비대칭성으로 인해 보험시장에서 고위험집단의 가입률이 높아지고 저위험집단의 가입률이 낮아지는 현상을 말한다(임봉호 외, 2013).

해결해 나갈 수 있기 때문에 개인적인 부담도 줄고 위험이 분산된다고 할 수 있다. 현대 산업사회에서 발생하는 사회적 위험들은 모든 사람에게 똑같이 발생할 확률이 높기 때문에 국가가 제도적으로 사회보험을 통해서 여기에 대처하는 것이 필요하다. 이런 점에서 사회보험은 저축과 성격이 다르다. 위험을 분산하는 방식과 관련하여 저축은 개인적 차원에서 시간적으로 분산하여 대처하는 방식이라면 사회보험은 공동체 차원에서 세대 간 분산을 통해 대처하는 것이다(이준영, 2008).

(3) 사회적 적절성의 원칙

사회적 적절성(social adequacy)이란 모든 사람들이 동일한 결과의 평등을 이루어야 한다는 것은 아니지만 가난한 사람들도 인간답게 살 수 있도록 최소한의 생활수준은 보장해 주어야 한다는 것이다. 따라서 급여의 양과 질이 요구호자들의 최저생활이 유지될 수 있도록 보장되어야 하며 급여는 요구가 지속되는 한 계속해서 지급되어야 한다. 민영보험과 달리 사회보험은 보험금 납부금액에 비례해서 보험급여액을 주는 것이 아니다. 그 이유는 사회보험의 경우 급여가 보험료 납부금액에 비례해서 결정되는 것이 아니라 사회적 적절성의 원칙에 따라 인간의 기본적 욕구를 기반으로 결정되기 때문이다. 따라서 저소득층들은 자신들이 납부한 보험료에 비해 상대적으로 더 많은 급여를 받는다. 그렇다고 사회보험에서 보험료를 적게 납부한 사람들의 보험급여가 보험료를 많이 납부한 사람들의 보험급여보다 절대액수 측면에서 많지 않다.

3) 민간보험과의 비교

사회보험과 민간보험은 19세기 중 · 후반 유럽에서 유행했던 공제조합에 기원을 두고 있는 것으로, 운영과 방법론에서 보험기술과 원리를 따르기 때문에 유사한 점이 있으나 목적과 내용면에서 서로 다른 점이 있다. 또한 양자는 보완적인 관계인 동시에 경쟁관계에 있다(원석조, 2017). 즉, 사회보험은 최저한의 경제적 보장 기능만 수행하고 나머지는 민간보험이 보충하도록 한다는 점에서 보완적이지만 민간보험에서는 건강보험과 연금의 경우 사회보험이 자신들의 영업을 대체한다고 여기기 때문에 경쟁관계에 있다. 이러한 사회보험과 민간보험의 유사점과 차이점을 살펴보면 다음과 같다.

(1) 유사점

사회보험과 민간보험은 우연히 발생하는 사회적 위험(사망, 질병, 장애 등)으로부터 손해를 분산하고 이전하며 급여를 받는다는 점에서 유사한 점이 있다. 이러한 유사점을 구체적으로 살펴보면 다음과 같다(원석조, 2017, 재인용).

① 위험의 이전과 분산을 기한다.

② 가입대상, 급여, 재정 등과 관련된 모든 조건들을 특정화하고 규정한다.

③ 급여자격과 총액에 대한 정확한 수학적 계산을 필요로 한다.

④ 프로그램의 운영에 필요한 비용을 충당하기에 충분한 보험료와 보험금 지급을 전제로 한다.

⑤ 사전에 결정된 급여(predetermined benefits)를 제공한다. 반면에 공공부조 급여는 빈민이란 사실을 증명(demonstrated need)해야 받을 수 있다.

⑥ 가입자의 경제적 보장을 목적으로 한다.

(2) 차이점

사회보험과 민간보험은 유사점이 있기는 하지만 근본적으로 다른 제도이다. 먼저 목적을 보면 사회보험은 사회적 위험에 대한 대응과 소득재분배를 지향하는 비영리적인 사회복지제도이고 민간보험은 이익이 남는 위험만을 상품화하는 등 영리를 지향한다는 점에서 금융제도이다. 가입의 경우에도 사회보험은 강제적(의무적)으로 하여야 하나 민간보험은 자율적(임의적)으로 한다[16]. 강조하는 가치를 보면 사회보험은 사회적 적실성을 강조하여 복지적 요소가 강한 반면 민간보험은 개인적 형평을 강조하여 보험요소가 강하다. 수급권(급여의 근거)을 보면 사회보험은 법에 따라 급여가 결정되는 법적 권리라면 민간보험은 법적 계약에 따라 급여가 결

16) 이러한 이유로 사회보험이 집단보험의 성격을 띤다면 민간보험은 개별보험의 성격을 띤다고 할 수 있다.

정되는 계약적 권리이다. 독점 여부와 관련하여 사회보험은 정부가 독점한다면 민간보험은 민간회사들끼리 자유경쟁을 한다. 재원부담과 관련하여 사회보험의 경우 공동부담의 원칙이 적용된다면 민간보험은 본인부담 위주라고 할 수 있다. 인플레이션(물가가 오르는 것)과 관련하여 사회보험은 물가가 올라서 생긴 손실을 보상하기 위해 정부가 세금을 납부하게 하는 힘을 사용할 수 있으나 민간보험은 그렇지 못하기 때문에 인플레이션 대책에 취약하다고 할 수 있다. 또한 보험사고 대상도 사회보험은 사람중심의 보험이라면 민간보험은 사람뿐만 아니라 건물이나 자동차 등 다양하다.

〈표 8-1〉 사회보험과 민간보험의 차이점

구분	사회보험	민간보험
목적	비영리(사회복지제도)	영리(금융제도)
가입	강제적	자율적
강조하는 가치	사회적 적실성	개인적 형평
수급권	법적 권리	계약적 권리
독점 여부	정부독점	자유경쟁
재원부담	공동부담의 원칙	본인부담 위주
인플레이션대책	가능	취약
보험사고 대상	인(人)보험	인(人)보험, 물(物)보험

연습 문제

CHAPTER 08

01 소득이 높은 사람으로부터 소득이 낮은 사람에게로 소득이 재분배되는 것을 무엇이라고 하는가?

① 수평적 재분배 ② 수직적 재분배
③ 단기적 재분배 ④ 장기적 재분배
⑤ 세대 간 재분배

[해설] 수직적 재분배라고 하며 누진세와 공공부조, 연금, 의료보험 등이 여기에 해당한다.

02 다음 사회보장제도 중 프로그램형태가 다른 것은?

① 국민건강보험 ② 고용보험
③ 국민연금 ④ 국민기초생활보장제도
⑤ 노인장기요양보험

[해설] 국민기초생활보장제도는 공공부조이고 나머지는 사회보험에 해당한다.

03 인구학적 조건만을 고려하여 정해진 급여를 제공하는 사회보장제도는?

① 사회수당 ② 공공부조
③ 기초서비스 ④ 사회보험
⑤ 민간보험

[해설] 일명 데모그란트(demogrant)라고도 하며 문재인정부에서 시행하고 있는 아동수당이 여기에 해당한다.

04 사회보험제도에 관한 설명으로 옳지 않은 것은?

① 사회보험제도는 위험의 분산이라는 보험기술을 사용한다.
② 사회보험 급여를 받을 권리 여부는 자산조사 결과에 근거하여 결정된다.
③ 한국의 사회보험제도는 의무가입 원칙을 적용한다.
④ 사회보험은 위험이전과 위험의 광범위한 공동분담에 기초하고 있다.
⑤ 사회보험은 피보험자의 욕구에 기초하지 않고 사전에 결정된 급여를 제공한다.

[해설] 사회보험 급여를 받을 권리 여부는 기여(contribution) 여부에 따라 결정된다. 자산조사 결과에 근거하여 수급자격이 결정되는 것은 공공부조이다.

05 우리나라 사회보험과 관장부처를 연결한 것 중 틀린 것은?

> 가. 국민건강보험–보건복지부
> 나. 국민연금–고용노동부
> 다. 산업재해보상보험–고용노동부
> 라. 고용보험–보건복지부

① 가, 나, 다
② 가, 다
③ 나, 라
④ 라
⑤ 가, 나, 다, 라

[해설] 국민건강보험, 국민연금, 노인장기요양보험은 보건복지부, 산재보험, 고용보험은 고용노동부에서 관장한다.

정답 01 ② 02 ④ 03 ① 04 ② 05 ③

제09장 빈곤과 공공부조제도

1. 빈곤의 개념과 측정

1) 빈곤의 개념

빈곤을 과학적 관점에서 최초로 유형화시킨 사람은 영국의 부스(Charles Booth)[1]와 라운트리(Seebohm Rowntree)[2]이다(원석조, 2017). 하지만 빈곤은 복합적인 개념

1) 부스는 빈곤층을 빈민(poor)과 극빈층(pauper)으로 구분했다. 빈민이란 규칙적 수입은 있지만 그 수준이 겨우 먹고살 만한 정도에 그치는 경우를 말하고, 극빈층은 불규칙한 노동, 질병, 많은 부양자녀 등으로 인해 빈민보다 더 가난한 경우를 말한다.

2) 라운트리는 빈곤을 1차 빈곤(primary poverty)과 2차 빈곤(secondary poverty)으로 구분하고 1차 빈곤이란 가족의 소득이 신체적 효율성을 유지하기에도 부족한 수준(네 가지 기초생활품인 음식, 연료, 거처, 피복을 구입할 능력도 안 되는 수준)을 말하며, 2차 빈곤이란 네 가지 기초생활품을 구입할 능력은 있지만 소득의 일부를 다른 용도(도박이나 음주에 사용하는 것처럼 소득을 잘못 사용하거나 주거이전, 노조조합비, 통근비, 경조비 등 불가피하게 사용하는 것 포함)로 사용함으로써 빈곤에 빠지는 경우라고 하였다.

[3]으로 상대적[4]이고 점진적[5]이며 다차원적[6]이면서 지속적[7]인 특성을 띠고 있어서(노병일, 2016) 학자마다 다양하게 정의를 내리고 있다. 이러한 빈곤을 크게 나누면 절대적 빈곤과 상대적 빈곤 및 주관적 빈곤으로 나눌 수 있다.

(1) 절대적 빈곤

빈곤의 개념 중에서 가장 보편적으로 사용되며 그 역사도 깊은 절대적 빈곤이란 개인 및 가족이 최저한도의 건강하고 문화적인 생활을 유지하는 데 필요한 의식주 및 기타 생활상 필요한 자원이 결핍되어 인간유기체의 인간다운 생존이 위협받는 상태를 말한다. 즉, 한 개인이나 가구의 소득 또는 지출이 최저생활을 유지하는 데 필요한 생계비에 미달되는 상태를 말한다.

절대적 빈곤은 전문가예산이라고도 하는데, 이는 절대적 빈곤이 주로 빈곤 관련 전문가에 의해 최소한의 생계를 유지하는 데 필요한 재화들이 결정되기 때문이다(이상진, 2017, 재인용). 절대적 빈곤은 흔히 빈곤선(poverty line)이라는 절대적 최저수준에 따라 정의된다. 빈곤선이란 빈곤 여부를 판단할 수 있는 기준으로 우리나라에서는 최저생계비와 유사한 개념으로 사용되고 있다. 이러한 빈곤선은 가격의 변화에만 민감하며 경제수준이나 사회적 변화와는 관련이 없다는 제한점이 있다(이상진, 2017).

절대적 빈곤선을 기준으로 빈곤층을 측정하는 국가로는 우리나라와 미국이 대표적이다. 우리나라의 공식적인 최저생계비의 계측은 한국보건사회연구원에 의해 수행되고 있으며 가구 규모를 고려한 전물량방식으로 계측이 이루어져 신뢰성을 가진 빈곤선으로 간주되고 있다(김영주, 2008).

---

3) 빈곤은 물질적인 여건을 가리키기도 하지만 경제적인 위치나 사회적인 위치를 가리킬 수도 있다(노병일, 2013).

4) 빈곤에 대한 정의는 사람이나 기관마다 차이가 나기 때문에 상대적이라고 할 수 있다.

5) 빈곤의 정도에는 여러 가지가 있고 이러한 정도는 시간에 따라 유동적이기 때문에 점진적이라고 할 수 있다.

6) 빈곤의 유형을 경제적 빈곤, 문화적 빈곤, 인간적 빈곤으로 나눌 수 있다(김기원, 2016).

7) 빈곤을 시간 차원에서 접근할 경우 단기적 빈곤과 장기적 빈곤으로 나눌 수 있다.

(2) 상대적 빈곤

상대적 빈곤이란 다른 사람들과 비교해서 상대적으로 적게 가지고 있는 상태를 의미한다. 상대적 빈곤은 빈곤이 특정 사회에서 상대적으로 정해지며 빈곤의 개념이 사회 · 문화적으로 다를 수 있다는 전제에 기초하고 있다(이상진, 2017, 재인용).

상대적 빈곤을 측정하는 방법으로는 평균소득(mean income)이나 중위소득(median income)의 일정 수준 이하를 빈곤으로 정의[8)]하거나 전체 소득분포.)상에서 일정 수준 이하를 빈곤으로 정의[9)]한다. 이 밖에 상대적 박탈(relative deprivation) 개념을 도입하여 정의[10)]하는 방법이 사용되기도 한다(이두호 외, 1991).

그런데 상대적 빈곤선의 가장 큰 문제는 사람들은 일반적으로 소득수준의 증감을 상대방과 비교해서 판단하는 성향을 띠기 때문에, 예를 들어 전체 소득이 올라간다고 해도 소득불평등도가 높아지면 상대적 빈곤은 악화되고, 이와 반대로 전체 소득이 내려가도 소득불평등도가 낮아지면 상대적 빈곤은 개선될 수 없다는 단점이 있다.

(3) 주관적 빈곤

주관적 빈곤이란 객관적인 기준 없이 사람들의 주관적인 판단에 기초하여 정의되는 빈곤이다. 빈곤을 개개인의 느낌과 욕구에 근거하여 측정하는 것으로 라이덴(Leyden)방식이 대표적이다. 이는 사람들에게 자신들의 상황을 고려할 때 그럭저럭 살아가는 데 소요되는 최소 소득이 얼마인가를 묻고 이를 바탕으로 이 사람들이 판단한 최소 소득과 이들의 실제 소득과의 관계를 분석하여 실제 소득과 그럭저럭 살아가는 데 소요되는 최소 소득이 일치하는 점을 빈곤선으로 결정하는 방식이다(김기원, 2016).

---

8) 타운센드(Townsend)는 평균소득의 80%를 빈곤선으로 책정하고 그 수준에 미달되는 소득자들을 빈민으로 정의하였으며, 레인워터(Rainwater)는 중위소득의 50%를 빈곤선으로 책정하고 그 수준에 미달되는 소득자들을 빈민으로 정의하였다(김기원, 2016).

9) 한 사회의 가계소득을 저소득에서 고소득 순으로 분포시키고 그 가운데 일정한 최저비율(예: 하위 20%)을 정한 후 소득분포상 이 비율 이하의 소득자를 빈민으로 간주하는 것이다(김기원, 2016).

10) 어떤 사람이 그가 거주하는 지역사회의 통상적인 생활양식을 누리고 있지 못하면 그 상태를 빈곤한 것으로 간주하는 것이다(김기원, 2016).

이 방식에 따라 빈곤을 정의하면 자신의 삶에 대한 직접적이고 구체적인 생각을 반영할 수 있다는 장점은 있으나 소득수준이 낮은 사람은 소득보다 높게 응답하고 소득수준이 높은 사람은 소득보다 낮게 응답하는 경향이 있다는 제한점이 있다.

2) 빈곤의 측정

빈곤을 어떻게 측정할 것인가와 관련하여 개인, 가구, 가족으로 구분할 수 있다. 빈곤을 개인들이 경험하는 생존의 문제로 인식하든, 상대적 불평등의 문제로 인식하든 이는 사회개별성원의 안녕을 위협하는 개인 차원의 문제라고 할 수 있다. 이런 점에서 개인을 단위로 하여 빈곤을 측정하는 것이 타당하다. 그러나 일반적으로 소비가 가족 또는 가구를 단위로 이루어지고 있으며 소득이 없는 개인도 가족 또는 가구구성원의 이전소득으로 생활하는 경우도 있다. 따라서 개인단위로 소득 또는 소비의 양을 엄밀히 측정하고 빈곤 여부를 판단한다는 것이 쉬운 일은 아니다. 이런 이유로 가족이나 가구를 단위로 빈곤을 측정한다. 일반적으로 가족은 부부를 중심으로 혈연관계로 이루어진 집단이고 가구는 혈연관계를 넘어 현실적으로 주거 및 생계를 함께 하는 단위를 가리킨다. 이런 이유로 자원을 함께 공유하여 소비하는 기초단위를 설정할 때는 가구를 빈곤의 측정단위로 사용하는 것이 더 적절하다고 할 수 있다(정준수, 2013).

한편 빈곤을 측정할 때 일반적으로 적용할 수 있는 기준으로는 소득과 소비를 들 수 있다. 빈곤을 기본적 욕구를 충족할 수 없는 상태 또는 사회구성원이 전반적으로 누리는 삶의 일정 수준에 도달하지 못하는 상태라고 볼 때 이는 필요한 재화나 물품을 구매할 수 없는 상태를 말한다. 이런 점에서 빈곤은 소득보다 소비와 더 관련이 있다. 소비를 기준으로 할 때 빈곤은 더 직접적으로 측정할 수 있다. 그러나 소비와 관련된 자료보다는 소득과 관련된 자료가 더 많이 존재하고, 대부분의 사람들에게 소득원의 종류가 지출원보다 적기 때문에 소득이 더 정확하게 기억되고 기록되어 있을 가능성이 크므로 소득을 기준으로 빈곤을 측정하고 있다. 또한 소비를 기준으로 할 경우 생계유지 측면보다는 개인적 소비성향이 많이 반영될 수 있기 때문에 소비보다는 소득을 기준으로 빈곤을 측정한다(정준수, 2013).

2. 공공부조제도의 원리

1) 공공부조의 특성

공공부조는 경제적으로 생활이 어려운 사람들을 국가가 도와주는 제도이다. 즉, 공공부조는 근로능력을 상실하여 스스로 자신의 생활을 꾸려나갈 수 없는 빈곤층에게 공공기관이 최소한의 생활을 보장함과 동시에 궁극적으로 이들이 자립할 수 있도록 경제적인 원조 등 각종 서비스를 제공하는 사회복지제도이다. 이러한 공공부조의 특성을 보면 다음과 같다(이수천 외, 2011).

(1) 공공부조는 빈곤에 대한 최후의 국가적 대응책이다

공공부조는 「헌법」에 보장된 공적인 원조 프로그램이다. 공공부조는 국가 및 지방자치단체가 주최가 되어 국민의 최저생활을 보장한다는 점에서 사회를 안정시키는 특징이 있다. 즉, 공공기관의 주관하에 재분배를 통해 극심한 빈부격차와 계층 간의 갈등을 완화하고 사회를 안정화시키는 기능을 수행한다.

(2) 공공부조는 선택주의 제도이다

공공부조는 합법적인 자격요건을 갖춘 자에게 보편적인 급여를 제공하는 사회보험과는 달리 도움이 필요한 사람을 선정 · 개입하기 때문에 선택주의(selectivity)라고 할 수 있다.

(3) 공공부조의 재원은 일반조세이다

공공부조의 재원은 일반조세를 통하여 마련한다. 즉, 공공부조는 조세를 통한 계층 간의 소득이전으로 소득재분배 기능을 도모한다. 특히 중 · 상류층의 조세를 통해 빈곤층과 저소득층을 위한 공공부조제도 재원이 지출됨으로써 계층 간의 소득불균형을 완화하는 효과를 볼 수 있다.

(4) 공공부조는 사후적 대응제도이다

사회보험이 사회적 위험을 예방하기 위한 성격을 가지고 있다면 공공부조는 빈곤 등의 사회적 위험이 발생한 후 이를 해결하기 위한 사후적 대응책이라는 점에서 차이가 있다.

(5) 공공부조의 대상자 선정은 빈곤선을 기준으로 한다

공공부조의 실제적 대상자는 자산 및 실태조사를 통해 법적으로 정한 최저생계비 이하의 무능력자와 생활곤궁자들이다. 따라서 대상자가 공공부조의 혜택을 받기 위해서는 공공기관이 수혜자격 여부를 판정하기 위해 실시하는 조사에 응해야 한다. 조사는 소득과 재산상태를 파악하기 위한 자산조사와 근로능력 유무를 판정하기 위한 실태조사로 구분된다.

(6) 공공부조는 인간다운 삶과 자립 지원을 목적으로 한다

공공부조는 인간다운 생활의 확보와 자립을 지원하기 위한 목적을 가지고 있다. 대표적인 공공부조제도인 국민기초생활보장제도와 의료급여제도는 인간다운 삶을 영위하는 데 있어서 가장 기본이 되는 빈곤과 의료문제에 대한 복지제도이다.

2) 공공부조의 기본원리

공공부조제도는 각국의 정치 · 경제적 상황에 따라 제도가 전개된 과정에 차이를 보이고 있으나 다음과 같은 원리에 바탕을 두고 있다(이수천 외, 2011; 노병일, 2016).

(1) 생존권 보장의 원리

이 원리는 국가가 생활이 빈곤한 국민에 대하여 빈곤의 정도에 따라 필요한 급여를 행하여 최저수준의 생활을 보장해야 한다는 것으로 국민은 국가를 상대로 생존권 보장을 요구할 수 있다. 즉, 이전 「생활보호법」에서는 대상자들이 자선과 시혜대상으로 취급되었지만 「국민기초생활 보장법」이 제정된 이후에는 급여의 권리성을 인정하여 당연히 생존권을 보장받을 수 있도록 하였다.

(2) 국가책임의 원리

이 원리는 모든 국민의 최저생활보장에 대한 책임이 국가에 있다는 것이다. 따라서 국가 및 지방자치단체는 국가발전의 수준에 부응하는 사회보장제도를 확립할 책임이 있고 이에 따라 사회보장제도에 필요한 재원을 조달하여야 한다.「사회보장기본법」 제22조를 보면 "국가와 지방자치단체는 평생사회안전망을 구축 · 운영함에 있어 사회적 취약계층을 위한 공공부조를 마련하여 최저생활을 보장하여야 한다."고 하여 정부의 책임을 규정하고 있다.

(3) 최저생활보장의 원리

이 원리는「국민기초생활 보장법」에 규정되어 있는 최저한의 생활보장, 즉 최저한도의 수요가 충족되는 정도의 생활보장을 모든 국민이 똑같이 누리게 하자는 것이다. 이 경우 최저생활은 건강하고 문화적인 수준을 유지할 수 있는 생활을 말한다.

(4) 무차별평등의 원리

이 원리는 공공부조와 관련된 법이 정한 조건을 충족할 때에는 요보호상태에 빠지게 된 이유, 인종, 성별, 사회적 신분과 상관없이 해당 국민은 공공부조와 관련된 법에서 차별 없이 보호받는 것을 말한다.

(5) 보충성의 원리

이 원리는「국민기초생활 보장법」에 의하여 급여를 받아야 할 사람이 자기의 생활유지를 위해서 개인적으로 가능한 한 모든 수단을 동원하여 노력했음에도 불구하고 최저한도의 생활유지가 어려운 경우 최종적으로 국가가 개입하여 부족한 부분을 보충해 주어야 한다는 것이다.

(6) 자립성장의 원리

이 원리는 국민기초생활보장제도의 수급자가 본인이 가진 가능성을 장려함으로써 수급자가 독자적으로 사회생활에 적응할 수 있게 하는 것을 말한다. 즉, 이 원리는 대상자들이 경제생활을 하는 데 있어서 급여를 받지 않고도 자기 힘으로 정상적인 사회인으로 생활해 나갈 수 있도록 도와주는 것이다.

3. 국민기초생활보장제도

1) 발달과정

국민기초생활보장제도란 생활이 어려운 사람에게 필요한 급여를 실시하여 이들의 최저생활을 보장하고 자활을 돕는 것으로 한국의 대표적인 공공부조제도이다. 이 제도는 1999년에 제정된 「국민기초생활 보장법」에 근거를 두고 있으며, 이와 유사한 제도로는 일제 강점기인 1944년에 공포된 조선구호령과 1961년 제정된 「생활보호법」이 있다.

우리나라에서 근대적 공공부조의 기원은 1944년 3월 1일 조선총독부가 제정·발표한 조선구호령이다. 그러나 조선구호령은 1929년 제정된 일본 구빈법을 그대로 차용한 것[11]으로 빈곤자의 욕구를 해결하는 등 빈곤으로부터 개인을 보호하기 위해서 제정된 것이 아니라 치안 등 질서유지를 통하여 한국의 식민통치를 안정적으로 수행하기 위하여 제정한 것이다(한국법제연구원, 2011). 한편 광복 이후 미군정기간 동안 미군정청은 복지제도 개발을 위한 체계적인 계획이나 관심을 가지고 있지 않았다(채구묵, 2017). 이러한 상황은 1948년 대한민국 정부수립 이후에도 지속되어 「제헌헌법」 제19조에 "노령, 질병, 기타 근로능력이 없는 자는 법률이 정하

11) 조선구호령은 일본의 구빈법을 기초로 하고 모자보호법과 의료보호법을 부분적으로 부가해서 종합화시킨 것이다(박광준, 2015).

는 바에 의하여 국민의 보호를 받는다."라고 하여 국민생존권 보장이 명문화되었지만, 당시 경제 여건상 이를 실현하기 위한 공공부조제도를 마련하기 어려웠다. 1961년 5·16군사쿠데타로 집권한 군사정부는 1961년 제5차 「헌법」을 개정하여 생존권적 기본권(제30조), 인간다운 생활을 할 권리(제30조 제1항), 사회복지의 증진에 노력할 국가의 권리(제30조 제2항)를 신설하였다. 또한 생활유지의 능력이 없거나 생활이 어려운 자에게 최저생활을 보장하고 자활을 조성하기 위한 목적으로 「생활보호법」을 제정[12]하였으나 1969년 「생활보호법 시행령」이 제정될 때까지 생계보호만 부분적으로 실시되었을 뿐 의료보호, 해산보호, 장제보호(이전 상장보호)는 제대로 실시되지 못하였다.

한편 1997년 IMF 외환위기가 발생하자 대량실업과 그로 인한 대량 빈곤문제가 발생하였다. 이에 따라 빈민과 노숙자 및 자살자의 증가, 결식아동의 증가, 가족의 해체 등 사회문제가 확대되자 근로능력이 있는 빈민에 대한 최저생계비 지원책이 절실하였다. 하지만 기존의 생활보호제도는 노인이나 장애인 등 근로무능력자만 지원할 수 있어 사회안전망으로서 제구실을 못하였다. 따라서 근로능력에 관계없이 최저생계비 이하의 저소득층에 대한 기초생활을 국가가 보장할 필요성이 대두되었으며 1999년 9월 「국민기초생활 보장법」을 제정하였고 1년간 준비기간을 거쳐 2000년 10월부터 시행에 들어갔다. 국민기초생활보장제도가 도입된 의의를 보면, 먼저 40년간 유지된 시혜적이며 단순보호 차원의 생활보호제도로부터 저소득층에 대한 국가책임을 강화하는 복지시책으로의 대전환을 의미하며, 보호가 필요한 절대빈곤층의 기초생활을 국가가 보장하되 종합적 자활·자립서비스의 체계적인 지원을 통해 생산적 복지를 구현하는 데 그 의의가 있다.

둘째, 「국민기초생활 보장법」은 최저생활을 보장받을 「헌법」상의 권리를 실체적

12) 근대적 의미의 구빈법이라 불리는 「생활보호법」은 제3조에서 보호대상자의 범위를 ① 65세 이상의 노인, ② 18세 미만의 아동, ③ 임산부, ④ 불구, 폐질, 상이, 기타 정신 또는 신체의 장애로 인하여 근로능력이 없는 자, ⑤ 기타 보호기관이 본 법에 의한 보호를 필요로 한다고 인정하는 자로서 부양의무자가 없거나 부양의무자가 있어도 부양할 능력이 없는 경우의 자로 한정하고, 보호의 종류는 생계보호, 의료보호, 해산보호, 상장보호의 네 가지로 규정하였다.

으로 규정한 법률로서 복지는 국민의 권리이며 국가의 의무로 보는 복지철학으로 대전환하는 계기를 마련하였다. 따라서 수급권은 법적인 권리로서 수급권자로 인정되면 생계급여를 비롯한 일곱 가지 급여가 법규정상 당연히 지급된다.

셋째, 종전의 「생활보호법」에서는 근로능력이 있는 자에게는 생계비를 지원하지 않았으나 「국민기초생활 보장법」에서는 근로능력의 유무에 관계없이 국가의 보호를 필요로 하는 빈곤선 이하의 국민은 최저생활을 보장받게 되었다.

넷째, 기초생활을 권리로서 보장하되 근로능력이 있는 사람에게 노동의 기회를 부여함으로써 개인의 능력을 최대한 발휘하게 하여 개인의 행복추구는 물론 이웃과 사회 그리고 국가에 이바지하는 사회통합을 지향하였다.

이러한 국민기초생활보장제도를 기존의 생활보호제도와 비교하면 다음과 같다.

〈표 9-1〉 생활보호제도와 국민기초생활보장제도 비교

생활보호제도	비교 기준	국민기초생활보장제도
시혜성 보호	법적 성격	국가의 의무이자 시민의 권리
시혜성 용어 –보호자, 보호기관, 보호대상자	법률 용어	권리성 용어 –수급자, 수급권자, 보장기관
인구학적 기준에 의한 대상자 구분(범주적 공공부조) –거택보호자: 18세 미만 아동, 65세 이상 –자활보호자: 인구학적으로 경제활동 가능자	대상자 구분	대상자 구분 폐지(일반적 공공부조) –취업 여부 및 연령에 관계없이 모든 저소득층 ※ 근로능력 있어도 자활조건으로 수급자 가능
소득과 재산 기준의 이원적 기준	소득 · 재산 기준	소득인정액이 최저생계비 이하인 모든 국민(소득인정액 단일 기준) ※ 소득인정액=소득+재산의 소득환산액
부양의무자의 부양 우선	부양의무자 기준	부양의무자 기준을 완화하되 부양의무자의 부양 우선 원칙은 유지

출처: 생각의마을(2019).

한편 기초생활보장제도는 2015년 7월 1일부터 맞춤형 급여체계로 전환되었다.

맞춤형 급여체계는 기초생활수급자의 가구 여건에 맞는 지원을 위하여 생계급여, 의료급여, 주거급여, 교육급여 등 급여별로 선정기준을 다층화하여 지원하는 것이다. 즉, 이전에는 기초생활보장제도의 수급자가 되면 전체 급여를 일괄적으로 받고 수급기준을 벗어나면 모두 받지 못하는 통합 급여체계였으나 맞춤형 급여체계로 전환되면서 개별급여별로 기준을 달리하여 지원하는 방식으로 바뀐 것이다. 또한 급여기준을 기존의 최저생계비에서 중위소득으로 대체하였다[13]. 이에 따라 기존에는 가구의 소득이 최저생계비 이하인 경우에만 생계급여, 의료급여, 주거급여, 교육급여 등 모든 급여를 지원하였지만 맞춤형 급여체계로 바뀌면서부터는 기준중위소득의 일정 비율 이하 대상자에게 해당 급여를 각각 지급하는 방식으로 전환된 것이다. 이 밖에 부양능력 판단기준도 완화되었다. 부양의무자가 수급자를 부양하고도 중위소득 수준의 생활을 유지할 수 있을 만큼 소득이 있는 경우에만 부양능력이 있다고 인정하였고, 교육급여에서는 부양의무자 기준을 폐지하였으며 부양의무자 가구에 중증장애인이 있으면 기준을 추가로 완화하였다.

이러한 개편의 특성은 다음과 같다(신기원 외, 2017).

첫째, 종전의 「생활보호법」의 '보호' 개념에서 '보장' 개념으로 수급권 개념을 명확히 하여 국가책임을 명문화하고, 보장기관, 급여, 쟁송권 등의 개념을 포함시켰다.

둘째, 수급자의 선정기준을 18세 이하 또는 65세 이상의 기준처럼 연령으로 하지 않고 전 국민을 대상으로 최저생활 미달을 기준으로 하여 무차별평등을 원칙으로 하고 있다.

셋째, 대상자 선정기준을 소득인정액이 각 급여 선정기준 이하인 자로 통일하고 지원금액도 소득에 따라 차별 지원하여 형평성을 유지하였다.

---

13) 최저생계비는 최소한의 생활에 필요한 물품의 시장가격을 반영하여 최저생활기준을 결정하는 빈곤선으로 절대빈곤의 개념에 입각한 것이다. 하지만 중위소득은 전체 가구를 소득에 따라 줄을 세웠을 때 중간에 위치하는 가구의 소득으로 중위소득을 공공부조 급여기준으로 삼을 경우 중간소득자의 소득이 향상되면 그만큼 공공부조급여도 자동적으로 올라가므로 상대빈곤 개념이 적용된다고 할 수 있다.

넷째, 긴급복지지원제도가 사후적인 단기간의 긴급대응책이라면 국민기초생활보장제도는 사회적 위험이 발생한 후에 지급하는 사후적이고 장기적인 대응책이다.

다섯째, 재원은 본인의 기여 여부와 관계없이 일반조세(세금)로 마련되므로 소득재분배적인 기능도 있다.

〈표 9-2〉 맞춤형 급여체계로 개편 이전 및 이후

<table>
<tr><th colspan="2">개편 이전</th><th>→</th><th colspan="2">개편 이후</th></tr>
<tr><th>선정 기준</th><th>최대 급여수준(내용)</th><th></th><th>선정 기준</th><th>최저 보장수준</th></tr>
<tr><td rowspan="4">최저생계비</td><td rowspan="2">최저생계비의
80% 수준 현금급여
(현물급여 등 제외)</td><td>생계급여</td><td>중위소득 30%
수준</td><td>중위소득 30% 이상</td></tr>
<tr><td>주거급여</td><td>중위소득 45%
수준</td><td>지역별 기준 임대료</td></tr>
<tr><td>필수 의료서비스의 낮은
본인부담률(현물급여)</td><td>의료급여</td><td>중위소득 40%
수준</td><td>중위소득 40% 이상</td></tr>
<tr><td>수업료, 교과서대 등
(현물급여)</td><td>교육급여</td><td>중위소득 50%
수준</td><td>중위소득 50% 이상</td></tr>
</table>

출처: 생각의마을(2019).

2) 국민기초생활보장제도의 주요 내용과 업무처리 과정

국민기초생활보장제도의 지원대상을 비롯한 선정기준과 급여 등 주요내용을 보면 〈표 9-3〉과 같다.

〈표 9-3〉 국민기초생활보장제도의 주요 내용

구분		내용
지원대상		• 근로능력 여부 · 연령 등에 관계없이 국가의 보장을 필요로 하는 급여 종류별 최저 보장수준 이하의 모든 가구 ※(원칙) 가구 단위 보장, 필요한 경우 개인 단위 보장
신청	신청인	• 신청권자: 수급(권)자 · 친족 · 기타 관계인, 공무원 직권신청(동의 필요) • 신청장소: 읍 · 면사무소 및 동주민센터
	신청서	• 신청서식 –사회보장급여 제공(변경) 신청서(공통서식) –금융정보 등 제공동의서 등 • 구비서류(해당자에 한함) –임대차계약서, 제적등본, 외국인등록사실증명서 등
	처리 기한	• 30일(60일까지 연장가능)
선정 기준	소득 인정액 기준	• 보장가구의 소득인정액이 다음의 급여 종류별 선정기준 이하인 경우 –생계급여: 기준중위소득 30% 이하 –의료급여: 기준중위소득 40% 이하 –주거급여: 기준중위소득 45% 이하 –교육급여: 기준중위소득 50% 이하 ※소득인정액 = 소득평가액 + 재산의 소득환산액
		• 소득평가액 = 실제소득 – 가구 특성별 지출비용 – 근로소득공제 –실제소득: 근로소득, 사업소득, 재산소득, 사전이전소득, 부양비, 공적이전소득, 보장기관확인소득
		• 재산의 소득환산액 = (일반 · 금융재산의 종류별 가액 – 기본 재산액 – 부채 + 자동차 재산가액) × 재산의 종류별 소득환산율 –재산의 종류: 일반재산(주거용 재산), 금융재산, 자동차, 기타 산정되는 재산 –기본 재산액: 급여별 기준금액 차이 • 생계 · 주거 · 교육급여: 대도시(6,900만 원), 중소도시(4,200만 원), 농어촌(3,500만 원) • 의료급여: 대도시(5,400만 원), 중소도시(3,400만 원), 농어촌(2,900만 원) –소득환산율 ㅇ 주거용 재산(월 1.04%) ㅇ 일반재산(월 4.17%) ㅇ 금융재산(월 6.26%) ㅇ 자동차(월 100%)
	부양 의무자 기준	• 범위 –수급권자의 1촌의 직계혈족 및 그 배우자(단, 사망한 1촌의 직계혈족의 배우자는 제외)

<table>
<tr><th colspan="2">구분</th><th>내용</th></tr>
<tr><td>선정 기준</td><td>부양 의무자 기준</td><td>• 부양능력 판정 기본원칙
–부양능력 없음: 수급자로 보장 결정
–부양능력 미약: 부양비 부과를 조건으로 수급자로 보장 결정(단, 부양비 부과로 수급권자 소득인정액이 급여 종류별 선정기준을 초과하는 경우 급여 종류별 선정 제외)
–부양능력 있음: 수급자로 보장 불가
• 부양능력 판정소득액 = 실제소득 − 가구 특성별 지출비용
–실제소득: 근로소득, 사업소득, 재산소득, 공적이전소득(일부)
• 재산의 소득환산액 = (일반 · 금융 · 자동차 재산의 종류별가액 − 기본 재산액 − 부채) ×재산의 종류별 소득환산율
–재산의 종류: 일반재산(주거용 재산), 금융재산, 자동차, 기타 산정되는 재산
–기본 재산액: 대도시(22,800만 원), 중소도시(13,600만 원), 농어촌(10,150만 원)
–소득환산율
○ 주거용 재산(월 1.04%)
○ 일반재산, 금융재산, 자동차, 기타 산정되는 재산(월 2.08%)</td></tr>
<tr><td>조사</td><td>조사내용</td><td>• 수급권자 · 부양의무자의 소득 · 재산
• 부양의무자 유무, 부양능력, 실제부양 여부
• 수급권자의 근로능력 · 취업상태 · 자활욕구 · 주택조사(LH 시행) 등</td></tr>
<tr><td>급여</td><td>종류 및 지원액</td><td>• 생계급여: 기준중위소득 30%에 해당하는 금액과 가구의 소득인정액과의 차액을 지급
• 의료급여: 근로능력 유무에 따라 1종, 2종으로 구분하여 지급
• 주거급여: 국토교통부 장관이 정하는 기준에 따라 지급
• 교육급여: 교육부 장관이 정하는 기준에 따라 입학금, 수업료, 교육활동지원비 지급
• 해산급여: 수급자가 출산 시 1인당 70만 원 지급(단, 교육급여만 받는 수급자는 제외)
• 장제급여: 수급자 사망 시 80만 원을 장제를 실제 행하는 자에게 지급(단, 교육급여만 받는 수급자는 제외)</td></tr>
</table>

출처: 보건복지부. 2021년 국민기초생활보장사업안내.

한편 국민기초생활보장제도는 보건복지부에서 주관하며 실행기관은 각 시 · 군 · 구와 읍 · 면 · 동이다. 보건복지부에서는 전체 제도의 정책적 개선과 예 · 결산 집행 등을 수행하고, 실행기관인 시 · 군 · 구와 읍 · 면 · 동은 실질적인 역할을 수행한다. 실행기관에서 이루어지는 기초생활 업무처리는 ① 급여의 신청, ② 소득 · 재산조사, ③ 급여의 결정 및 통지, ④ 급여의 실시 및 수급자 관리의 순으로 진행되는데, 구체적인 과정은 [그림 9-1]과 같다.

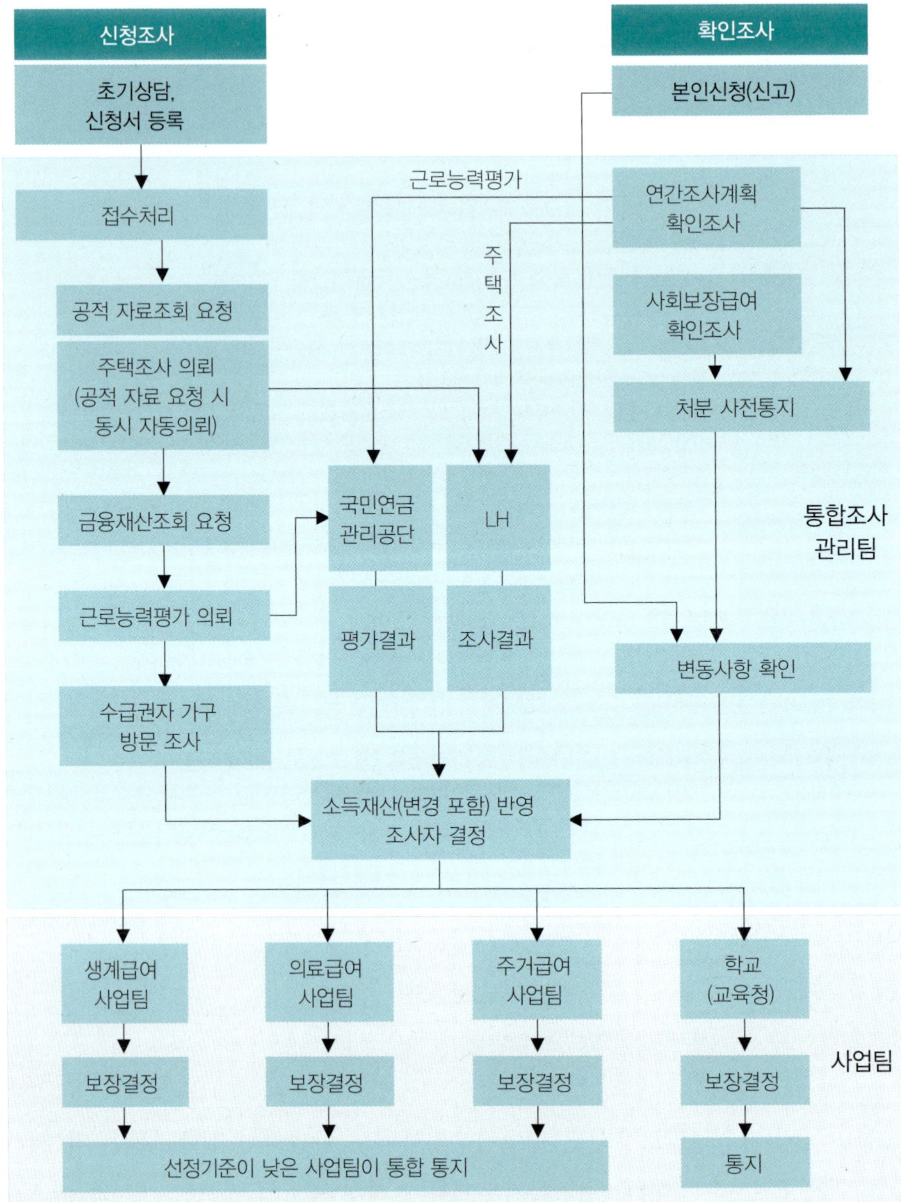

(주)선정 제외(부적합) 또는 보장 중지의 경우 「희망복지지원단 업무안내」에 따라 연계 등 조치
출처: 보건복지부. 2020년 국민기초생활보장사업안내.

[그림 9-1] 업무처리 프로세스

3) 문제점 및 개선방향

국민기초생활보장제도가 과거 생활보장제도에 비하여 대상자격과 급여수준 등에서 진일보하여 빈곤의 사각지대를 해소하고 국민의 최저생활을 보장하였음에도 사회적 통합을 이루어내는 제도로 발전하기 위해서는 개선해야 할 사항이 있다. 국민기초생활보장제도의 문제점과 개선방안을 살펴보면 다음과 같다.

(1) 문제점

첫째, 국민기초생활보장제도의 경우 빈곤에 대한 국가의 책임을 강조하고 최저생활에 대한 권리를 보장하는 데 의의가 있지만 궁극적으로는 수급자의 자립지원을 통해서 탈빈곤할 수 있도록 유도하는 데 그 목적이 있다. 그런데 수급자들이 근로활동을 통해서 소득이 늘어날 경우 소득이 늘어난 만큼 급여가 삭감되어 근로유인 기능이 저하된다. 따라서 빈곤의 함정(poverty trap)[14]이 발생할 수 있다.

둘째, 전달체계 및 제도적인 문제가 있다. 국민기초생활수급과 관련된 공공부조와 사회복지서비스 제공을 위한 전달체계가 행정자치부의 지방행정체계에 편입되어 수행되다 보니 복지서비스가 전문적 · 체계적으로 제공되지 못하고 있다. 또한 해당 업무를 전문적으로 수행하기 위해 읍 · 면 · 동에 사회복지전담공무원을 배치하였는데, 이들이 타 업무를 겸하다 보니 휴먼서비스 제공자로서 정체성 혼란과 업무 과다 및 스트레스로 인한 소진이 매우 심각한 수준인 것으로 나타났다(박병현 · 윤성호, 2017). 한편 지방자치단체의 재정자립도를 고려하지 않고 시 · 도 및 시 · 군 · 구의 재정부담을 일정하게 규정하고 있어 재정자립도가 낮은 시 · 도 및 시 · 군 · 구의 경우 급여제공에 어려움을 겪을 뿐만 아니라 재정자립도가 낮은 지방자치단체가 총재정 대비 공공부조로 지출하는 비율이 높은 역진적 현상마저 나타나고 있다(채구묵, 2017).

14) 빈곤의 함정이란 국민기초생활수급자가 경제활동을 하여 소득이 늘어날 경우 기초생활급여의 일부 또는 전부가 삭감되기 때문에 차라리 일자리를 구하지 않고 빈곤선 아래의 소득을 유지함으로써 국민기초생활급여를 계속적으로 받는 것을 말한다.

(2) 개선방향

앞에서 제시한 문제점을 바탕으로 개선방향을 제시하면 다음과 같다.

첫째, 빈곤의 함정에서 벗어나도록 하기 위해서는 국민기초생활수급자들의 근로의욕 및 자립·재활을 촉진하기 위한 방안이 필요하다. 이를 위해 자활사업 참여를 활성화하고 근로인센티브제 등을 확대하여야 한다. 즉, 자활사업 활성화와 관련하여 보육·간병부담으로 근로활동 참여가 어려운 사람을 위해 보육·간병서비스 등 사회복지서비스를 제공하여야 한다. 또한 현재 근로인센티브제로 기초수급자의 일부(장애인 직업재활, 학생 등)에게 제공하고 있는 자활소득공제의 대상과 공제율을 확대하고, 차상위계층 등 비수급 근로빈곤층에 대해서는 근로장려세제(Earned Income Tax Credit)를 확대·적용하는 방안을 고려하여야 한다.

둘째, 전달체계와 관련하여 중간관리직에 사회복지에 대한 전문성을 갖춘 인물이 충원되도록 노력하여야 하며, 읍·면·동에 사회복지전담공무원을 증원하여 이들이 사회복지업무만을 전담할 수 있도록 하여야 한다. 또한 지방자치단체 재정부담 비율을 지방자치단체의 재정자립도 및 수급자 비율을 고려하여 차등적으로 결정해야 하며, 장기적으로는 중앙정부에서 모든 비용을 부담하여야 할 것이다(채구묵, 2017).

4. 긴급복지지원제도

1) 의의

2005년 대구 불로동 아동 아사 사건을 계기로 제정된 「긴급복지지원법」은 갑작스러운 실직, 휴·폐업, 가정해체 등으로 생계곤란 등의 위기가정에 처하여 도움이 필요한 사람을 신속하게 지원함으로써 이들이 위기가정에서 벗어나 건강하고 인간다운 생활을 하게 하는 것을 목적으로 한다. 이 제도는 위기가정에 놓인 사람들에게 신속한 지원이 이루어질 수 있도록 선지원-후조사의 순으로 절차를 진행하며, 타 법령의 지원[15]을 받을 때까지 일시적으로 지원한다는 데 특징이 있다.

한편 국가 및 지방자치단체는 위기상황에 처한 사람을 찾아내어 최대한 신속하게 필요한 지원을 하도록 노력하여야 하며, 긴급지원의 지원대상 및 소득 또는 재산 기준[16], 지원 종류 · 내용 · 절차와 그 밖에 필요한 사항 등 긴급지원사업에 관하여 적극적으로 안내하여야 한다. 또한 국가 및 지방자치단체는 이 법에 따른 지원 후에도 위기상황이 해소되지 아니하여 계속 지원이 필요한 것으로 판단되는 사람에게는 다른 법률에 따른 구호 · 보호 또는 지원을 받을 수 있도록 노력하여야 하며, 이에 따른 구호 · 보호 또는 지원이 어렵다고 판단되는 경우에는 민간기관 · 단체와의 연계를 통하여 구호 · 보호 또는 지원을 받을 수 있도록 노력하여야 한다(「긴급복지지원법」 제4조). 이러한 노력은 현재 「사회보장급여의 이용 · 제공 및 수급권자 발굴에 관한 법률 시행규칙」 제7조에 따라 읍 · 면 · 동 지역사회보장협의체 위원이 수행하고 있으며[17], 최근에는 명예사회복지공무원도 이와 같은 역할을 수행하고 있다.

2) 긴급지원대상 위기상황

지원대상은 위기상황, 즉 본인 또는 본인과 생계 및 주거를 같이하고 있는 가구 구성원이 다음의 어느 하나에 해당하는 사유로 인하여 생계유지 등이 어렵게 된 경우를 말한다.

---

15) 「재해구호법」, 「국민기초생활 보장법」, 「의료급여법」, 「사회복지사업법」, 「가정폭력방지 및 피해자보호 등에 관한 법률」, 「성폭력방지 및 피해자보호 등에 관한 법률」 등 다른 법률에 따라 이 법에 따른 지원 내용과 동일한 내용의 구호 · 보호 또는 지원을 받고 있는 경우에는 이 법에 따른 지원을 하지 아니한다(「긴급복지지원법」 제3조 제2항).

16) 긴급복지지원대상은 소득 기준으로 기준중위소득 75% 이하이고 재산기준은 대도시 1억 8,800만 원 이하, 중소도시 1억 1,800만 원 이하, 농어촌 1억 100만 원 이하이며, 금융재산은 500만 원 이하이어야 신청이 가능하다.

17) 읍 · 면 · 동 단위 지역사회보장협의체는 관할 지역의 저소득 주민 · 아동 · 노인 · 장애인 · 한부모가족 · 다문화가족 등 사회보장사업에 의한 도움을 필요로 하는 사람을 발굴하는 업무를 지원한다.

① 주소득자가 사망, 가출, 행방불명, 구금시설에 수용되는 등의 사유로 소득을 상실한 경우
② 중한 질병 또는 부상을 당한 경우
③ 가구구성원으로부터 방임(放任) 또는 유기(遺棄)되거나 학대 등을 당한 경우
④ 가정폭력을 당하여 가구구성원과 함께 원만한 가정생활을 하기 곤란하거나 가구구성원으로부터 성폭력을 당한 경우
⑤ 화재 등으로 인하여 거주하는 주택 또는 건물에서 생활하기 곤란하게 된 경우
⑥ 보건복지부령으로 정하는 기준에 따라 지방자치단체의 조례로 정한 사유가 발생한 경우
⑦ 그 밖에 보건복지부 장관이 정하여 고시하는 사유가 발생한 경우

3) 긴급지원절차

긴급지원절차를 보면 [그림 9-2]와 같다.

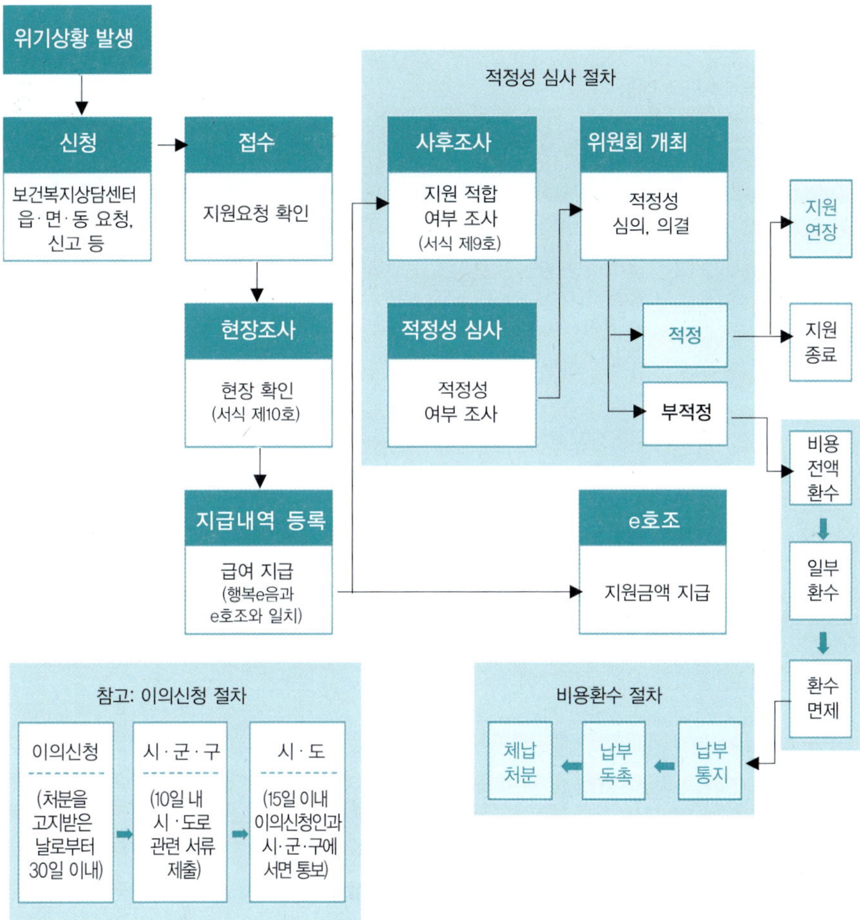

[그림 9-2] 긴급지원절차

4) 긴급지원의 종류 및 내용

긴급복지지원의 종류와 지원내용, 지원금액 및 지원기간을 보면 다음과 같다〈표 9-4〉.

〈표 9-4〉 지원 종류와 그 내용 (2019년 기준)

<table>
<tr><th colspan="3">종류</th><th>지원내용</th><th>지원금액</th><th>최대횟수
(지원기간)</th></tr>
<tr><td rowspan="6">금전 및 현물 지원</td><td rowspan="4">위기 상황 주급여</td><td>생계</td><td>• 식료품비, 의복비 등 1개월 생계유지비</td><td>1,194.9천 원(4인 기준)</td><td>6회</td></tr>
<tr><td>의료</td><td>• 각종 검사, 치료 등 의료서비스 지원
– 300만 원 이내(본인부담금 및 비급여 항목)</td><td>300만 원 이내</td><td>2회</td></tr>
<tr><td>주거</td><td>• 국가 · 지자체 소유 임시거소 제공 또는 타인 소유의 임시거소 제공
– 제공자에게 거소 사용비용 지원</td><td>643.2천 원 이내
(대도시, 4인 기준)</td><td>12회</td></tr>
<tr><td>복지 시설 이용</td><td>• 사회복지시설 입소 또는 이용 서비스 제공
– 시설운영자에게 입소 또는 이용비용 지급</td><td>1,450.5천 원 이내
(4인기준)</td><td>6회</td></tr>
<tr><td rowspan="2">부가 급여</td><td>교육</td><td>• 초·중·고등학생 중 수업료 등이 필요하다고 인정되는 사람 학비 지원</td><td>초등 221.6천 원, 중등 352.7천 원, 고등 432.2천 원 및 수업료 · 입학금</td><td>2회
(주거 4회)</td></tr>
<tr><td>그 밖의 지원</td><td colspan="2">• 위기사유 발생으로 생계유지가 곤란한 자에게 지원
– 동절기(10~3월) 연료비: 98천 원/월
– 해산비(60만 원), 장제비(75만 원), 전기요금(50만 원 이내): 각 1회</td><td>1회
(연료비 6회)</td></tr>
<tr><td colspan="3">민간기관 · 단체 연계지원 등</td><td colspan="2">• 사회복지공동모금회, 대한적십자사 등 민간 프로그램으로 연계
• 상담 등 기타 지원</td><td>횟수 제한 없음</td></tr>
</table>

5. 근로장려금제도와 국민취업지원제도

1) 근로장려금제도

세계적으로 경기침체가 지속되고 경제양극화가 심화됨에 따라 낮은 임금으로 오랜 시간 열심히 일을 함에도 불구하고 생계유지조차 제대로 하기 힘든 저소득 노동자층(working poor) 문제가 사회문제로 대두되고 있다. 이들은 불황기에 실직 등의 문제가 발생하면 곧바로 빈곤층으로 전락할 수 있는 계층이다. 따라서 조세제도를 활용하여 이들의 근로의욕을 고취시켜 일을 통한 빈곤탈출과 빈곤층의 경제적 자립을 지원하는 등 생활을 안정시키기 위한 정부차원의 노력이 필요하다. 근로장려금제도(EITC: Earned Income Tax Credit)란 이처럼 열심히 일은 하지만 소득이 적어 생활이 어려운 근로자 또는 사업자(전문직 제외)가구에 대하여 가구원 구성과 총급여액 등에 따라 산정된 일정자금을 지급함으로써 근로를 장려하고 실질소득을 증가시키는 등 조세제도를 통해 소득재분배 기능을 하는 근로연계형 소득지원 제도를 말한다. 일반적인 소득지원정책은 일을 하더라도 증가된 소득만큼 정부 지원액이 줄어들게 되는 반면, 근로장려금은 일을 통해 소득이 늘어나면 정부 지원액도 늘어난다는 데 특징이 있다. 또한 국민기초생활보장제도는 수급 대상자가 극빈층으로 전락한 후에 지원되는 사후적 보장제도라면, 근로장려금제도는 저소득 근로자의 실질소득을 증가시켜 이들이 극빈층으로 추락하는 것을 미연에 방지하는 능동적 · 예방적 복지제도이다. 이런 점에서 근로장려금은 국민기초생활보장제도보다 오명이 더 적다.

이 제도는 1975년 미국에서 저소득층에 대한 사회보험료 보조의 성격으로 처음 실시되었으며, 영국 · 프랑스 · 캐나다 · 뉴질랜드 등 선진국에서 유사한 제도를 운영하고 있다. 한국에서는 2007년 1월부터 시행된 「조세특례제한법」 개정안에 근로장려세제 조항(100조의2~100조의13)이 신설되었으며, 2008년도 소득을 기준으로 하여 2009년에 아시아 최초로 시행되었다(네이버 지식백과, 두산백과). 이 제도의 도입으로 사회안전망이 2중(사회보험 및 국민기초생활보장제도)에서 3중으로 확충되어 저소득 근로계층의 사회적 보호가 한층 강화되었다고 할 수 있다. 또한 2015년부터는 저소득 근로가구의 부양자녀 양육과 출산 장려 등을 위해 자녀장려세제(CTC: Child Tax Credit)도 시행되었는데, 이에 따라 EITC와 CTC를 합쳐 '근로 · 자녀장려금[18]'이라고 부른다. 근로장려금과 자녀장려금의 구체적인 내용은 아래와 같다〈표 9-5〉.

〈표 9-5〉 근로장려금과 자녀장려금 비교 (2021년 4월 기준)

<table>
<tr><th colspan="2">구분</th><th>근로장려금</th><th>자녀장려금</th></tr>
<tr><td colspan="2">가구원요건</td><td colspan="2">근로장려금 – 2020년 12월31일 현재 근로 · 사업 · 종교인 소득이 있는 거주자
• 단독 가구: 배우자, 부양자녀, 70세 이상 직계존속이 모두 없는 가구
• 홑벌이 가구: 배우자의 총급여액 등이 3백만원 미만이거나, 부양자녀 또는 70세 이상 직계존속이 있는 가구
• 맞벌이 가구: 배우자의 총급여액 등이 3백만 원 이상인 가구
* 18세 미만의 부양자녀(장애인은 연령제한 없음)와 70세 이상의 직계존속은 연간 소득금액 100만원 이하</td></tr>
<tr><td colspan="2">총소득요건
(배우자포함)</td><td>• 단독 가구: 2,000만 원 미만
• 홑벌이 가구: 3,000만 원 미만
• 맞벌이 가구: 3,600만 원 미만</td><td>• 4,000 만원 미만</td></tr>
<tr><td colspan="2">재산요건</td><td colspan="2">2020년 6월1일 현재 가구원 모두의 재산 합산액이 2억 원 미만</td></tr>
<tr><td rowspan="3">지급액</td><td rowspan="3">단독
가구</td><td>총급여액 등이 400만 원 미만일 때:
총급여액 등 X $\frac{150}{400}$</td><td>–</td></tr>
<tr><td>총급여액 등이 400~900만 원 미만일 때: 150만원</td><td>–</td></tr>
<tr><td>총급여액 등이 900~2000만 원 미만일 때: 150만 원 – (총급여액 등 – 900만 원) X $\frac{150}{1100}$</td><td>–</td></tr>
</table>

18) 자녀장려금은 총소득이 기준소득미만이면서 부양자녀(18세 미만)가 있는 가구를 대상으로 지급한다.

구분		근로장려금	자녀장려금
	홑벌이 가구	총급여액 등이 700만 원 미만일 때: 총급여액 등 X $\frac{260}{700}$	총급여액 등이 2,100만 원 미만일 때: 부양자녀수 X 70만 원
	홑벌이 가구	총급여액 등이 700~1,400만 원 미만일 때: 260만 원	총급여액 등이 2,100만 원 이상일 때: 부양자녀수 x [70만 원 – (총급여액 등 – 2,100만 원) X $\frac{20}{1900}$]
	홑벌이 가구	총급여액 등이 1,400~3,000만 원 미만일 때: 206만 원 – (총급여액 등 – 1,400만 원) X $\frac{260}{1600}$	–
	맞벌이 가구	총급여액 등이 800만 원 미만일 때: 총급여액 등 X $\frac{300}{800}$	총급여액 등이 2,500만 원 미만일 때: 부양자녀수 X 70만 원
	맞벌이 가구	총급여액 등이 800~1,700만 원 미만일 때: 300만 원	총급여액 등이 2,500만 원 이상일 때: 부양자녀수 x [70만 원 – (총급여액 등 – 2,500만 원) X $\frac{20}{1500}$]
	맞벌이 가구	송급여액 등이 1,700~3,600만 원 미만일 때: 300만 원 – (총급여액 등 – 1,700만 원) X $\frac{300}{1900}$	
신청 제외		• 2020년 12월 31일 현재 대한민국 국적 미보유자 • 2020년 중 다른 거주자의 부양자녀인 자 • 거주자(배우자 포함)가 전문직 사업을 영위 중인 자	

출처: 생각의마을(2021).

2) 국민취업지원제도

국민취업지원제도는 구직자 취업촉진 및 생활안정에 관한 법률에 따라 2021년부터 시행된 한국형 실업부조로 취업을 원하는 사람에게 취업지원서비스를 종합적으로 제공하고 저소득구직자에게는 생계를 위한 최소한의 소득도 지원하는 제도이다[19].

국민취업지원제도 운영 방향을 보면 다음과 같다.

첫째, 저소득층 소득지원 강화를 들 수 있다. 「구직자 취업촉진 및 생활안정지원에 관한 법률」을 근거하여 저소득 구직자 등 I유형 참여자에게 구직촉진수당(50만원×6개월)을 지급하여 저소득층의 생계 안정을 지원하고 있다.

둘째, 취업지원서비스를 내실화하였다. 직업훈련뿐만 아니라 일경험 프로그램과 고용·복지서비스의 연계성을 높여 수급자의 개인별 취업 장애 요인 해소를 위한 맞춤형 취업지원서비스를 제공하고 있다.

셋째, 구직활동 활성화 방안을 마련하였다. 취업활동계획을 수립하여 구체적인 구직활동을 하도록 의무를 부여하고, 계획대로 활동하고 있는지 점검한 후 구직활동 의무를 성실히 이행한 경우에만 구직촉진수당을 지급하고, 의무를 이행하지 않으면 수당 지급이 제한된다[20].

한편 유형은 두 가지로 분류되며 Ⅰ유형은 '구직촉진수당'과 '취업지원서비스'를 함께 지원하고 Ⅱ유형은 '취업지원서비스'만 제공한다.

19) 국민취업지원제도 참여 자격요건을 갖춘 사람에게 고용복지플러스센터에서 관련 취업지원서비스와 수당(비용)을 지원한다.

20) 취업활동계획을 수립하지 않거나 구직활동 의무를 이행하지 않으면 해당 지급주기의 구직촉진수당 지급이 중단되며, 3회 이상 지급이 중단되면 구직촉진수당 수급권이 소멸된다.

먼저 Ⅰ유형의 지원대상은 요건심사형과 선발형으로 나뉜다. Ⅰ유형의 요건 심사형에 해당하는 지원대상은 15~69세의 구직자 중 소득수준이 가구단위 중위소득 50% 이하이고 재산은 3억 이하이면서 최근 2년 이내 100일 또는 800시간 이상의 취업경험이 있는 사람이다. Ⅰ유형의 선발형에 해당하는 지원대상은 요건심사형 중 취업경험 요건을 충족하지 못한 자이다. 이때 청년(18~34세)은 중위소득의 120% 이하로 완화된 소득기준이 적용된다.

Ⅰ유형 참여자에게는 구직촉진수당(50만 원 X 6개월)과 취업지원서비스를 제공한다. 참여자는 고용센터가 제공하는 취업지원 등 구직활동을 성실히 이행할 경우 구직촉진수당을 받을 수 있다. 취업지원서비스에는 취업활동계획 수립, 직업훈련, 일경험프로그램, 복지서비스연계, 취업 알선 등이 포함된다.

Ⅱ유형의 지원대상은 15~69세이면서 Ⅰ유형에 해당하지 않는 중위소득 60% 이하의 소득수준인 저소득층, 중위소득 100% 이하의 소득 수준에 있는 중장년층(35~69세), 청년(18~34세, 소득무관) 등이다. 이들에게는 구직활동 시 발생 비용의 일부를 취업활동비용으로 지원하고, 취업지원서비스를 제공한다.(생각의 마을, 2021)

연습 문제

CHAPTER 09

01 빈곤에 관한 설명으로 옳은 것을 모두 고른 것은?

> 가. 사회적 배제는 빈곤 · 약탈과 관련된 사회문제를 나타내는 새로운 접근법이다.
> 나. 빈곤율(poverty rate)은 빈곤선 이하의 사람들 간의 소득분포상태를 파악할 수 있는 방법이다.
> 다. 국민기초생활보장제도에서 생계급여 선정기준은 기준 평균소득 30% 이하의 가구이다.
> 라. 상대적 빈곤은 박탈지표방식과 소득 · 지출을 이용한 상대적 추정방식으로 측정할 수 있다.

① 가, 다　　② 가, 라
③ 나, 라　　④ 다, 라
⑤ 가, 나, 다, 라

[해설] 빈곤선을 계산할 때 빈곤선 이하 사람의 숫자만 파악하기 때문에 빈곤선 이하 사람들 사이의 소득차이나 소득분포는 고려되지 않는다. 또한 국민기초생활보장제도에서 생계급여 선정기준은 기준중위소득 30% 이하의 가구이다.

02 공공부조에 있어서 빈곤계층의 가난이 계속되고 희망이 없어져 국가 · 사회적으로 심각한 문제가 되는 현상은?

① 빈곤의 격차 ② 빈곤의 함정
③ 실업의 함정 ④ 열등처우의 원칙
⑤ 소득불평등

[해설] 빈곤의 함정(빈곤의 덫)이란 공공부조대상자가 근로활동을 통해 소득을 빈곤선 이상으로 끌어올리지 않고 지속적으로 빈곤선 이하에 머무르려고 하는 것이다.

03 우리나라 국민기초생활보장제도에 관한 설명으로 옳은 것을 모두 고른 것은?

가. 교육급여는 교육부가 담당하고 자활급여는 고용노동부가 담당한다.
나. 주거급여 지원대상은 중위소득 40% 이하이고 부양의무자 기준을 충족하는 가구이다.
다. 2014년 12월 「국민기초생활 보장법」 개정 이후의 부양의무자 기준이 법 개정 이전보다 강화되었다.
라. 생계급여와 의료급여의 소관부처는 보건복지부이다.

① 가, 나, 다 ② 가, 다
③ 나, 라 ④ 라
⑤ 가, 나, 다, 라

[해설] 2014년 12월「국민기초생활 보장법」 개정으로 이른바 맞춤형제도 개편이 2015년 7월부터 이루어졌다. 그동안 최저생계비를 기준으로 수급자에게 모든 급여를 일괄 지급하던 방식에서 기준중위소득을 기준으로 각 급여마다 기준선을 차등설정(생계급여 30%, 의료급여 40%, 주거급여 45%, 교육급여 50%)하고 교육급여와 주거급여를 관련부처인 교육부와 국토교통부로 이관하였다. 또한 부양의무자 기준을 완화하여 더 많은 사람들이 급여수급권을 얻을 수 있게 하였다.

04 다음 중 긴급복지지원제도에 대한 설명으로 틀린 것은?

① 2006년 3월부터 시행된 한시적인 제도이다.

② 선지원 · 후조사의 형태로 단기간 지원하는 제도이다.

③ 사회복지시설 입소 또는 이용서비스를 제공하기도 한다.

④ 현금급여를 원칙으로 하나 현물지원도 가능하다.

⑤ 난방비, 해산비, 전기요금 등을 지원하기도 한다.

[해설] 긴급복지지원제도는 2005년 제정되어 2006년 한시적으로 시행되었지만 2009년 개정으로 그 이후에도 실시되고 있다.

05 우리나라의 근로장려세제에 관한 설명으로 옳지 않은 것은?

① 조세환급제도의 일종에 해당한다.

② 고용노동부가 주무부처이다.

③ 저소득층의 소득증대와 근로유인을 목표로 한다.

④ 미국의 EITC제도를 모델로 하였다.

⑤ 우리나라 근로장려세제의 모형은 점증구간 · 평탄구간 · 점감구간으로 되어 있다.

[해설] 우리나라에서 2008년부터 시행되었는데 '세제'라는 표현에서 알 수 있듯이 국세청에서 담당하다. 세금을 걷는 것이 아니라 반대로 지원해주기 때문에 마이너스 소득세라고도 한다.

정답 01 ② 02 ② 03 ④ 04 ① 05 ②

제10장 공적연금의 이해

1. 공적연금 일반

1) 의의 및 필요성

공적연금이란 국가 또는 법률로 정한 특수법인이 운영주체가 되는 연금으로 우리나라의 경우 일반 국민을 대상으로 하는 국민연금 · 기초연금과 특수직 종사자를 대상으로 하는 공무원연금 · 군인연금 · 사립학교교직원연금이 있다. 공적연금은 노령 · 사망 · 빈곤 등 각종 사회적 위험으로 인한 경제적 비보장 상태로부터 국민을 보호하고 빈곤을 해소하며 국민생활의 질을 향상시켜 주는 사회보장제도로 산업사회의 구조적인 변화에 대한 정책적 대응으로써 등장했으며, 대개 사회보험의 한 형태로 운영되고 있다.

국가적 차원에서 공적연금이 필요한 이유로는 첫째, 국민 개개인의 미래에 발생할 수 있는 빈곤의 위험을 분산 · 감소시킴으로써 사회적 안전망을 마련하고, 둘째, 공공부조제도에 의존해 최저생계를 보장받으려는 이들로 인해 소득활동을 하는 이들이 타인의 노후생활 비용까지 지불하는 이중부담을 지지 않고 사회 전체가 고루 비용을 부담하게 하며, 셋째, 저소득층에게는 납부한 기여금이나 세금 이상의 급여를 지급하고 빈곤에 빠질 위험이 있는 이들에게는 빈곤해소에 필요한 자금을 지원함으로써 소득재분배를 통해 지나친 계층 간 불평등을 완화하여 사회통합을 증진시킬 수 있다는 점을 꼽을 수 있다(네이버 지식백과, 두산백과).

공적연금은 특히 노령으로 인한 경제적 문제를 해결 또는 완화하는 데 주안점을 두기 때문에 종종 노령연금 또는 퇴직보험이라고도 한다. 현재 전 세계 대부분의 국가들이 공적연금제도를 운영하고 있는데 공적연금체계는 각국의 역사문화적 · 정치적 · 경제적 상황에 따라 상이하게 발달되어 왔다. 우리나라는 국민연금제도(2층)를 중심으로 기여하지 못한 노인까지 포함하는 기초연금(1층)을 도입하고 추가적으로 기업을 통해 퇴직연금을 가입하거나 개인연금을 가입(3층)하도록 유도하고 있다(생각의마을, 2019). 이런 점에서 우리나라의 노후소득보장체계는 완전하지는 않지만 3층 체계라고 볼 수 있다.

한편 공적연금은 공통적으로 다음과 같은 세 가지 특성을 갖고 있다. 첫째, 소득재분배 효과를 지니고 있다. 공적연금에서 소득재분배 정도는 국가별로 다르며 국가 내에서도 동일 제도하에서 제도 유형별로 유형별, 세대별로 다를 수 있지만 대부분의 공적연금제도는 소득이 높은 계층에서 낮은 계층으로 근로계층에서 퇴직계층으로 소득을 이전하는 효과가 있다. 둘째, 가입이 강제화되어 있다. 민간 개인연금에서 가입은 개인의 강제선택에 맡겨져 있지만 공적연금에서 가입은 법에 의해 강제화되어 있다. 셋째, 공적연금은 국가 또는 공공기관에 의해 관리 · 운영되고 있다.

2) 유형

각국의 공적연금제도는 재원의 원천, 연금수급 조건 및 관리주체에 따라 사회부조식 공적연금, 사회보험식 공적연금, 사회수당식 공적연금, 퇴직준비금제도, 강제가입식 개인연금제도로 나눌 수 있다.

(1) 사회부조식 공적연금

이 제도는 자산조사나 소득조사를 통해 일정 기준에 못 미치는 사람에게 연금을 지급하는 것으로 그에 필요한 재원은 일반조세에서 충당하며 연금을 받기 위해 보험가입이나 보험료를 납부할 필요는 없다. 현재 우리나라에서 시행 중인 기초연금과 장애인연금이 여기에 해당된다.

이러한 연금 유형만을 채택하고 있는 국가로 남아프리카공화국, 방글라데시 등이 있으며 호주, 뉴질랜드, 아이슬란드, 홍콩 등 많은 국가들은 이 유형과 다른 유형의 연금을 같이 채택하고 있다(채구묵, 2017).

이 제도의 장점으로는 첫째, 주어진 재원을 빈곤계층만을 대상으로 사용함으로써 재정을 절약할 수 있어 비용 효율성이 높다. 둘째, 주어진 재원을 빈곤계층의 연금 지급에 집중적으로 사용함으로써 연금제도 본연의 목적을 달성할 수 있다. 셋째, 재원은 국민이 납부한 세금으로 조성되는 반면 연금 혜택은 빈곤계층에게만 지급되기 때문에 소득재분배 효과가 크다. 반면 단점으로는 첫째, 빈곤계층에게만 선별적으로 연금이 지급됨으로써 연금수급자들이 낙인(stigma)을 느낄 수 있다. 둘째, 자산조사를 통해 경제적 기여 없이 급여를 제공하기 때문에 연금수급자의 근로의욕이나 저축동기를 약화시키고 자립을 저해할 수 있다. 셋째, 수급자와 납세자 사이의 대립을 유발시켜 사회적 연대의식을 약화시킬 수 있다. 넷째, 아무런 기여 없이 연금을 받기 때문에 연금수급권자의 권리가 구체적 권리가 아닌 일종의 반사적 이익 내지 추상적 권리에 머무를 가능성이 크다(김기원, 2016).

(2) 사회보험식 공적연금

이 제도는 노령, 장애, 사망 등의 사회적 위험에 대비하여 기여금을 지불한 후 일정 기간 이상 가입을 하고 법정 조건에 해당되면 자산조사나 소득조사 없이 연금지급이 이루어지는 것이다. 기여금은 정부의 예산과는 분리된 별도 기금으로 관리되며 소득의 일정 비율로 부과되는 것이 일반적이다. 현재 우리나라에서 소위 4대 공적연금이라고 불리는 국민연금, 공무원연금, 군인연금, 사립학교교직원 연금이 여기에 해당된다.

세계 대부분의 국가에서 이러한 연금 유형을 채택하고 있다.

이 제도의 장점으로는 첫째, 과거 소득에 비례하여 연금급여가 지급되기 때문에 다른 연금급여 수준보다 높아 노후에 안정된 생활을 유지할 수 있다. 둘째, 연금보험료가 주된 재원이기 때문에 재원조달이 용이하고 국가의 재정부담을 경감시킬 수 있다. 셋째, 기여금을 부담하고 급여를 받기 때문에 권리로서 급여를 받을 수 있다. 넷째, 일정 소득이 있어야 가입할 수 있기 때문에 가입자의 근로의욕을 저해하지 않는다. 반면 단점으로는 첫째, 일정 소득이 있는 사람에게만 가입자격이 부여되므로 빈곤층은 연금혜택을 누리지 못한다. 둘째, 본인의 기여금에 근거하여 급여를 제공받기 때문에 소득재분배 효과가 미약하다(김기원, 2016).

(3) 사회수당식 공적연금

이 제도는 일정한 인구학적 조건만 갖추면 기여금을 부담하지 않아도 자산조사나 소득조사 없이 연금지급이 이루어지는 것이다. 재원을 일반조세에서 충당한다는 점에서 사회부조식 공적연금과 비슷하나 소득에 관계없이 모든 국민에게 제공된다는 점에서 차이가 있다. 보다 광범위한 계층에게 연금수급권이 보장된다는 점에서 사회보험식 공적연금과 비슷하나 기여금을 부담하지 않고 연금급여를 받을 수 있다는 점에서 차이가 있다. 우리나라에서 2019년 1월부터 만 5세 아동에게 소득 수준과 상관없이 월 10만 원을 지급하는 아동수당[1]이나 충청남도에서 2018년 11월부터 실시되고 있는 12개월 이하 아기에게 월 10만 원씩 지급하는 아기수당을 들 수 있다.

이러한 연금 유형을 채택하고 있는 국가로 캐나다, 뉴질랜드, 덴마크, 스웨덴, 러시아 등을 들 수 있는데, 대개 이 유형만을 채택하지 않고 다른 유형의 연금을 같이 채택하고 있다(채구묵, 2017).

1) 2019년 9월부터는 초등학교 입학 전인 만 7세(최대 생후 84개월) 아동으로 확대되었다.

이 제도의 장점으로는 첫째, 연금급여가 모든 사람들에게 보편적으로 부여되기 때문에 인간다운 삶을 누릴 수 있다. 둘째, 누구나 연금급여를 받을 수 있기 때문에 사회연대의식이 향상되고 국민통합을 이룰 수 있다. 셋째, 인구사회학적 요건만 갖추면 급여가 제공되기 때문에 자산조사 등 행정비용이 절약되고 관리가 용이하다. 반면 단점으로는 첫째, 빈곤계층에게 연금재원을 집중할 수 없어 빈부격차 해소에 기여하지 못한다. 둘째, 소득수준에 관계없이 보편적으로 연금급여가 이루어지므로 소득재분배 효과가 없다. 셋째, 연금재정을 확보하기 어렵고 국민의 조세부담이 증가할 수 있다(김기원, 2016).

(4) 퇴직준비금제도

이 제도는 각자가 퇴직 이후를 위해 일정 금액을 강제로 적립하는 것으로 급여액은 전적으로 개인이 부담한 기여금과 국가에서 정한 일정한 이자를 합한 금액에 지나지 않는다. 강제가입과 국가관리라는 특성을 제외하면 공적연금으로서의 특성을 거의 갖지 않아 연금제도라기보다는 노령에 대비한 강제가입식 저축제도라고 할 수 있다. 우리나라에서는 현재 「근로자퇴직급여보장법」에 따라 퇴직연금제도를 시행하고 있다.

이러한 연금 유형을 채택하고 있는 국가로 인도, 인도네시아, 말레이시아, 싱가포르, 케냐, 우간다 등을 들 수 있다(채구묵, 2017).

이 제도의 장점으로는 첫째, 납부한 보험료와 이자수입으로 재정이 충당되므로 국가재정 부담이나 국민조세 부담이 없다. 둘째, 납부한 보험료와 이자를 토대로 연금급여가 이루어지기 때문에 재정 불균형이나 재정 고갈을 막을 수 있다. 반면 단점으로는 자신이 납부한 기여금과 이자를 토대로 급여가 이루어지기 때문에 노후소득보장이 약하고 소득재분배 효과도 없으며 사회적 연대를 이루기 어렵다(김기원, 2016).

(5) 강제가입식 개인연금제도

이 제도는 각 개인이 민간의 연금 상품 중 하나를 선택하여 의무적으로 가입하도록 하는 것으로 강제저축의 성격을 갖는다는 점에서 퇴직준비금제도와 유사하지만 급여가 일시금이 아닌 연금 형태로 지급되며 국가에 의해서 독점적으로 관리되는 것이 아니라 다수의 민간금융기관에 의해 경쟁적으로 관리되는 점에서 차이가 있다. 연금급여액은 개인이 부담한 기여금과 기여금의 투자이익을 합산한 액수로 결정되는데, 투자결과에 대한 책임은 전적으로 가입자 개인이 진다.

이러한 연금 유형을 채택하고 있는 국가로 과거에 공적연금 재정의 심각한 위기를 경험했던 칠레, 아르헨티나, 멕시코, 콜롬비아, 페루, 볼리비아 등 중남미 국가들과 자본주의 시장경제체제로 전환하는 과정에서 경제적 어려움을 겪은 헝가리, 폴란드, 불가리아, 슬로바키아, 라트비아 등 동구권 국가들을 들 수 있다(채구묵, 2017).

이 제도의 장점으로는 첫째, 본인이 납부한 기여금과 금융기관에서 운영해 발생한 투자이익으로 재원을 충당하기 때문에 재원 확보에 어려움이 없다. 둘째, 조성된 재원을 통해서 연금이 지급되기 때문에 연금재원의 고갈이나 재정 불균형이 발생하지 않는다. 셋째, 일시금이 아닌 연금 형식으로 급여가 지급되기 때문에 노후에 안정적으로 소득을 보장할 수 있다. 넷째, 연금을 운영할 기관을 가입자 자신이 선택하므로 결과에 대해 정부가 책임을 지지 않는다. 반면 단점으로는 첫째, 가입자 자신의 잘못된 판단이나 결정으로 수익률이 낮은 기관을 선택했을 때 노후 소득이 보장되지 않을 수 있다. 둘째, 물가상승률, 경제성장률, 기대수명 연장 등 미래의 불확실한 위험들에 대해 보전을 받을 수 없다. 셋째, 본인이 납부한 보험료와 투자수익에 의해 연금이 결정되기 때문에 소득재분배 효과가 없다.

2. 연금재정의 운영방식

연금재정의 경우 수급자나 그 유족이 사망할 때까지 장기적이고 안정적으로 재정을 운영하는 방안을 모색해야 한다. 이와 관련하여 연금지출에 필요한 재원을 사전에 미리 적립해야 하는가의 여부에 따라 부과방식(pay-as-you-go system)과 적립방식(fund system)으로 나눌 수 있다.

1) 부과방식

이 방식은 많은 서구국가에서 기본으로 하고 있는 것으로, 현재의 근로세대가 납부하는 보험재정을 현 시점의 퇴직세대의 연금급여 지출에 사용하는 방식이다. 이는 현 근로세대의 퇴직 후 연금급여 지출에 대해서도 미래의 근로세대가 부담할 것이라는 일종의 세대 간 약속에 기반한 방식이라고 할 수 있다. 이러한 재정방식을 택할 경우 다음 연도 연금급여 총액을 추계하여 이를 다음 연도 근로세대에게 부과하기 때문에 미래의 연금급여 지급을 위한 별도의 기금을 축적할 필요가 없다. 부과방식은 노령부양비율(노인인구÷경제활동인구)이 낮고, 근로자의 생산성이 높아 근로자의 실질임금 수준이 높은 사회에서 유리하게 운영될 수 있는 연금방식이다(김기원, 2016).

한편 부과방식은 인구구조의 변화로 인해 발생할 수 있는 위험, 즉 인구학적 위험에 취약하다. 부과방식은 젊은 세대들이 납입한 보험료를 바탕으로 노인세대에게 연금을 지급하는 구조이기 때문에 요즘과 같은 저출산·고령화시대에 부적합하다[2). 저출산·고령화가 지속되어 근로인구가 줄어들고 노령인구가 증가할 경우 공적연금체계는 존립마저 위협받을 수 있기 때문이다. 또한 정치적인 이유로 연금

2) 연금제도를 일찍 도입한 서구국가들은 대부분 젊은 세대가 매우 많고 노인세대가 적을 때 공적연금제도가 시작되었기 때문에 부과방식으로 출발하였다. 당시만 해도 많은 수의 근로세대가 보험료를 조금씩만 내도 노인에게 연금을 지급하는 데 충분했다. 하지만 출산율이 낮아지고 수명이 늘어날수록 부과방식에 대한 우려가 높아지고 있다.

의 급여수준 및 보험료율을 바꾸는 위험, 즉 정치적 위험에 취약하다. 부과방식은 일종의 퇴직세대에 대한 근로세대의 부양이라는 묵시적인 세대 간 계약인데 노령화에 따라 비용부담이 너무 높아지면 세대 간 갈등이 표출되어서 이를 지킬 수 없게 된다. 따라서 계약은 정치적으로 파기되고 결과적으로 연금체계도 유지되기 어렵게 될 것이다. 이런 이유로 부과방식을 채택하고 있는 대부분의 국가는 1~2개월의 급여지출액에 상응하는 기금을 지불준비금으로 보유하고 있으며, 일부 국가는 연간 총급여지출액의 수배에 달하는 기금을 보유하고 있다(채구묵, 2017).

2) 적립방식

이 방식은 현재 근로세대가 납부하는 보험료를 현 근로세대의 퇴직 후 연금급여 지급을 위해 적립하고, 이 재정의 운용을 통한 수익을 포함하여 미래의 재정지출을 사전에 준비하는 방식이다. 따라서 적립방식은 근로시기에 획득한 자신의 소득 일부를 퇴직 후의 시기로 이전시키는 시점 간 재분배 효과를 가져온다고 할 수 있다. 적립방식은 퇴직기간비율(퇴직 후 사망까지의 기간÷경제활동기간)이 낮고, 높은 이자율이 보장되는 사회에서 유리하다.

한편 적립방식은 경기침체나 금융위기 또는 전쟁이나 재난 등과 같은 위험, 즉 세대 간 위험에 취약하다. 경제위기나 국가비상사태가 발생할 경우 이를 세대 간에 분산시킬 수 없기 때문이다. 또한 기금운영과정에서 투자위험에 노출될 수 있다. 적립방식은 적립된 기금을 투자하여 수익을 창출하고 이를 연금지급의 재원으로 사용하는데, 투자대상이 주식이나 펀드일 경우 투자위험은 높아질 수 있다. 이에 따라 투자손실이 발생할 경우 적립기금은 줄어들게 되고 수급권자들의 노후의 삶은 위험에 처할 수 있다. 이런 이유로 적립방식을 채택하는 국가들의 경우 대부분 부분적립방식을 채택하고 있다. 부분적립방식은 현재의 근로세대가 지불한 기여금과 기여금의 투자수익에 의해 퇴직 후 그 세대가 지급받게 되는 연금급여의 상당부분을 충당하도록 하고 나머지는 부과방식에 의해 충당하는 방식이다. 우리나라도 1988년 국민연금제도를 처음 시행하면서 서구국가들의 고민을 반영하여 수정적립방식으로 제도를 설계하였다.

3. 국민연금제도

1) 의의 및 필요성

국민연금은 국민의 노령, 장애 또는 사망에 대하여 연금급여를 실시함으로써 국민의 생활안정과 복지 증진에 이바지하는 것을 목적으로 하는 공적연금으로 보험원리에 따라 운영되는 대표적인 사회보험제도이다. 즉, 가입자와 사용자로부터 일정액의 보험료를 받고, 이를 재원으로 사회적 위험에 노출되어 소득이 중단되거나 상실될 가능성이 있는 사람들에게 다양한 급여를 제공하는 제도이다.

우리나라에서 국민연금제도가 필요한 이유는 다음과 같다(국민연금공단 홈페이지).

첫째, 세계에서 가장 빠르게 노인인구가 늘고 있다. 우리나라는 매우 빠른 속도로 노령화가 진행되고 있다. 이는 생활수준의 향상과 의료기술의 발달로 평균수명이 늘어나고, 출산율은 급속도로 감소하고 있기 때문이다. 우리나라의 65세 이상 노령인구 비율은 2000년 7.2%로 고령화 사회에 진입한 후, 2019년에 고령사회에 진입하였으며, 2026년에는 초고령사회로 진입할 것으로 예상되고 있다. 특히 고령화 사회 → 고령사회 → 초고령사회로의 이행기간이 세계에서 유례를 찾아볼 수 없을 정도로 빠르게 진행되고 있다.

〈표 10-1〉 고령화 속도 국제 비교

구분	프랑스	영국	미국	일본	우리나라
고령사회(A)	115년	46년	72년	24년	18년
초고령사회(B)	39년	53년	18년	11년	8년

(주) A: 고령화 사회(노인인구 비율 7%)에서 고령사회(노인인구 비율 14%)로 진입하는 데 걸린 기간
B: 고령사회(노인인구 비율 14%)에서 초고령사회(노인인구 비율 20%)로 진입하는 데 걸린 기간

둘째, 출산율이 급속하게 떨어지고 있다. 급격한 고령사회가 되어 가는 이유는 평균수명은 늘어난 반면, 신생아 출산율이 빠른 속도로 감소하기 때문이다. 통계

청 자료에 따르면 1980년 2.83명이던 한국의 출산율은 2020년에 0.84명으로 떨어졌으며 이 수치는 세계에서 최하위권에 해당할 뿐만 아니라, OECD 국가의 인구 통계상 최저 수준이다. 고령화 사회로의 진입은 부양해야 할 노령인구가 증가한다는 것을 의미하는데, 통계청의 자료에 따르면 2021년 고령인구는 총인구의 16.5%로 매년 증가하는 추세로 현재 생산가능인구 약 6.5명이 노인 1명을 부양하고 있다. 현재의 저출산이 지속될 경우 베이비붐 세대의 고령인구 진입 및 기대수명 증가로 2030년에는 2.6명이 1명을, 2050년에는 1.4명이 노인 1명을, 2060년에는 1.2명이 1명을 부양해야 하는 실정이다.

셋째, 부모를 모시는 가정이 줄고 있다. 과거에는 평균수명이 짧고 노년인구의 수가 적어 노인은 농경사회 지혜의 원천으로, 대가족 제도의 어른으로 존경의 대상이었다. 그러나 오늘날에는 노년인구가 많아지고 산업화 사회, 핵가족 제도의 영향으로 노인을 존경의 대상보다는 부양의 대상으로 부담스럽게 생각하는 시각이 더 커지고 있다. 통계청 조사에 따르면 경제적인 어려움이 노인들에게 가장 해결이 어려운 문제로 나타나고 있으나 가족구조, 부양의식 변화 등으로 인해 사적 부양의 역할은 축소되고 있다. 따라서 젊고 소득활동 능력이 있을 때 체계적으로 자신의 노후를 준비해야 하며 이러한 맥락에서 대표적인 공적부양제도인 국민연금이 더욱 중요한 역할을 담당할 것이다.

넷째, 스스로 미래를 준비하는 사람이 적다. 가난한 사람은 “지금 먹고살기도 힘든데 무슨 노후준비냐?”며 노후준비를 하지 않게 되고, 젊은 사람들은 “20, 30년 후의 노후준비를 왜 벌써부터 하느냐?”며 노후준비에 대한 인식이 부족하다. 실제로 ‘노후준비방법(19세 이상 가구주 대상)’에 대한 2015년 통계청 사회 조사 결과에 따르면, 응답자의 1/4가량은 노후준비를 전혀 하고 있지 않았고, 그 이유로는 노후준비능력이 없기 때문이라는 응답이 절반가량을 차지하는 것으로 나타났다. 노후준비를 하고 있는 경우에도, 국민연금이나 공무원 · 군인 · 사립학교교직원 연금 등의 공적연금을 이용하는 사람들은 63.6%로, 나머지 1/3 이상은 예금 · 적금 · 저축성보험(17.7%), 사적연금(9.0%), 퇴직금(3.9%) 등에 의존하고 있었다. 특히 60세 이상 가구주의 경우 공적연금 이용 비중은 50% 미만인 것으로 나타났다.

퇴직금 금융소득이나 퇴직금만으로는 노후생활이 어렵고 개인연금제도 또한 대다수가 중도 해지하는 등 노후보장 수단으로는 한계가 있기 때문에 노후빈곤 문제는 앞으로 심각한 사회문제로 대두될 것이다.

다섯째, 증가하는 사회적 위험에 대비한 생계대책이 필요하다. 사고나 질병은 누구에게나 예고 없이 다가온다. 특히 현대사회는 도시화, 산업화로 인해 교통사고나 산업재해 등 각종 사고의 위험이 크게 증가하고 있어 이러한 위험에 대한 대책 마련이 시급하다. 이러한 위험을 개인 또는 가족 스스로 해결하기에는 어려움이 많기 때문에 국가가 나서서 사회구성원 간의 공동체적 연대와 세대 간의 부양 시스템에 기초를 둔 국민연금제도가 필요하다.

2) 국민연금의 발전과정

국민연금제도의 도입과 발전과정은 다음과 같이 3단계로 나눌 수 있다(국민연금공단 홈페이지, http://www.nps.or.kr).

(1) 도입준비 단계(1973년 국민복지연금법 제정)

1960년대 추진된 경제개발계획으로 산업화, 도시화, 핵가족화, 노령화가 빠른 속도로 진행되고, 이로 인해 발생된 사회문제의 해결방안으로 1973년 「국민복지연금법」이 제정 · 공포되었다. 그러나 1973년 발생한 석유파동의 영향에 의한 경제 불황으로 1974년 1월부터 시행 예정이었던 국민연금제도를 무기한 연기하게 되었다. 이후 제6차 경제사회발전 5개년 계획이 실행되고 이 기간 동안 경제가 다시 발전하여 국민부담 능력이 크게 향상됨으로써 국민연금제도 실시를 위한 제반 여건이 성숙되기에 이르렀다.

(2) 도입 및 실시 단계(1986년 「국민연금법」 개정 및 1988년 제도 시행)

노동시장 확대와 계속적인 출생률 저하 등으로 국민연금제도에 대한 필요성이 증가되면서 1986년부터 종전의 국민복지연금제도를 수정 · 보완하였다. 이후 1987년 9월 기금운용 등 효율적 관리 · 운영을 위해 독립기관으로 국민연금공단을 설립하였으며, 1988년 1월부터 상대적으로 관리가 용이한 10인 이상 사업장에 근무하는 18세 이상 60세 미만의 근로자 및 사업주를 우선대상으로 시행하였다.

(3) 확대 단계(1989년부터 현재까지)

이후 국민연금제도는 적용대상 확대라는 일관된 정책 목표하에 포괄되는 가입자 수를 늘려 왔다. 즉, 1992년 1월 1일 상시근로자 5~9명 사업장의 근로자와 사용자를 가입대상으로 포괄한 것을 기점으로, 1995년 7월 1일 농어촌지역(군지역)으로 제도가 확대되었으며, 1995년 8월 4일부터는 상시근로자 5명 이상 사업장의 외국인 근로자 및 사용자에게도 제도를 확대 적용하였다. 한편 1999년 4월 1일부터 도시지역으로 확대 적용됨으로써 비로소 '전 국민 연금 시대'가 열리게 되었다. 또한 2003년 7월 1일부터는 5인 미만의 영세사업장, 근로자 1인 이상 법인, 전문직종 사업장을 포괄함은 물론, 임시 · 일용직과 시간제 근로자의 가입자격을 보다 완화함으로써 명실상부한 보편적 노후소득보장제도로 거듭나게 되었다.

3) 특징

국민연금제도는 다음과 같은 특징을 가지고 있다(김기원, 2016; 국민연금공단 홈페이지, http://www.nps.or.kr).

첫째, 모든 국민이 가입대상으로 강제성이 있다. 국민연금은 '나' 혼자서 대비하기 어려운 생활의 위험을 모든 국민이 연대하여 공동으로 대처하는 '우리'를 위한 제도로 모든 국민이 가입대상이다.

둘째, 소득재분배로 사회통합에 기여한다. 국민연금은 동일한 세대 내의 고소득계층에서 저소득계층으로 소득이 재분배되는 '세대 내 소득재분배' 기능과 미래 세대가 현재의 노인세대를 지원하는 '세대 간 소득재분배' 기능을 동시에 포함하고 있다. 세대 내 소득재분배 기능은 국민연금의 급여산식에서 가입자 전체의 평균소득을 포함시켜 실현되고 있다. 즉, 국민연금은 납입한 보험료 대비 수급하는 연금 급여액(수익비)이 고소득층에 비해 저소득층의 경우 상대적으로 높기 때문에 이러한 세대 내 소득재분배 기능을 통해 소득 계층 간 격차를 줄여 사회통합에 기여한다. 한편 세대 간 소득재분배 기능은 국민연금제도 도입 초기 단계 가입자의 제도 순응성을 높이기 위해 도입하였다. 미래세대는 자신의 노후만을 준비하면 되지만 국민연금 초기 가입자의 경우에는 자신의 노후는 물론 부모 부양이라는 이중부담을 지고 있어 이들의 부담을 완화하기 위해 낮은 보험료에서 출발, 단계적으로 보험료를 높여 가도록 하였다[3]. 이러한 설계로 인해 제도 도입 초기 가입자의 수익비가 연금제도가 성숙한 이후 세대의 수익비보다 높아지게 되었다[4].

셋째, 국가가 망하지 않는 한 연금은 반드시 받는다. 국민연금은 국가가 최종적으로 지급을 보장하기 때문에 국가가 존속하는 한 반드시 지급된다. 설령 적립된 기금이 모두 소진된다 하더라도 그해 연금지급에 필요한 재원을 그해에 걷어 지급하는 이른바 부과방식으로 전환해서라도 연금을 지급한다. 우리보다 먼저 국민연금과 같은 공적연금제도를 시행한 선진 복지국가들도 초기에는 기금을 적립하여 운영하다가 연금제도가 성숙되면서 부과방식으로 변경했다. 현재 전 세계적으로 공적연금제도를 실시하고 있는 나라는 170여 개국에 달하지만 연금지급을 중단한 예는 한 곳도 없다.

넷째, 노령연금 이외에도 장애연금, 유족연금 그리고 반환일시금과 사망일시금의 다양한 혜택이 있다. 국민연금급여는 법정급여로 퇴직 이후는 물론 가입 중 발생한 질병이나 부상에 따른 장애 그리고 사망할 경우 유족들의 생활을 돕기 위한 연금이다.

다섯째, 물가가 오른 만큼 받는 연금액도 많아진다. 국민연금은 물가가 오르더라도 실질가치가 항상 보장된다. 처음 연금을 지급할 때는 과거 보험료 납부소득에 연도별 재평가율을 적용하여 현재가치로 재평가하여 계산한다. 예를 들어 1988년도에 100만 원의 소득으로 국민연금에 가입되었다면 이를 2019년 현재가치로

3) 우리보다 연금제도를 먼저 시행한 외국의 경우에도 초기 가입자의 부담을 완화하기 위해 낮은 보험료에서 출발하여 경제 발전 정도, 부담능력, 연금재정 상태 등을 종합적으로 고려해 연금보험료를 높였다(미국 2% →12.4%, 독일 5% →18.9%).

4) 예를 들어, 국민연금가입자가 매년 국민연금가입자의 평균소득을 기준소득월액으로 1988년부터 30년 동안 보험료를 납부한다고 가정하면 이 사람의 수익비는 2.8인 반면, 1999년부터 30년 동안 가입한 동일소득 가입자의 수익비는 2.0이 된다.

재평가하면 약 629만 원의 소득액으로 인정하여 국민연금을 계산한다. 또 국민연금은 연금을 받기 시작한 이후 매년 1월부터 전년도의 전국소비자물가변동률에 따라 연금액을 조정하여 지급한다.

여섯째, 단일주체 운영방식을 채택하고 있다. 국민연금제도는 「국민연금법」에 근거하여 국민연금사업을 보건복지부 장관이 맡아서 주관하도록 되어 있다. 그런데 보건복지부 장관은 이를 직접 운영하지 않고 국민연금공단이라는 특수공법인을 설립하여 보험사업을 위탁운영하고 있다.

일곱째, 재원은 공적 자원과 사적 자원이 혼합되어 있다. 즉, 국민연금의 재원은 피용자와 사용자의 보험료(단, 자영업자 본인 전액부담) 및 관리 · 운영비에 대한 정부의 보조금으로 이루어졌다.

여덟째, 수급권자의 연금수급권을 보호하기 위한 장치를 마련하고 있다. 「국민연금법」은 국민연금의 급여를 받을 권리는 양도 · 압류되거나 담보로 제공할 수 없으며, 수급권자에게 지급된 급여로서 대통령령으로 정하는 금액 이하의 급여는 압류할 수 없고 급여수급전용계좌에 입금된 급여와 이에 관한 채권은 압류할 수 없음을 명시하고 있다.

아홉째, 국민연금과 직역연금 간에 연계제도를 실시하고 있다. 그동안 공무원연금, 군인연금, 사립학교교직원 연금 등 직역연금 간에는 재직기간이 합산되고 국민연금과는 상호연계가 되지 않아 공적연금의 사각지대가 발생하였다. 그러나 2009년 국민연금 가입기간과 직역연금 재직기간을 연계함으로써 공적연금의 사각지대를 해소하였다.

4) 가입자

국내에 거주하는 국민으로서 18세 이상 60세 미만인 자는 국민연금 가입대상이 된다.[5] 다만, 「공무원연금법」, 「군인연금법」, 「사립학교교직원 연금법」 및 「별정우체국법」을 적용받는 공무원, 군인, 교직원 및 별정우체국 직원, 그 밖에 대통령령으로 정하는 자[6]는 제외한다.

가입자는 사업장가입자, 지역가입자, 임의가입자, 임의계속가입자로 구분된다.

(1) 사업장가입자

국민연금에 가입된 사업장의 18세 이상 60세 미만의 사용자 및 근로자로서 국민연금에 가입된 자를 말한다. 1인 이상의 근로자를 사용하는 사업장 또는 주한외국기관으로서 1인 이상의 대한민국 국민인 근로자를 사용하는 사업장에서 근무하는 18세 이상 60세 미만의 사용자와 근로자는 당연히 사업장가입자가 된다. 따라서 지역가입자가 사업장에 취업하면 자동적으로 사업장가입자가 되고, 지역가입자 자격은 상실된다.

(2) 지역가입자

국내에 거주하는 18세 이상 60세 미만의 국민으로서 사업장가입자가 아닌 사람은 당연히 지역가입자가 된다. 다만, 다른 공적연금에서 퇴직연금(일시금), 장애연금을 받는 퇴직연금 등 수급권자, 「국민기초생활 보장법」에 의한 수급자 중 생계급여 또는 의료급여 또는 보장시설 수급자, 소득활동에 종사하지 않는 사업장가입자 등의 배우자 및 보험료를 납부한 사실이 없고 소득활동에 종사하지 않는 27세 미만인 자는 지역가입자가 될 수 없다.

---

5) 우리나라에 거주하고 있는 외국인은 내국인과 동등하게 국민연금에 가입해야 한다. 즉, 18세 이상 60세 미만의 외국인이 국민연금에 가입된 사업장에 근무하면 사업장가입자가 되고, 그 외의 외국인은 지역가입자가 된다.

6) ① 노령연금의 수급권을 취득한 자 중 60세 미만의 특수 직종 근로자와 ② 조기노령연금의 수급권을 취득한 자. 단, 조기노령연금의 지급이 정지 중인 자는 제외함(「국민연금법 시행령」 제18조).

(3) 임의가입자

사업장가입자와 지역가입자가 될 수 없는 사람도 60세 이전에 본인의 희망에 의해 가입신청을 하면 임의가입자가 될 수 있다.

(4) 임의계속가입자

납부한 국민연금 보험료가 있는 가입자 또는 가입자였던 자로서 60세에 달한 자가 가입기간이 부족하여 연금을 받지 못하거나 가입기간을 연장하여 더 많은 연금을 받기를 원할 경우는 65세에 달할 때까지 신청에 의하여 임의계속가입자가 될 수 있다.

5) 연금보험료

연금보험료는 연금급여를 지급하기 위한 재정 마련을 목적으로 법률에 근거하여 납부되는 것으로서 국민연금의 주된 재원이 된다. 법에 근거하기 때문에 연금보험료를 납부기간 내에 납부하지 않으면 다른 공과금과 마찬가지로 연체금(연금보험료의 1~5%)이 가산되며, 일정 기간 납부하지 않을 경우는 국세체납처분의 예에 따라 납부의무자의 재산에 압류처분 등 강제징수를 통하여 연금보험료로 충당하게 되므로 재산상의 불이익이 가해질 수 있다.

이런 점에서 국민연금이 세금처럼 인식되기도 한다. 그러나 세금은 국가의 운영경비로 사용되는 데 비하여 국민연금은 본인이 납부한 보험료에 높은 수익률을 더해 나중에 본인에게 지급이 된다는 점에서 분명한 차이가 있고, 국민연금의 연금보험료는 기본적으로 자신의 미래를 위해 납부되는 것으로 세금과는 다른 특징이 있다.

한편 연금보험료는 가입자 자격 취득 시의 신고 또는 정기결정에 의하여 결정되는 기준소득월액에 보험료율을 곱하여 산정된다.

연금보험료 = 가입자의 기준소득월액 × 연금보험료율

가입자의 기준소득월액이란 국민연금의 보험료 및 급여 산정을 위하여 가입자가 신고한 소득월액에서 천 원 미만을 절사한 금액을 말하며, 최저 33만 원에서 최고 524만 원까지의 범위로 결정하게 된다.(2021년 기준)

한편 연금보험료율을 보면 사업장가입자의 경우 보험료율인 소득의 9%에 해당하는 금액을 본인과 사업장의 사용자가 각각 절반, 즉 4.5%씩 부담하여 매월 사용자가 납부하여야 한다. 사업장가입자의 연금보험료는 가입자가 개별적으로 납부할 수 없고, 사용자에 의하여 일괄적으로 납부하여야 한다.

그런데 지역가입자의 보험료율을 보면, 지역 · 임의 · 임의계속가입자는 보험료를 본인이 전액 부담한다. 다만, 제도시행 초기 보험료 납부에 대한 부담을 줄여주기 위하여 3%에서 시작하여, 2000년 7월부터 매년 1%씩 상향 조정되어 2005년 7월 이후 9%까지 상향 조정되었다. 농어업인의 경우 일정한 조건에 해당되면 보험료의 일부를 국고에서 지원받을 수 있다.

6) 종류 및 연금액

국민연금은 나이가 들거나 장애 또는 사망으로 인해 소득이 감소할 경우 일정한 급여를 지급하여 소득을 보장하는 사회보험으로서 지급받게 되는 급여의 종류는 노령연금(분할연금), 장애연금, 유족연금, 반환일시금, 사망일시금이 있다.

〈표 10-2〉 연금급여의 종류

<table>
<tr><th colspan="2">연금급여(매월 지급)</th><th colspan="2">일시금 급여</th></tr>
<tr><td>노령연금</td><td>노후소득 보장을 위한 급여
국민연금의 기초가 되는 급여</td><td rowspan="2">반환일시금</td><td rowspan="2">연금을 받지 못하거나 더 이상 가입할 수 없는 경우 청산적 성격으로 지급하는 급여</td></tr>
<tr><td rowspan="2">장애연금</td><td rowspan="2">장애로 인한 소득 감소에 대비한 급여</td></tr>
<tr><td rowspan="2">사망일시금</td><td rowspan="2">유족연금 또는 반환일시금을 받지 못할 경우 장제부조적 · 보상적 성격으로 지급하는 급여</td></tr>
<tr><td>유족연금</td><td>가입자(였던 자) 또는 수급권자의 사망으로 인한 유족의 생계 보호를 위한 급여</td></tr>
</table>

한편 급여액 산정방식을 보면 다음과 같다.

급여액 산정방식

연금액 = 기본연금액 × 지급률 + 부양가족연금액

기본연금액은 다음의 산식에 의하여 개별적으로 정해진다.

기본연금액

기본연금액

$$= [\underbrace{2.4(A + 0.75B) \times P1/P}_{1988\sim1998년} + \underbrace{1.8(A + B) \times P2/P}_{1999\sim2007년} + \underbrace{1.5(A + B) \times P3/P}_{2008년} + \underbrace{1.485(A + B) \times P4/P}_{2009년} +$$

$$(\cdots) + \underbrace{1.2(A + B) \times P23/P}_{2028년\ 이후} + \underbrace{X(A + A) \times C/P}_{출산크레딧} + \underbrace{X(A + 1/2A) \times 6/P}_{군복무크레딧}] \times (1 + 0.05n)/12$$

- A: 연금 수급 전 3년간의 평균소득월액의 평균액
- B: 가입자 개인의 가입기간 중 기준소득월액의 평균액
- P: 가입자의 전체 가입 월수(노령연금액 산정 시에만 출산 및 군복무크레딧을 포함한 전체 가입 월수)
- n: 20년 초과 월수(노령연금액 산정 시에만 출산 및 군복무크레딧을 포함한 전체 가입 월수)
- X: 1.5~1.2까지의 비례상수 중 노령연금 수급권 취득시점의 상수

구분	1988~1998년	1999~2007년	2008~2027년	2028년 이후
상수	2.4	1.8	1.5(매년 0.015씩 감소)	1.2
소득대체율	70%	60%	50%(매년 0.5%p씩 감소)	40%
가입 월수	P1	P2	P3 …P22	P23

- C: 크레딧으로 인한 추가 가입기간(출산 및 군복무크레딧으로 인한 연금액 및 증가되는 가입기간은 노령연금액 산정 시에만 적용됨)

연금 종류별 지급률은 다음과 같다.

연금 종류별 지급률

- 노령연금의 지급률: 가입기간 10년 50%(1년당 5% 증가)
- 장애연금의 지급률: 장애 1급 100%, 2급 80%, 3급 60%, 4급(일시금) 225%
- 유족연금의 지급률: 가입기간 10년 미만 40%, 10년 이상 20년 미만 50%, 20년 이상 60%

한편 부양가족연금액이란 수급권자(유족연금의 경우에는 사망한 가입자 또는 가입자였던 자)를 기준으로 하는 배우자, 자녀 또는 부모로서 수급권자에 의해 생계를 유지하고 있는 자에 대하여 지급하는 일종의 가족수당 성격의 부가급여이다.

〈표 10-3〉 부양가족연금 대상자의 범위 및 부양가족연금액(2021년 1월~2021년 12월 적용)

부양가족연금 대상자의 범위	연금액
배우자	연 263,060원
19세 미만 또는 장애등급 2급 이상에 해당하는 자녀(계자녀 포함)	연 175,330원(1인당)
60세 이상 또는 장애등급 2급 이상에 해당하는 부모 (계부모와 배우자의 부모 포함)	연 175,330원(1인당)

(주) 부모의 부양가족연금 대상자 연령 요건 상향 조정: 1953~1956년생 61세, 1957~1960년생 62세, 1961~1964년생 63세, 1965~1968년생 64세, 1969년생 이후 65세

4. 기초연금

1) 의의

노인의 안정된 노후생활을 돕기 위해 1988년부터 국민연금제도가 시행되었지만, 제도가 시행된 지 오래되지 않아 국민연금에 가입하지 못했거나, 가입을 하였더라도 그 기간이 짧아 충분한 연금을 받지 못하는 사람이 많았다. 이에 따라 노후소득 보장 사각지대 해소를 위한 필요성이 제기되어 2008년 1월 1일부터 기초노령연금을 지급하였으나 2014년 7월 폐지되고 기초연금제도가 실시되었다. 기초연

금은 노인에게 안정적인 소득 기반을 제공함으로써 노인의 생활안정을 지원하고 복지를 증진함을 목적으로 시행되고 있다.

기초연금제도는 국민연금과 달리 기여 여부와 관계없이 제공되는 무기여연금이며, 국민연금과 같이 소득에 비례한 연금이 아니라 정액연금이다. 재원은 국가의 일반재정으로 마련되고 소득 · 자산조사를 실시하여 지급하므로 공공부조의 성격이 크다고 할 수 있다.

2) 지급대상

기초연금대상자는 만 65세 이상이고 대한민국 국적을 가지고 국내에 거주(주민등록법 제6조 1 · 2호에 따른 주민등록자)하는 자 중 가구의 소득인정액(월 소득평가액과 재산의 월 소득환산액을 합산한 금액)이 선정기준액 이하이어야 한다. 국민연금 수급자는 가입기간과 급여액 등에 따라 기초연금을 함께 받을 수 있지만, 공무원연금, 사립학교교직원 연금, 군인연금, 별정우체국연금 수급권자 및 그 배우자는 원칙적으로 기초연금 수급대상에서 제외된다.

〈표 10-4〉 2022년 선정기준액

구분	단독가구	부부가구
일반수급자	1,800,000원	2,880,000원

3) 연금액

기초연금의 급여액은 최대한 받을 수 있는 기준연금액을 매년 정하고 이것을 바탕으로 대상 유형에 따라 개인별 기초연금액을 정한 후 가구 유형과 소득에 따라 일부 금액을 감액하여 최종 급여액을 결정하는데, 이를 정리하면 〈표 10-5〉와 같다.

한편 산정된 기초연금은 가구 유형, 소득인정액 수준에 따라 감액될 수 있는데 부부가 모두 기초연금을 받는 경우에는 각각에 대하여 산정된 기초연금액의 20%

〈표 10-5〉 기초연금 지급액

구분	대상 유형	기초연금액
기준연금액 산정대상	① 국민연금을 받지 않는 자(무연금자) ② 국민연금 월 급여액(「국민연금법」 제52조에 따른 부양가족연금액 제외)이 [일반수급자] 382,140원, [저소득수급자] 450,000원 이하인 자 ③ 국민연금의 유족연금이나 장애연금을 받고 있는 자 ④ 국민기초생활보장 수급권자, 장애인연금을 받고 있는 자	• 기준연금액
소득재분배급여 (A급여(주)에 따른 산식 또는 국민연금 급여액 등을 고려한 산정대상	①~④에 해당하지 않는 자	• A급여액에 따른 기초연금액=(기준연금액−2/3×A급여)[7]+부가연금액 • '국민연금 급여액 등'에 따른 기초연금액=기준연금액의 250%−국민연금 급여액 등[8]

(주) A급여액: 국민연금 급여액 중 기초연금적 성격을 가진 부분으로, 개인별 기초연금액을 결정하는 기준이 되는 급여(가입기간이 길수록, 일찍 가입할수록 A급여액은 증가. 가입기간이 동일하더라도 가입시기, 가입이력에 따라 A급여액은 다를 수 있음)

를 감액한다. 즉, 기초연금을 받는 사람과 못 받는 사람 간에 기초연금 수급으로 인해 발생할 수 있는 소득역전을 최소화하기 위해 소득인정액과 기초연금액(부부 2인 수급 가구는 부부 감액 이후)을 합한 금액과 선정기준액의 차이만큼 감액한다. 단독가구, 부부 1인 수급 가구는 기준연금액의 10%, 부부 2인 수급 가구는 기준연금액의 20%를 최저연금액으로 지급한다. 또한 일반수급자와 저소득수급자 간에 기초연금 수급으로 인해 발생할 수 있는 소득역전을 최소화하기 위해 저소득수급자의 경우, 소득인정액과 기초연금액(부부 2인 수급 가구는 부부 감액 적용 이후)을 합한 금액과 저소득수급자 선정기준액+일반수급자의 기준연금액의 차이만큼 감액한다.

7) 괄호의 계산 결과가 음(−)의 값일 경우 '0'으로 처리

8) 「국민연금법」 및 「국민연금과 직역연금의 연계에 관한 법률」에 따라 매월 지급받을 수 있는 급여액(「국민연금법」 제52조에 따른 부양가족연금액을 제외한 금액)

연습 문제

CHAPTER 10

01 국민연금의 보험료와 급여를 산정하기 위하여 사용되는 개념은?

① 기준소득월액 ② 표준소득월액
③ 최저소득월액 ④ 평균소득월액
⑤ 최고소득월액

[해설] 기준소득월액은 가입자의 소득월액을 기준으로 하여 대통령령으로 정하는 금액으로 국민연금 보험료와 급여를 산정하기 위한 것이다.

02 공적연금제도에 관한 설명으로 옳은 것을 모두 고른 것은?

가. 적립방식에 비해 부과방식이 인구구성의 변동에 더 취약하다.
나. 확정급여식 연금은 주로 과거의 소득 및 소득활동기간에 의해 결정된다.
다. 적립방식은 퇴직 후 생활보장을 위해 현재 소득의 일부를 저축하는 구조이다.
라. 부과방식에서는 현재의 근로세대가 은퇴세대의 현금급여에 필요한 재원을 부담한다.

① 가, 나, 다 ② 가, 다
③ 나, 라 ④ 라
⑤ 가, 나 , 다, 라

[해설] 부과방식은 인구학적 위험과 정치적 위험에 취약하고, 적립방식은 세대 간 위험에 취약하며 기금운영 과정에서 투자위험에 노출되기 쉽다. 공적연금은 급여 산정방식에 따라 확정급여연금(defined benefit plan)과 확정기여연금(defined contribution plan)으로 구분되는데, 전자는 나중에 받을 급여액을 급여 산정공식에 의해 미리 정해 놓고 이를 지급할 수 있는 수준으로 기여금을 상황에 따라 변동시키는 방식이며, 후자는 기여금만이 확정될 뿐 급여액은 적립한 기여금과 기여금의 투자이익에 따라 달라지기 때문에 급여액이 불확정적이다. 공적연금을 운영하는 대부분의 국가는 확정급여연금을 택하고 있다.

03 다음 중 국민연금 가입대상에 해당하는 것을 모두 고른 것은?

가. 사업장가입자	나. 지역가입자
다. 임의계속가입자	라. 외국인가입자

① 가, 나, 다
② 가, 다
③ 나, 라
④ 라
⑤ 가, 나, 다, 라

[해설] 국민연금 가입자는 사업장가입자, 지역가입자, 임의가입자, 임의계속가입자, 외국인가입자가 있다. 적용예외의 자로는 공무원, 군인, 사립학교교직원, 별정우체국 직원 등이 있다.

04 우리나라의 국민연금제도에 관한 설명으로 옳은 것은?

① 실업기간 중에는 가입기간을 추가로 산입할 수 없다.
② 출산크레딧은 3명 이상의 자녀가 있을 때 가능하다.
③ 농어업인에 대해 연금보험료를 국가가 보조할 수 없다.
④ 노령연금 수급자가 소득활동을 하면 최대 3년 동안 연금액이 감액된다.
⑤ 군복무자에게는 노령연금수급권 취득 시 6개월을 가입기간에 추가로 산입한다.

[해설] 크레딧(credit)제도는 사회적으로 기여가 있거나 필요한 경우 실제로 보험료를 납입한 기간에 추가해서 가입기간을 산입해 주는 제도이다. 출산크레딧은 2자녀 이상 출산한 경우, 군복무크레딧은 병역의무를 6개월 이상 수행한 사람에게 인정해 주는 것이다. 2016년 8월부터 실업크레딧을 도입하여 구직급여 수급자가 신청하여 일부 보험료를 납입할 경우 실업기간 중에도 가입기간을 추가로 산입할 수 있도록 하였다. 농어업인에 대해서는 농어업인의 삶의 질 향상 및 「농어촌지역 개발 촉진에 관한 특별법」에 따라 국가가 건강보험료와 연금보험료의 일부를 보조할 수 있다.

05 기초연금에 대한 설명으로 틀린 것은?

① 기초노령연금에서 비롯된 것으로 65세 이상이어야 한다.
② 기초연금의 대상자는 자산과 소득을 모두 고려하여 선정한다.
③ 부부가 모두 연금수급자일 경우 10%씩 감액한다.
④ 재원은 국가와 지방자치단체가 공동 부담한다.
⑤ 국민연금 급여와 동시에 받을 수 있다.

[해설] 부부가 수급할 경우 각각에 대하여 산정된 기초연금액의 20%를 감액한다.

정답 01 ① 02 ⑤ 03 ⑤ 04 ⑤ 05 ③

제11장 국민건강보장제도의 이해

1. 국민건강보장 일반

1) 의의

국민건강보장제도는 질병 발생 시에 국가의 책임 하에 모든 국민에게 필요한 의료서비스[1]를 제공하여 국민건강의 회복, 유지 및 증진을 도모하여 질병으로 인한 경제적 위험으로부터 국민을 보호하기 위한 것이다. 따라서 국민건강보장제도는 기본적으로 의료비의 경제적 부담으로부터 국민의 부담을 덜어주려는 사회복지제도이다.

한편 질병은 모든 사람들이 경험하는 문제이다. 일단 질병 등의 비건강의 상태가 계속되면 노동 능력이 상실되고, 의료비 부담은 생활 전반의 경제적 부담이 되

1) 의료서비스의 기본적 특성은 다음과 같다.
① 수요의 불확실성: 질병 발생 확률에 대한 개인적 차원의 예측이 불가능하다.
② 불완전한 정보: 불완전한 정보 상태에서 구매하며 선택이 잘못되었을 때 타격이 크다.
③ 외부효과의 존재: 의도하지 않은 비용과 편익이 일어날 수 있다.
④ 의료공급의 독과점
⑤ 투자재적 성격과 가치재적 성격: 건강증진을 통한 양적 및 질적 측면의 노동력에 영향을 주어 투자재적인 성격을 띠며, 외부 효과를 발생하므로 가치재적 성격도 동시에 지닌다.
⑥ 구매대리인으로서의 의사 개입: 수요와 공급의 상호 독립성 보장이 어렵다.

면서 결국에는 생활수준 전반에 어려움을 경험한다. 이처럼 의료문제는 빈곤의 문제와 마찬가지로 악순환을 거듭하게 된다. 따라서 건강보험제도는 질병으로 인한 소득의 중단 또는 질병치료에 소요되는 진료비를 보장해 주기 위한 것이며, 한편으로는 질병으로 인한 소득의 상실까지 보전해 주는 일종의 소득보장제도라고도 할 수 있다.

또한 의료보장제도는 초기에는 상호부조기금이나 공제조합 등을 통해 시작되었다가 사회적 위험으로서의 질병에 대해 전 국민이 공동으로 책임지게 함으로써 위험을 분산하고, 사회연대를 도모한다는 목적을 가지고 점차 공적 의료보장체계로 정착되기 시작하였다. 즉, 사람들은 자신의 질병에 대해서는 발생시점이나 그의 위험 정도를 예측할 수 없기 때문에 각각 보험료를 부담하고 필요시 충분한 보상을 받을 수 있도록 하는 위험분산을 주목적으로 하고 있다. 한편 질병 발생 시 고소득층은 의료서비스에 쉽게 접근함으로써 노동력을 빨리 회복하여 소득상실의 위험에 빠르게 대처할 수 있는 반면 저소득층은 의료비 부담으로 인해 위험발생확률이 높아질 가능성이 있다. 이러한 저소득층의 의료 접근을 용이하도록 하기 위해 의료보장제도는 소득에 비례하여 보험료를 부담하게 함으로써 소득재분배의 기능도 함께 가지고 있다. 따라서 의료보장제도는 강제적인 사회보험제도의 도입을 통해 포괄적 급여를 제공하도록 하고 있다.

2) 형태

(1) NHI방식

대부분의 국가가 채택하고 있는 국민건강보험(NHI: National Health Insurance) 방식이다. 이 방식은 사회보험방식의 의료보장정책대안으로 사회적으로 동질성을 갖는 국민이 보험집단을 형성하여 보험료를 갹출하여 재원을 마련하고, 피보험자에게 직접 또는 계약을 체결한 의료기관을 통하여 보험급여를 실시함으로써 질병으로부터 국민건강을 보장하기 위한 것이다.

(2) NHS방식

영국으로 대표되는 국민보건서비스(NHS: National Health Service)방식이다. 이 방법은 국세나 지방세를 통하여 재원을 마련하고, 국유화된 의료기관을 통하여, 국가 책임하에, 전 국민에게 동등한 의료혜택을 제공함으로써 의료의 사회화를 이룩하려는 것이다. 스웨덴과 이탈리아가 대표적으로 이 방식을 채택하고 있다.

(3) 기타

소비자주권방식(CSM: Consumer Sovereignty Model)은 미국이 채택한 민영의료보험방식이다. 미국은 전체 의료보장 가운데 약 80%가 민간의료보험에 의존하고, 나머지 20%는 Medicare나 Medicaid와 같은 공적의료보장제도에 의존한다. 민간의료보험은 일반 영리보험회사, 회사를 통해 단체 가입하는 HMO(Heath Maintenance Organization), 비영리민간보험단체인 Blue Cross(입원보험)와 Blue Shield(진료보험)가 있다. 이외에 싱가포르의 경우 의료저축계정(MSA: Medical Saving Account)방식이 있다.

3) 관리 · 운영방식

① 국영방식은 정부가 직접 관리하는 방식이다.

② 민영방식은 미국의 HMO나 Blue Cross 또는 Blue Shield와 민간보험기관이 건강보험업무를 관리 · 운영하는 방식이다.

③ 특수공법인 운영방식은 특수공법인을 설립하고 이 공법인이 국민건강보험제도를 관리 · 운영하는 방식이다.

④ 혼합방식은 제도의 일부는 정부가 관리하고 일부는 공법인이나 민간보험기관이 관리 · 운영하는 방식이다.

⑤ 우리나라의 국민건강보험은 보건복지부 장관이 관장한다. 원칙적으로 국영방식이지만, 실제로는 국민건강보험공단이라는 특수공법인을 설립하여 위탁관리 · 운영하고 있기 때문에 혼합방식에 해당된다.

4) 원칙

① 모든 국민에게 보편적인 의료서비스를 제공하여야 하며, 적용범위는 전 국민을 포함할 수 있는 포괄성을 갖추어야 한다.

② 사회적 연대성의 원칙에 따라 기여의 형평성과 급여의 적절성이 보장되어야 한다.

③ 충분한 재정을 확보함으로써 안정성을 도모하여야 한다.

④ 관리기구를 통합하고 민주화함으로써 관리 · 운영의 효율화를 극대화하여야 한다.

⑤ 의료의 특성상 의료가 지나친 이윤추구로 상품화되는 것을 방지해야 한다.

⑥ 의료보험이 사회보장제도로서 지니는 국민연대성의 원칙과 국민적 통합을 이룰 수 있어야 한다.

2. 국민건강보험

1) 의의

국민건강보험이란 질병 · 부상 · 분만 · 사망 등의 사고에 대한 의료의 제공을 조직하고 질병의 비용과 건강보호를 집단적으로 부담하는 일을 사회에 위탁함으로써 모든 사람에게 의료혜택을 주어 건강하고 문화적인 생활을 영위하도록 하는 것이다[2].

건강보험은 사회보험의 원리를 기초로 하여 모든 사람이 건강보험에 강제로 가입하도록 하여 피보험자에게 질병, 부상 등의 사고가 발생한 경우에 요양 또는 요

2) 「국민건강보험법」 제1조에서도 이 법은 "국민의 질병 · 부상에 대한 예방 · 진단 · 치료 · 재활과 출산 · 사망 및 건강증진에 대하여 보험급여를 실시함으로써 국민보건을 향상시키고 사회보장을 증진함을 목적으로 한다."고 규정하여 이러한 취지를 밝히고 있다.

양비를 제공하는 방법이다.

한편 국민건강보험정책은 선별적인 정책이 아니라 보편적인 정책이며 소득재분배 기능이 상대적으로 강한 사회보험정책이다. 또한 국민건강보험정책은 강제성을 갖는 규제정책이자 통합적 및 포괄적 정책이다.

정리하자면 국민건강보험은 사회복지정책이요 사회보험제도의 하나이다. 그리고 ①국가가 개입해 국민의 기본적 의료문제를 해결하기 위해 ②사회보험의 원리를 사용해 개인의 위험을 보험가입자 전원에게 분산해 경제적부담 해소 및 소득재분배 기능을 하기 위해 ③국민의 의료비용을 사회연대성의 원리를 통해 공동체적으로 해결하기 위한 목적을 가지고 있다.

2) 역사

우리나라의 국민건강보장정책은 사회보험제도로 운영되고 있는 국민건강보험제도와 공공부조제도로 운영되고 있는 의료급여제도로 구성되어 있다. 우리나라는 1963년 12월 16일 「의료보험법」이 제정되었으나 강제적용을 전제로 하지 않았기 때문에 큰 성과를 거두지 못하였으나, 1976년 「의료보험법」의 개정을 계기로 1977년 7월 1일부터 의료보험제도가 본격적으로 실시되어 질병 · 부상 · 분만 · 사망 등에 대하여 보험급여를 실시함으로써 국민보건을 향상시키고 사회보장의 증진을 도모하였다. 이후 1977년 12월 31일에는 「공무원 및 사립학교교직원 의료보험법」이 제정되었고 1989년 7월 1일부터 도시 자영민에게까지 의료보험의 적용이 확대되어 전 국민 의료보험이 실시되었다. 즉, 우리나라의 의료보장제도는 1977년에 도입되었고 12년 만인 1989년에 전 국민에게 확대 · 적용되었다. 그 결과 현재 전 국민은 의료서비스에 대한 접근이 용이해졌고, 기본적인 건강검진을 받는 데에도 큰 부담이 없어졌다고 할 수 있다. 그 후 의료보험 통합의 일원으로 1997년 12월 31일에는 공무원 및 사립학교교직원 의료보험과 지역의료보험을 통합하여 「국민의료보험법」이 제정되었으며, 1999년 1월 6일에는 의료보험의 완전 통합을 위해 「국민건강보험법」이 제정되어 2000년 7월 1일부터 시행하였다.

3) 진료비 본인 부담

(1) 진료비 본인부담제

건강보험은 다른 사회보험과 달리 서비스 비용의 일부를 가입자가 부담하도록 하고 있는데 이것을 진료비 본인부담제(cost-sharing)라 한다. 환자가 부담하는 진료비 본인부담액은 선진국일수록 적고 후진국일수록 많다.

본인부담제를 두는 이유는 다음과 같다.

① 서비스의 남용을 억제한다(도덕적 해이를 방지).

② 수익자와 비수익자 간의 공평성을 도모한다.

③ 수익의 정도와 수익자의 부담능력에 따라 부담을 달리함으로써 수익자의 책임을 촉구한다.

④ 수익자 부담분을 사회보장 재원으로 재충당할 수 있다.

(2) 진료비 본인부담제 종류

① 정률제(coinsurance): 의료이용자가 의료서비스 비용의 일정 비율을 부담하는 방식이다. 진료비의 일부를 피보험자에게 부담시킴으로써 불필요한 의료 이용을 억제하기 위한 제도이다. 그런데 실제로는 진료비 부담으로 인하여 꼭 필요한 의료서비스까지 억제시키는 부작용이 있다.

② 정액제(copayment): 서비스 비용에 관계없이 일정액을 부담시키는 방법이다. 불필요한 값싼 의료서비스의 이용을 억제한다.

③ 공제제(deductible): 일정액까지는 본인에게 전액 부담시키고, 그 이상의 금액에 대해서만 사회보험에서 보장하는 것이다. 의료보험 이용의 대부분을 차지하는 소액 진료비를 전부 자부담시킴으로써 심사 및 지불을 위한 막대한 행정비용을 절감하고, 의료보험의 남용을 막기 위함이다.

우리나라의 건강보험은 입원은 진료비의 20%로 정률제이고, 외래는 종합병원과 병원은 정률제이고, 의원인 경우는 일정액 이하는 정액제, 그 이상은 정률제를 사용하고 있다. 우리나라의 건강보험 본인부담 비중은 세계 최고 수준이다.

4) 가입자

국민건강보험의 가입자는 국내에 거주하는 국민이다. 가입자는 직장가입자와 지역가입자로 구분하며, 모든 사업장의 근로자 및 사용자, 공무원과 교직원은 직장가입자가 된다.

5) 급여

국민건강보험의 급여는 요양급여, 건강진단, 요양비 지급, 부가급여로 나뉜다. 요양급여는 가입자 및 피부양자의 질병 · 부상 · 출산등에 대해 진찰 · 검사, 약제 · 치료재료 지급, 처치 · 수술 기타치료, 예방 · 재활, 입원, 간호, 이송 등에 제공된다. 건강검진은 질병의 조기발견과 그에 따른 요양급여를 하기 위해 실시된다. 부가급여는 요양급여 이외의 임신 · 출산 진료비, 장제비, 상병수당, 그 밖의 급여등을 일컫는다.

6) 재원

재원은 국민건강보험의 사회보험적 특수성에서 정기적인 기여금인 보험료와 운영등에 필요한 비용을 국가에서 부담하는 국가부담, 상술한 진료비 본인부담제에서 기술했듯 일부 수익자 부담의 원칙을 적용하고 있는 본인 일부 부담액 등이 재원을 구성하고 있다.

3. 노인장기요양보험

1) 의의

(1) 정의

노인장기요양보험은 '돌봄의 사회화'에 대한 요구가 정책으로 구현된 것으로 2008년 7월 노인장기요양보험제도로 안착되었다(박범기 외, 2019). 이 제도의 목적과 취지는 다음과 같다. 우리나라의 노인장기요양보험제도는 고령이나 치매·중풍 등 노인성 질병 등으로 일상생활을 혼자 수행하기 어려운 수급자에게 신체활동 또는 가사지원 등의 장기요양급여를 사회적 연대원리에 의해 제공하고 요양시설에 입소하도록 하여 전문서비스를 제공함으로써 노후생활의 안정과 가족의 부담을 덜어주기 위한 제도이다. 고령이나 노인성 질병으로 일상생활을 혼자서 수행하기 어려운 노인 등에게 신체활동 및 가사활동 지원서비스 제공하는 사회보험제도를 말한다. 즉, 장기요양보험은 노령이나 기타 질병에 의해 거동이 불편하여 타인의 도움과 보호가 필요한 사람의 사회적 보호, 즉 장기요양보호(long-term care)의 비용을 사회보험방식으로 조달하기 위한 제도이다.

노인장기요양보험은 사회보험원리를 통해 장기요양을 필요로 하는 노인과 그 가족들에게 도움을 제공하려는 제도로 기존 4대 사회보험인 연금, 국민건강, 산재, 고용보험에 더해 제5의 사회보험으로서의 위상을 지니고 있다.

(2) 연혁

〈표 11-1〉 노인장기요양보험제도 연혁

주요 내용	연혁	내용
❶ 고령화시대 대비 노인요양보장제도 도입 발표	2001. 8. 15.	대통령 경축사에서 노인요양보장제도 도입 제시
	2002	대통령 공약사항 포함
❷ 노인요양보장제도 시행 준비체계 구축	2003. 3.~2004. 2.	'공적노인요양보장추진기획단' 설치, 운영
	2004. 3	'공적노인요양보장제도실행위원회' 구성, 운영
❸ 「노인장기요양 보험법(안)」 입법 추진	2005. 10. 19.~ 2005. 11. 8.	입법예고
	2006. 2. 16.	정부입법 국회 제출: 한나라당 2건, 열린우리당 2건, 민주노동당 1건, 입법청원 1건 등 총 7개 법안 제출
	2007. 4. 2.	국회 통과(부대결의 내용 포함): 2007. 4. 공포, 2008. 7. 1.부터 시행 –1단계 시행령 시행규칙: 2007. 10. 1. 시행 –2단계 시행령 시행규칙: 2008. 7. 1. 시행
❹ 시범사업 추진	2005. 7.~2006. 3.	1차 시범사업 실시 –6개 시 · 구 · 군 65세 이상 기초생활보장 수급 노인 대상 시범지역: 광주 남구, 강릉, 수원, 부여, 안동, 북제주
	2006. 4.~.2007. 4.	2차 시범사업 실시 –8개 시 · 군 · 구 65세 이상 노인 대상 –시범지역 추가: 부산 북구, 전남 완도
	2007. 5.~.2008. 6.	3차 시범사업 실시 –13개 시 · 군 · 구 65세 이상 노인 대상 –시범지역 추가: 인천 부평구, 대구 남구, 청주, 익산, 하동
❺ 노인장기요양 보험제도 시행	2008. 3.~2008. 7.	노인장기요양보험제도 시행 준비 –노인장기요양보험 운영센터 개소식
	2008. 7.	노인장기요양보험제도 시행 –노인장기요양보험제도 시행, 보험료 부과 및 급여 제공 개시
	2009. 3.	외국인 근로자 장기요양보험가입자 제외제도 도입 –고용허가제로 입국한 외국인 근로자 보험료 부담 완화
	2009. 5.	농어촌지역 거주 수급자 본인일부부담금 감경 도입 –농어촌지역에 거주하는 수급자의 경제적 부담 완화

주요 내용	연혁	내용
	2010. 3.	장기요양기관장 의무 및 공단 장기요양기관 설치 근거 신설 –장기요양기관장의 급여 제공 기록 자료 기록·관리 의무 및 공단의 장기요양급여 제공 기준 개발 및 급여비용 적정성을 위하여 장기요양기관 설치·운영할 수 있는 규정 마련
	2013. 8.	장기요양기관의 운영 질서 확립 및 관리 강화 –본인일부부담금 면제·할인 행위 금지, 거짓 청구한 경우 위반사실 공표, 행정제재처분의 효과 승계 등
	2014. 7.	노인장기요양 등급체계 개편 –5등급(일명 '치매특별등급') 신설 등 3등급 체계에서 5등급 체계로 개편
	2014.11	서울요양원 개원 –장기요양 급여제공기준 개발 및 급여비용의 적정성 검토를 위한 공단직영 장기요양시설 운영
	2018.01	인지지원등급 신설 –신체적 기능 상태와 관계없이 모든 치매질환어르신까지 장기요양서비스 대상자가 될 수 있도록 개선
	2018.08	장기요양기관 지정제·지정갱신제 시행 –장기요양기관 진입기준 강화로 부실기관에 대한 관리
	2019.12	장기요양기관 지정제·지정갱신제 시행 –장기요양기관 진입기준 강화로 부실기관에 대한 관리
	2019.12	장기요양 부정 인정자 직권 재조사 제도 시행 –거짓이나 부정한 방법 또는 고의로 사고발생, 본인의 위법행위에 기인하여 장기요양인정을 받은 경우 직권 재조사 실시

(3) 재원조달방법

노인장기요양보험의 재원은 장기요양보험료와 국가 및 지방자치단체의 부담, 그리고 장기요양급여 이용자가 부담하는 본인일부담금으로 조달된다. 장기요양보험료는 건강보험료액에 장기요양보험료율을 곱하여 부과 징수된다. 본인일부부담금의 경우, 재가급여는 장기요양급여비용의 100분의 15를, 그리고 시설급여는 장기요양급여비용의 100분의 20을 각각 부담한다. 의료급여수급권자등 저소득층은 각각 1/2로 경감한다(시설 10%, 재가7.5%). 기초생활수급권자는 무료이다.

(4) 적용대상

① 대상자

- 가입자: 보편주의 원칙에 따라 국민건강보험제도와 동일하게 전 국민을 적용대상으로 하고 있다. 다시 말해 장기요양보험의 가입자는 건강보험의 가입자이다.
- 수급자: 65세 이상 노인 또는 65세 미만의 자로서 치매, 뇌혈관질환, 노인성 질병을 가진 자로 6개월 이상 혼자서 일상생활을 수행하기 어렵다고 인정하는 자이다.

② 급여형태

- 수급자는 장기요양인정서에 기재된 장기요양등급, 유효기관과 급여 종류 내에서 장기요양급여 이용
- 수급자와 그 가족의 선택에 따라 장기요양기관을 선택하고 급여 이용에 관한 계약을 체결한 후 급여 이용

③ 장기요양급여의 종류

가. 재가급여

- 방문요양: 요양보호사가 수급자의 집을 방문해서 목욕, 배설, 화장실 이용, 옷 갈아입기, 머리감기, 취사, 생필품 구매, 청소, 주변 정돈 등을 도와주는 급여
- 방문목욕: 목욕설비를 갖춘 차량을 이용하여 수급자의 가정을 방문하여 목욕을 제공하는 급여
- 방문간호: 방문간호사는 의사, 한의사 또는 치과의사의 지시에 따라 가정 등을 방문하여 간호, 진료의 보조, 요양에 관한 상담 또는 구강위생을 제공하는 급여로서, 방문간호를 이용하고자 하는 수급자는 사전에 의료기관에서 방문간호 지시서를 발급받고, 이를 방문간호 급여 이용 시 기관에 제출

- 주 · 야간보호: 수급자를 하루 중 일정한 시간 동안 장기요양기관에 보호하여 목욕, 식사, 기본 간호, 치매관리, 응급서비스 등 심신 기능의 유지 향상을 위한 교육, 훈련 등을 제공하는 급여
- 단기호보: 부득이한 사유로 일시적으로 가족의 보호를 받을 수 없는 수급자에게 일정 기간 동안 단기보호시설에서 보호하며 목욕, 식사, 기본간호, 치매관리, 응급 서비스 신체활동 지원과 심신기능의 유지, 향상을 위한 교육, 훈련 등을 제공하는 급여
- 기타 재가급여(복지용구 대여 및 구입): 수급자의 일상생활 · 신체활동 지원에 필요한 용구를 제공하거나 가정을 방문하여 재활에 관한 지원 등을 제공하는 급여

나. 시설급여

장기요양기관(노인요양시설, 노인요양공동생활가정)이 운영하는 「노인복지법」 제34조의 규정에 따른 노인의료복지시설(노인전문병원 제외) 등에 장기간 동안 입소하여 신체활동 지원 및 심신기능의 유지 · 향상을 위한 교육 · 훈련 등을 제공하는 장기요양급여

- 노인요양시설: 치매 · 중풍 등 노인성 질환 등으로 심신에 상당한 장애가 발생하여 도움을 필요로 하는 자를 입소시켜 급식 · 요양과 그 밖에 일상생활에 필요한 편의를 제공하는 장기요양급여
- 노인요양공동생활가정(그룹홈): 치매 · 중풍 등 노인성 질환 등으로 심신에 상당한 장애가 발생하여 도움을 필요로 하는 자에게 가정과 같은 주거 여건과 급식 · 요양과 그 밖에 일상생활에 필요한 편의를 제공하는 장기요양급여

다. 특별현금급여

- 가족요양비: 아래의 어느 하나에 해당하는 수급자가 가족 등으로부터 재가급여 종류 중에 방문요양에 상당한 장기요양급여를 받은 때에는 대통령령으로 정하는 기준에 따라 당해 수급자에게 지급하는 가족장기요양급여

- 도서 · 벽지 등 방문요양기관이 현저히 부족한 지역에 거주하는 자
- 신체 · 정신 또는 성격 등 대통령령으로 정하는 사유로 인하여 가족 등으로부터 장기요양을 받아야 하는 자
- 천재지변이나 그 밖에 이와 유사한 사유로 인하여 장기요양기관에서 장기요양급여를 이용하기 어렵다고 장관이 인정하는 자

● 요양병원간병비: 수급자가 「노인복지법」에 의한 노인전문병원 또는 「의료법」에 의한 요양병원에 입원한 때 대통령령이 정하는 기준에 따라 장기요양에 소요되는 비용의 일부를 지급하는 요양병원장기요양급여

● 특례요양비: 수급자가 장기요양기관이 아닌 노인요양시설 등의 기관 또는 시설에서 재가급여 또는 시설급여에 상당한 장기요양급여를 받은 경우 대통령령이 정하는 기준에 따라 당해 장기요양급여비용의 일부를 당해 수급자에게 지급하는 특례장기요양급여

2) 주요 특징

우리나라 노인장기요양보험제도는 건강보험제도와는 별개의 제도로 도입 · 운영되고 있는 한편으로, 제도 운영의 효율성을 도모하기 위하여 보험자 및 관리 · 운영기관을 국민건강보험공단으로 일원화하고 있다. 또한 국고지원이 가미된 사회보험방식을 채택하고 있고 수급대상자에는 65세 미만의 장애인이 제외되어 노인을 중심으로 운영되고 있다. 그리고 노인장기요양보험제도는 급여의 장기성과 복합성을 특징으로 하고 있으며 요양급여의 제공과 사례관리서비스를 제공하는 점이 그 특성이라 할 수 있다.

① 건강보험제도와 별도 운영

장기요양보험제도를 건강보험제도와 분리 운영하는 경우 노인 등에 대한 요양필요성 부각이 비교적 용이하여 새로운 제도도입에 용이하며, 건강보험 재정에 구속되지 않아 장기요양급여 운영, 장기요양제도의 특성을 살릴 수 있도록 「국민건강보험법『과는 별도로 「노인장기요양보험법」을 제정하였다.

② 사회보험방식을 기본으로 한 국고지원 부가방식

우리나라 장기요양보장제도는 사회보험방식을 근간으로 일부는 공적부조방식을 가미한 형태로 설계 · 운영되고 있다.

③ 「국민건강보험법」의 적용을 받는 건강보험 가입자의 장기요양보험료

[건강보험료액 × 10.25%(2020년도 보험료 기준)] 국가 및 지방자치단체 부담장기요양보험료 예상수입액의 20%+공적부조의 적용을 받는 의료급여수급권자의 장기요양급여비용

④ 보험자 및 관리·운영기관의 일원화

우리나라 장기요양보험제도는 이를 관리 · 운영할 기관을 별도로 설치하지 않고 「국민건강보험법」에 의하여 설립된 기존의 국민건강보험공단을 관리 · 운영기관으로 하고 있다. 이는 도입과 정착을 원활히 하기 위하여 건강보험과 독립적인 형태로 설계하되, 그 운영에 있어서는 효율성 제고를 위하여 별도로 관리 · 운영기관을 설치하지 않고 국민건강보험공단이 이를 함께 수행하도록 한 것이다.

⑤ 노인 중심의 급여

우리나라 장기요양보험제도는 65세 이상의 노인 또는 65세 미만의 자로서 노인성 질병을 가진 자를 수급대상자로 하고 있다.

3) 장기요양인정 및 서비스 이용절차

장기요양인정 및 서비스 이용절차를 보면 아래와 같다.

① (공단 각 지사별 장기요양센터) 신청 → ② (공단직원) 방문조사 → ③ (등급판정위원회) 장기요양 인정 및 등급판정 → ④ (장기요양센터) 장기요양인정서 및 표준장기요양이용계획서 통보 → ⑤ (장기요양기관) 서비스 이용

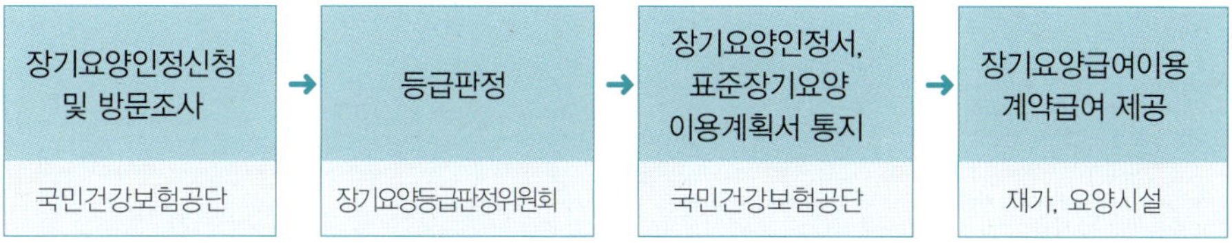

출처: 보건복지부(http://www.mohw.go.kr/react/policy/index.jsp?PAR_MENU_ID=06&MENU_ID=06390301&PAGE=1&topTitle=).

[그림 11-1] 장기요양인정 및 서비스 이용절차

4) 관리 · 운영체계

노인장기요양제도의 관리 · 운영체계는 [그림 11-2]와 같다.

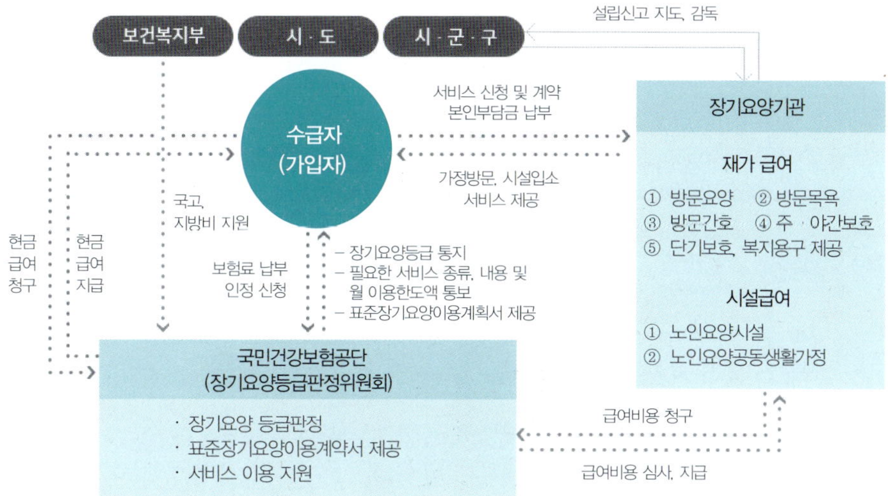

출처: 보건복지부(http://www.mohw.go.kr/react/policy/index.jsp?PAR_MENU_ID=06&MENU_ID=06390301&PAGE=1&topTitle=).

[그림 11-2] 노인장기요양제도의 관리 · 운영체계

연습 문제

CHAPTER 11

01 국민건강보험제도에 관한 설명으로 옳은 것은? 13회 기출

① 적용대상은 국내 · 외에 거주하는 모든 국민이다.
② 보험자는 국민건강보험공단이다.
③ 현금급여로는 요양급여, 요양비 및 장제비가 있다.
④ 피부양자는 소득수준과 무관하게 직장가입자에 의해 생계를 유지하는 자이다.
⑤ 사립학교교직원의 경우 보험료는 가입자 30%, 사용자 30%, 국가 40%를 각각 부담한다.

[해설] 적용대상(국내 거주 국미), 현금급여(요양비, 장애인보장구급여비), 피부양자(소득이 없는 사람), 사립학교교직원 보험료(가입자 50%, 교직원 30%, 국가 20%)

02 우리나라 국민건강보험제도에 관한 설명으로 옳지 않은 것은? 12회 기출

① 진료비 지불방식은 행위별 수가제를 기본으로 하고 있다.
② 질병으로 인해 상실된 근로소득을 보전해 주는 현금급여가 있다.
③ 조합방식이 아닌 통합방식으로 운영되고 있다.
④ 직장가입자의 보험료 산정대상인 보수월액에는 상 · 하한선이 있다.
⑤ 국내에서 업무에 종사하는 직장가입자 보험료율은 1천분의 80 범위 안에서 정한다.

[해설] 질병으로 인해 상실된 근로소득을 보전해 주는 현금급여는 없다.

03 우리나라 국민건강보험제도에 관한 설명으로 옳지 않은 것은? 12회 기출

① 진료비 지불방식으로 행위별 수가제와 포괄 수가제가 사용되고 있다.
② 가입자는 직장가입자와 지역가입자로 구분된다.
③ 공무원 등 특수직역종사자는 가입대상이 아니다.
④ 건강보험의 요양급여와 노인장기요양보험의 요양급여는 급여내용이 다르다.
⑤ 질병 치료 시 상실된 소득을 보장하는 상병수당은 지급되지 않고 있다.

[해설] 공무원 및 교직원은 직장가입자에 해당된다.

04 국민건강보험제도에 관한 설명으로 옳지 않은 것은? 11회 기출

① 타 법령에 의한 의료급여(보호)대상을 제외한 전 국민을 대상으로 한다.
② 지역가입자와 직장가입자의 보험료 산정방식이 다르다.
③ 주된 진료비 지불방식은 행위별 수가제와 포괄 수가제이다.
④ 본인부담금과 비급여항목이 있다.
⑤ 요양급여비용은 보건복지부 장관이 정한다.

[해설] 요양급여비용은 공단의 이사장과 대통령령으로 정하는 의약계를 대표하는 사람들의 계약으로 정한다. 이 경우 계약기간은 1년으로 한다.

05 노인장기요양보험제도에 관한 설명으로 옳지 않은 것은? 11회 기출

① 단기보호는 시설급여이다.

② 장기요양인정의 유효기간은 최소 1년 이상으로 한다.

③ 노인요양공동생활가정도 시설급여를 제공할 수 있다.

④ 장기요양기관을 설치 · 운영하고자 하는 자는 시장 · 군수 · 구청장의 지정을 받아야 한다.

⑤ 65세 이상 노인 또는 65세 미만으로 특정 노인성 질병을 가진 자로서 6개월 이상 장기요양을 요하는 자가 대상이 된다.

[해설] 요양급여비용은 공단의 이사장과 대통령령으로 정하는 의약계를 대표하는 사람들의 계약으로 정한다. 이 경우 계약기간은 1년으로 한다. 단기보호는 재가급여에 속한다.

정답 01 ② 02 ② 03 ③ 04 ⑤ 05 ①

제12장 산업재해보상보험제도의 이해

1. 산재보험의 의의와 특성

1) 의의

산업재해(industrial injury), 즉 작업장에서의 근무와 관련하여 근로자가 입은 상해 · 질병 · 사망은 근대 산업사회에서 독특하게 나타난 현상이다. 일반적으로 전통사회에서의 근로자는 자신의 노동과정을 스스로 통제할 수 있었고 대부분 자신의 노동력에만 의존하여 작업을 수행하였다. 따라서 노동과정 중에 사고를 당할 위험은 거의 없었다. 반면에, 산업사회의 근로자는 상급자의 지시에 따라 정해진 시간 내에 작업하도록 강요되며 기계의 부속물로서 작업해야만 한다. 게다가 최근까지는 열악한 작업환경 속에서 장시간에 걸쳐 단순 노동을 반복해야만 했다. 이에 따라 산업사회의 근로자는 근무시간 내내 자신이 맡은 일에 집중할 수도 없게 되어 사고를 당할 뿐만 아니라, 직업병을 얻기도 하는 것이다.

산업재해보상제도 혹은 산재보상제도는 근로자가 사업장에서 업무수행 중 또는 업무수행과 관련하여 부상, 질병 또는 사망한 경우에 근로자 본인의 치료와 본인 및 부양가족의 생계를 보장하기 위한 제도이다. 사회가 점차 산업화됨에 따라 근로자가 사업장에서 산업재해를 당할 위험은 언제나 있으며, 이러한 산업재해로 인하여 부상, 질병 또는 사망한 근로자와 그 부양가족을 어떻게 보호할 것인가 하는 문제는 사회보장의 측면에서 매우 중요한 의의를 가진다고 할 수 있다.

일반적으로 산재보상제도는 다른 소득보상제도와는 달리 사회보험식(어떤 나라에서는 민영보험식)으로만 운영된다. 즉, 공적부조식이나 공적서비스식의 산재보상제도는 거의 존재하지 않는 것이다. 그 이유는 산업재해가 고용주의 책임이므로 산업재해에 대한 보상은 사회의 다른 구성원이나 국가가 아니라 고용주가 전적으로 부담해야 하기 때문이다. 이런 점에서 산재보상제도는 산업재해보상보험(산재보험)으로 통칭된다.

대부분의 국가에서 산재보험은 다른 사회보험보다 일찍 도입되었는데, 이는 산업화의 진전에 따른 산재사고의 증가로 사고를 당한 근로자의 보상문제가 고용주 개인의 책임을 넘어 사고 위험이나 부담의 분산이라는 사회적인 대처의 필요성을 공감한 데서 기인한다.

산업재해로부터 근로자를 보호하기 위해서는 산업재해 자체를 예방하는 것이 가장 바람직한 것이나, 이미 발생한 산업재해로 인해 부상 또는 사망한 경우 그 피해근로자나 가족을 보호 내지 보상해 주기 위해서는 산재보험이 중요한 의미를 지닌다. 본래 「근로기준법」에서 재해보상제도를 규정하고 있었지만, 이는 개별적인 사용자의 책임에 한정되었기 때문에 기업이 산업재해로 인하여 큰 손실을 입거나 도산하는 경우 등에는 보호를 받을 수 없었다. 따라서 어떠한 경우에도 재해보상이 확실히 보장되는 제도적 뒷받침이 필요하였는데, 이것이 곧 보험기술을 이용하여 단체적 책임하에 재해를 보상하는 산재보험제도의 마련이었다. 산업재해에 대해서는 고용주 책임의 원칙에 따라 재해를 당한 근로자를 고용하고 있는 고용주가 보상해야 하지만, 영세한 기업의 경우에는 보상능력이 문제가 되며, 보상능력이 있다고 하더라도 고용주가 고의적으로 보상을 기피하는 경우에는 문제가 된다. 따라서 산재보험은 보험제도를 통하여 재해를 당한 근로자를 보호하는 동시에 고용주의 입장에서도 산업재해로 인한 일시적인 과중한 보상비용 부담의 위험을 분산하여 기업운영에 안정을 기할 수 있도록 하기 위한 제도라고 할 수 있다.

2) 특성

산재보험은 산업현장에서 활동하는 근로자에게 발생할 수 있는 제반 재해에 대해 보험방식으로 근로자와 그 가족을 보호함은 물론 사업주의 위험부담을 경감시키려는 사회보장제도이다. 우리나라의 경우 산재보험은 정부(고용노동부 장관)의 위탁을 받은 근로복지공단을 보험자로 하고 사업주를 보험가입자로 하는 제도를 채택하고 있으며, 피보험자의 개념을 별도로 규정하고 있지 않다.

산재보험이 사회보험의 한 종류로서 여러 사회보험과 유사한 특성을 가지고 있지만, 산재보험만이 가진 몇 가지 특성을 다음과 같이 정리할 수 있다.

첫째, 산재보험은 기본적으로 업무상 사유로 재해를 입은 근로자에 대하여 사용자의 무과실책임주의에 입각하여 사업주의 보상책임을 담보하여 주는 일종의 사업주 책임보험으로서의 특성을 가지고 있다. 근로자의 업무상 재해보상이 '무과실책임'을 전제로 이루어진다는 의미는 과실이 없으면 책임이 없다는 '과실책임'을 전제로 하는 민법상의 손해배상과 크게 다르다. 즉, 사용자 또는 근로자의 과실 여부와 관계없이 업무와 관련하여 재해를 입은 모든 근로자에게 보상을 제공한다.

둘째, 보험사업에 소요되는 재원인 보험료는 원칙적으로 사업주가 전액 부담한다. 단, 산재보험이 사회보장제도의 일부로 편입되어 있는 일부 국가들은 고용자와 피용자 및 정부가 재원을 분담하기도 한다.

셋째, 산재보험은 사업장 중심으로 관리하기 때문에 보험가입자와 수급자가 일치하지 않는다. 산재보험은 다른 사회보험제도와 달리 사업장 단위로만 가입이 이루어지고 개별 근로자의 관리는 별도로 이루어지지 않고 있다. 이것은 산업재해에 대한 고용주 책임을 사회보험화한 것이기 때문이다.

넷째, 산재보험급여는 재해 발생에 따른 손해 전체를 보상하는 것이 아니라 평균임금을 기초로 하는 정률보상방식으로 행한다. 이것은 보상이 신속하고 확실하게 이루어질 수 있게 하기 위함이다.

3) 관련 이론

산재보험과 관련된 이론은 다음과 같이 정리할 수 있다.

(1) 사회비용최소화이론

사회비용최소화이론은 산재보험 가입과 보상급여 지급으로 민사상 재판비용·시간·노력 절감이 가능하다면 책임을 묻지 않는다는 것을 기반으로 한다.

(2) 원인주의이론

원인주의이론은 산재로 인정받기 위해서는 업무기인성과 업무수행성이라는 두 가지 요건(원인) 모두를 충족시켜야 한다는 입장이다.

(3) 사회협약(사회적 타협)이론

사회협약이론은 확실하고 신속한 산재보상을 보장받는다면 근로자는 민사배상을 포기할 수 있고 사업주는 자신의 과실이 없어도 배상할 수 있다는 것에 기초한다.

(4) 직업(산업)위험이론

직업위험이론은 자본주의 체제에서 산재는 필연적인 현상이며, 산재비용은 생산비용의 일부이기 때문에 과실 여부와는 관계없이 지급되어야 한다고 주장한다.

2. 산재보험의 발전과정

산재보험제도는 대부분의 국가에서 가장 먼저 도입된 사회보험제도이다. 이는 산업화의 진전에 따른 산재사고의 증가로 사고를 당한 근로자의 보상문제가 고용주 개인의 책임을 넘어 사고 위험이나 부담의 분산이라는 사회적인 대처의 필요성을 공감한 데서 기인한다. 서구에서 이 제도가 처음 도입된 시기는 1800년대 후반에서 1900년대 초반으로, 대부분의 국가에서 본격적인 산업화가 시작되는 시기이다. 근로자의 재해보상을 보장하기 위한 산재보험제도는 1884년 독일의 재해보험법을 효시로, 호주 1889년, 노르웨이 1894년, 영국 1897년, 프랑스 · 이탈리아 · 덴마크 1898년, 스웨덴 · 네덜란드 1901년, 미국 · 캐나다 1908년, 스위스 1911년, 일본 1947년 순으로 도입되었으며, 현재 대부분 나라에서 채택하고 있다(Social Security Administration, 2010).

우리나라는 19세기 외국에 문호가 개방된 이후 광업과 소규모 제조업을 중심으로 산업화가 진행되는 과정에서 업무상 재해가 자주 발생하였고, 이에 따라 재해를 당한 근로자에 대한 보상문제가 대두되기 시작하였다. 그러나 이때는 사업자의 자의적 규율 · 판단에 의하여 보상수준이 정해졌기 때문에 재해를 당한 근로자는 사업주에게 의지할 수밖에 없었다.

이후 광업에 종사하는 근로자들의 재해가 꾸준히 늘어나자 일제하인 1938년 「조선광업령」이 개정되면서 「조선광부 부조규칙」이 만들어졌고, 이에 따라 광산에서 일하다가 업무상 재해를 입은 근로자들과 그 가족에 대한 보상 기준이 마련되었다. 「조선광부 부조규칙」은 광업권자로 하여금 광부의 업무상 부상 · 질병 · 폐질 · 사망에 대하여 수급권자에게 부조하도록 하는 내용을 골자로 하였으며, 당시 일반근로자를 대상으로 하는 유일한 부조제도로 미군정 시기까지 유지되다가 1953년 「근로기준법」 제정으로 폐지되었다.

해방 이후에는 미군정하에서 노동부가 설치되었고, 각 도에 노동국을 두어 「근로자 단결권에 대한 법령」, 「미성년자 노동보호법」, 「최고노동시간법」 등 노동 관련 법령을 제정하였으며, 비록 재해보상에 관한 구체적 법령은 마련되지 못하였으나 단체협약에 의한 재해보상을 정책적으로 장려하였다.

1948년 7월 17일 제정된 「헌법」에서는 제17조에 근로의 권리, 제18조에 단결권 · 단체교섭권 · 단체행동권의 노동3권과 이익분배 균점권 등을 규정하고 제19조에 근로능력 상실자에 대한 생활보호를 규정하였으나, 미군정 시대와 마찬가지로 여전히 재해보상에 관한 법령이 제정되지 않아 노사 간의 단체협약에 의하여 산재근로자에 대한 재해보상이 이루어졌다.

한국전쟁 중인 1953년 5월 10일 부산에서 「노동조합법」, 「노동쟁의조정법」, 「노동위원회법」과 함께 개별 근로자의 지위 향상과 생활보장을 위한 종합 입법으로서 근로 조건을 규정하는 「근로기준법」이 공포되었는데, 「근로기준법」 제8장에서 업무상 재해를 입은 경우 근로자를 고용한 사업주는 과실 유무를 불문하고 재해근로자에게 보상하도록 하는 '무과실책임에 의한 재해보상제도'를 규정하였다.

그 주된 내용은 근로자가 업무상 재해를 입었을 경우 사업주는 요양비, 평균임금의 60%에 해당하는 휴업보상, 신체의 장해에 대해 장해등급(제1~10급)에 따라 평균임금의 50~1,000일분의 장해보상, 재해로 사망한 경우 평균임금의 1,000일분의 유족보상 및 90일분의 장의비를 지급하도록 하는 것이었다.

근로관계를 규정하는 「근로기준법」에 재해보상을 규정한 것은 아주 획기적이었으나 사업주가 보상을 제대로 하지 않는 경우도 많았고, 대형사고가 나면 복구비, 보상비 등으로 기업이 도산하는 사례도 많아 실제 재해보상이 제대로 이루어지지 않은 경우가 많았다. 이러한 문제 때문에 재해가 발생할 경우 사업주는 일시적인 비용부담을 줄이고 근로자는 확실하게 보상을 받을 수 있도록 하기 위하여 사업주가 연대하여 책임을 분담하는 보험제도의 도입이 필요하게 되었다.

이에 따라 정부는 전문 30조로 된 「산업재해보상보험법」 초안을 만들어 보건사회부 산하 사회보장제도심의위원회의 심의를 거쳐 1963년 10월 8일 국가재건최고회의에서 의결하고, 1963년 11월 5일 근로자의 업무상의 재해를 신속하고 공정하게 보상하고, 이에 필요한 보험시설을 설치 · 운영하며 재해예방, 기타 근로자의 복지증진을 위한 사업을 행함으로써 근로자 보호에 이바지함을 목적으로 「산업재해보상보험법」이 제정 · 공포되어 근대적인 산업재해보상보험제도가 도입되었다. 그 이듬해인 1964년 1월 1일부터 상시 500인 이상의 근로자를 사용하는 광업 및 제조업에 적용토록 하였으며, 강제사회보험의 형태를 채택하여 노동청에서 이를 관장하도록 하였고 보험료는 전액 사업자가 부담하도록 하였다(고용노동부, 2017).

산재보험의 시행 초기에는 「근로기준법」상의 보상 수준을 그대로 대행하는 책임보험의 영역에서 벗어나지 못하였으나, 그동안의 경제 발전과 몇 차례의 법 개정을 통하여 보험급여의 수준을 향상시켰고, 산재근로자를 위한 여러 복지시설을 설치 · 운영하는 등 사회보장제도로서 면모를 갖추었다. 1982년에는 「산업재해보상보험 특별회계법」을 개정하여 산재보험기금제도를 신설하였으며, 1995년에는 산재보험의 업무를 노동청(현 고용노동부)에서 근로복지공단으로 이관하였다.

3. 산재보험의 주요 내용

1) 적용 및 징수 대상

산재보험제도가 처음 시행된 1964년에는 적용대상을 상시근로자 500명 이상의 광업 및 제조업으로 한정하였고, 적용 근로자 수도 64개 사업장의 8만여 명에 불과하였다. 그러나 제도 도입 이후 적용범위를 꾸준히 확대하여 2000년 7월 1일부터는 농업 · 임업(벌목업 제외), 어업 · 수렵업 등 근로자 5명 이상인 경우에만 적용되는 일부 업종을 제외하고 모든 업종에서 상시근로자 1명 이상, 건설공사는 2,000만 원 이상으로 적용 규모를 확대하였다.

또한 근로자는 아니나 산업재해에 노출될 위험성이 높은 사업주에게도 산재보험의 보호를 받을 수 있는 길을 열어 주었는데, 2000년부터는 근로자를 사용하고 있는 중소기업 사업주도 임의가입을 통해 산재보험의 적용을 받을 수 있게 되었다. 2005년에는 중소기업 사업주의 산재보험 임의가입 대상을 '자동차를 사용하여 여객 또는 화물운송 사업을 행하면서 근로자를 사용하지 아니하고 행하는 자'로 확대하여, 근로자를 사용하지 아니하는 자영업자에게도 산재보험 적용의 기회를 열어 주었으며, 농업 · 임업(벌목업 제외), 어업 · 수렵업 중 1인 이상의 근로자를 사용하는 법인에 대해서도 적용을 확대하였다.

2008년에는 「근로기준법」상 근로자로 인정되지는 않으나, 근로자와 유사하게 노무를 제공하는 '특수형태근로종사자' 4개 직종(보험모집인, 콘크리트믹서트럭 자차기사, 학습지 교사, 골프장 캐디)을 당연적용 대상에 포함시켰다. 2009년에는 건설업자가 아닌 자가 시공하는 건설공사에 대하여 건축공사는 100㎡ 초과, 대수선공사는 200㎡ 초과 시 당연적용사업으로 확대하였고, 2009년 7월에는 건설기계사업을 행하면서 근로자를 사용하지 아니하는 사업주에게까지 산재보험 임의가입 범위를 확대하였다. 2012년 5월에는 '특수형태근로종사자'의 범위에 택배기사, 전속 퀵서비스기사 2개 직종을 추가하였고, 퀵서비스업자 및 비전속 퀵서비스기사에 대해 산재보험 임의가입을 확대하였으며, 2012년 11월에는 예술인에 대해 산재보험 임의가입을 확대하였다. 2016년 7월에는 대출모집인과 신용카드모집인, 전속 대리운전기사에 대하여 '특수형태근로종사자' 범위에 추가하여 총 9개 직종 '특수형태근로종사자'들이 산재보험의 적용대상이 되었으며, 비전속 대리운전기사에 대해서는 산재보험 임의가입을 확대하였다. 2018년 12월에는 '도매 및 상품중개업, 소매업, 음식점업 및 기타 개인 서비스업을 하는 사람'에 대해서도 적용을 확대하였으며, 2020년 1월부터는 300인 미만의 근로자를 사용하는 사업주와 업종에 제한 없이 근로자를 사용하지 않는 모든 사업주까지 그 대상이 확대되었다.

위와 같이 산재보험제도가 도입된 후, 산재보험은 그 적용범위가 비약적으로 확대되어 대통령령으로 정해진 일부 사업을 제외하고 근로자를 사용하는 모든 사업 또는 사업장에 적용되고 있다. 다만, 다음의 사업은 적용이 제외된다.

① 「공무원연금법」 또는 「군인연금법」에 따라 재해보상이 되는 사업

② 「선원법」, 「어선원 및 어선 재해보상보험법」 또는 「사립학교교직원 연금법」에 따라 재해보상이 되는 사업

③ 가구 내 고용활동

④ 농업, 임업(벌목업은 제외), 어업 및 수렵업 중 법인이 아닌 자의 사업으로서 상시근로자 수가 5명 미만인 사업

2020년 말 현재 산재보험 적용사업장은 약 272만 개, 적용 근로자 수는 1,897만 명에 달하며, 이는 산재보험 실시(64개소, 8만2천 명) 이후 적용사업장은 약 42,489배, 적용 근로자 수는 231배나 증가한 수치이다(고용노동부, 2021a).

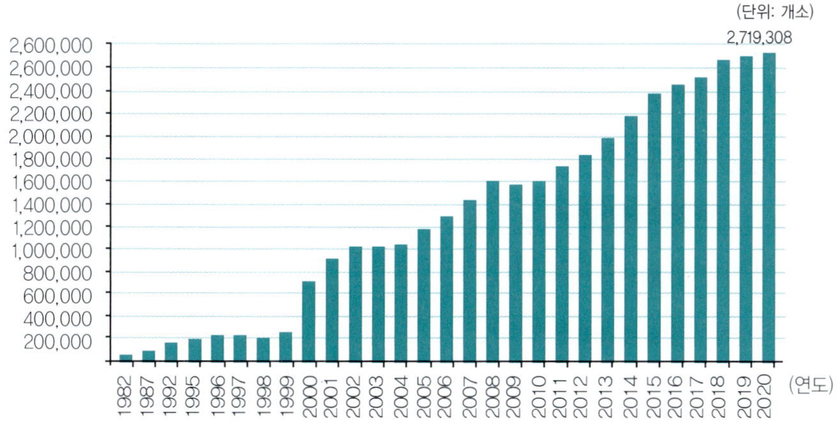

출처: 고용노동부(2021a).

[그림 12-1] 산재보험 적용사업장 수 추이

2) 보험료

산재보험의 재원은 보험가입자인 사업주가 부담하는 보험료에 의해 조달된다. 즉 산재보험은 다른 사회보험과 달리 사용자 부담 원칙을 채택하고 있는데[1], 이를 통해 사업주에게 부과되는 「근로기준법」상 재해보상책임은 물론 민법 기타 법령에 의한 손해배상책임의 전부 또는 일부를 면제해 줌으로써, 사업주에게는 법적 · 금전적 위험부담을 분산시켜주고 재해근로자에게는 신속한 보상을 받을 수 있도록 하고 있다.

산재보험료는 사업주가 경영하는 사업장내 근로자의 개인별 보수총액에 같은 종류의 사업에 적용되는 보험료율을 곱한 금액과 출퇴근재해 산재보험료율[2]을 곱한 금액을 합산하여 산정된다.

---

1) 근로기준법은 업무상 재해를 입은 근로자에 대해 사용자가 무과실책임을 지도록 규정하고 있으며, 산재보험은 이러한 근로기준법상의 재해보상제도를 보험화한 것이므로 근로자는 부담의 책임이 없으며, 보험료 전액을 사용자가 부담하도록 하고 있다.

2) 통상적인 경로, 방법에 따른 출퇴근 중 재해에 관한 산재보험료율은 사업의 종류를 구분하지 않고 고용노동부령으로 정하도록 규정되어 있는데, '21년도 기준 출퇴근재해요율은 전년도(0.13%) 보다 소폭 인하된 0.1%이다.

산재보험료 = 보수총액×(사업종류별 산재보험료율+출퇴근재해 산재보험료율)

우리나라는 현재 위와 같은 사업종류별 산재보험료율을 기본으로 하되, 종류별로 구분하여 업종별 요율을 산정한 후, 개별 실적 요율이 적용되는 대규모 사업장에는 사업장 단위의 보험수지율에 기초하여 업종별 요율을 가감하는 개별 실적 요율을 적용하여 사업장별 보험료율을 확정하고 있다.

업종별 요율은 다른 사회보험과는 달리 사업 종류별 위험등급에 따라 차등화되어 있다. 위험부담이 높은 업종은 보험료율이 높고 위험부담이 낮은 업종은 보험료율이 낮다. 예를 들어, 2021년 기준 업종별 산재보험료율은 석탄광업 18.5%이고, 건설업 3.6%, 육상 및 수상운수업 1.8%, 보건 및 사회복지사업 0.6%로 위험수준에 따라 업종별로 보험료율을 차등 적용한다. 2020년의 경우 업종 간 보험료율 격차를 완화하기 위해 유사 업종을 통·폐합하여 전체 사업 종류를 28개로 단순화하였고, 특정 업종과 평균 요율 간의 격차도 완화하였다.[3] 2021년 기준 전체 업종의 평균 산재보험료 평균 요율은 1.53%(사업종류별 보험료율 1.43% + 출퇴근 재해요율 0.1%)이다. 그리고 0.1%이다(고용노동부, 2021b).

개별 실적 요율이란 개별 사업장의 재해 실적이나 안전보건 실태에 따라 산재보험료율을 증감해 주는 제도를 말한다. 따라서 사업장에서 산재가 발생하게 되면 개별 실적 요율이 상승하게 되고, 이는 사용자가 부담해야 할 산재보험료가 상승한다는 의미이다. 개별 실적 요율은 상시 근로자 30인 이상 사업장을 대상으로 적용되며, 증감 폭은±20% 수준이다(고용노동부, 2021a).

산재보험료 수납액은 IMF 금융위기 기간 등 몇 차례 예외를 제외하고는 꾸준히 증가하였다. 1964년의 수납액이 75,279천원에 불과하였으나 2020년에는6조 6,642억원에 달하여 대폭적인 증가세를 보여 왔다(고용노동부, 2021a). 산재보험 수

3) 연도별 사업 종류 현황: (2016년) 58개 → (2017년) 51개 → (2018년) 45개 → (2019년) 35개 → (2020년, 2021년) 28개

납액이 비약적으로 증가한 이유는 그동안 지속적인 경제 성장으로 경제규모가 확대되어 근로자 수가 급격히 증가하였고, 보험료 산정의 기준이 되는 보수 수준도 대폭 상승하였으며, 수차례 법령 개정을 통해 적용범위가 지속적으로 확대되었기 때문이다.

3) 급여의 종류

산재보험의 급여는 산업재해가 발생하였을 때 지급되며, 일반적으로 산업재해는 업무수행성과 업무기인성을 기본 요건으로 하여, 업무상 질병, 부상, 사망이 발생하였을 때 급여를 지급한다. 업무수행성이란 사용자의 지배 또는 관리 하에서 이루어지는 업무수행 및 그에 수반되는 통상적인 활동 과정에서 이러한 업무에 기인하여 재해의 원인이 발생한 것을 의미한다. 업무기인성은 재해와 업무 간에 상당한 인과관계가 있는 것을 말한다.

업무상 재해로 인한 산재보상을 적용받기 위해서는 몇 가지 조건이 충족되어야 한다. 노동자가 ① 「근로기준법」상 근로자에 해당하여야 하고, ② 업무와 재해 사이에 상당인과관계가 있어야 하며, ③ 노동자의 고의 · 자해행위나 범죄행위 또는 그것이 원인이 되어 발생한 부상, 질병, 장해 또는 사망이 아니어야 한다.

이러한 조건을 충족하는 노동자가 업무상 재해를 당할 경우에는 산재 요양급여를 신청할 수 있다. 예전에는 재해 근로자가 산재를 신청하려면 '재해 발생 사업주 확인 제도'에 따라 사업주한테 재해 발생 경위에 대한 확인을 받아야 했다. 그러나 현재는 이 제도가 폐지되어 재해 근로자의 산재 요양급여 신청이 접수되면 사업주 확인 없이 근로복지공단이 직접 재해 발생 경위를 파악하게 되어 근로자들의 부담이 훨씬 줄어들게 되었다. 업무상 재해의 인정기준은 〈표 12-1〉과 같다.

〈표 12-1〉 업무상 재해의 인정기준

1. 근로자가 다음의 어느 하나에 해당하는 사유로 부상 · 질병 또는 장해가 발생하거나 사망하면 업무상의 재해로 본다. 다만, 업무와 재해 사이에 상당인과관계(相當因果關係)가 없는 경우에는 그러하지 아니하다.

① 업무상 사고
- 근로자가 근로계약에 따른 업무나 그에 따르는 행위를 하던 중 발생한 사고
- 사업주가 제공한 시설물 등을 이용하던 중 그 시설물 등의 결함이나 관리소홀로 발생한 사고
- 사업주가 주관하거나 사업주의 지시에 따라 참여한 행사나 행사준비 중에 발생한 사고
- 휴게시간 중 사업주의 지배 · 관리하에 있다고 볼 수 있는 행위로 발생한 사고
- 그 밖에 업무와 관련하여 발생한 사고

② 업무상 질병
- 업무수행 과정에서 물리적 인자(因子), 화학물질, 분진, 병원체, 신체에 부담을 주는 업무 등 근로자의 건강에 장해를 일으킬 수 있는 요인을 취급하거나 그에 노출되어 발생한 질병
- 업무상 부상이 원인이 되어 발생한 질병
- 그 밖에 업무와 관련하여 발생한 사고

③ 출퇴근 재해
- 사업주가 제공한 교통수단이나 그에 준하는 교통수단을 이용하는 등 사업주의 지배 · 관리하에서 출퇴근하는 중 발생한 사고
- 그 밖에 통상적인 경로와 방법으로 출퇴근하는 중 발생한 사고

2. 근로자의 고의 자해행위나 범죄행위 또는 그것이 원인이 되어 발생한 부상 · 질병 · 장해 또는 사망은 업무상의 재해로 보지 아니한다. 다만, 그 부상 · 질병 · 장해 또는 사망이 정상적인 인식능력 등이 뚜렷하게 저하된 상태에서 한 행위로 발생한 경우로서 대통령령으로 정하는 사유가 있으면 업무상의 재해로 본다.

3. 출퇴근하는 중 발생한 사고 중에서 출퇴근 경로 일탈 또는 중단이 있는 경우에는 해당 일탈 또는 중단 중의 사고 및 그 후의 이동 중의 사고에 대하여는 출퇴근 재해로 보지 아니한다. 다만, 일탈 또는 중단이 일상생활에 필요한 행위로서 대통령령으로 정하는 사유가 있는 경우에는 출퇴근 재해로 본다.

4. 출퇴근 경로와 방법이 일정하지 아니한 직종으로 대통령령으로 정하는 경우에는 출퇴근 재해를 적용하지 아니한다.

출처: 법제처. 「산업재해보상보험법」.

산재보험의 급여는 「근로기준법」상의 보상의 종류 및 내용과 거의 같으나, 일시보상 대신 상병보상연금이 규정되어 있는 점과 민사상의 손해배상문제를 간편하게 해결하는 장해특별급여 · 유족특별급여 등의 특별급여제도가 규정되어 있는 점 등이 다르다. 산재보험의 보상을 받은 때는 보험가입자는 그 한도 내에서 「근로기준법」상의 보상책임이 면제된다.

보험급여의 종료로는 요양급여, 휴업급여, 장해급여, 간병급여, 유족급여, 상병보상연금, 장의비 등이 있다. 보험급여는 보험급여를 받을 수 있는 자의 청구에 의하여 이를 지급한다.

산재보험급여 종류 확대와 함께 경제 발전에 따른 사업장 및 근로자 수의 증가, 근로자 평균임금의 증가 등에 따라 산재보험급여 지급액도 급속히 증가되어 왔으며, 2020년 말 기준 전체 산재보험급여 지급액은 5,996,819백만원으로 1967년 582백만원에 비해 10,304배나 증가하였다(고용노동부, 2021a).

〈표 12-2〉 산재보험급여 종류 및 내용(2020년 현재)

보험급여	지급요건	지급수준 및 지급기간	신청 절차
요양급여	• 적용사업장의 근로자가 업무상 부상 또는 질병으로 4일 이상 요양한 경우	• 부상 또는 질병이 치유될 때까지 보험시설 또는 지정의료기관에서 요양	• 지정의료기관에서 산재근로자 치료비 등을 근로복지공단에 신청
휴업급여	• 요양으로 인하여 취업하지 못한 기간 동안 지급	• 평균임금의 70% 지급 –최고보상기준: 1일 222,244원의 70% –최저임금(1일 68,720원) 미달 시 최저임금 지급	• 보험급여를 받고자 하는 자는 각각 당해 보험 급여에 대한 청구서 또는 신청서를 근로복지공단에 제출 –다만, 보험급여를 연금의 형태로 지급받고자 하는 경우 및 입원 중인 근로자가 휴업급여를 지급받고자 하는 경우에는 1회의 지급청구서로 갈음
상병보상연금	• 2년 이상 요양 중인 재해자 중 폐질등급 1~3급에 해당하는 자에게 지급	• 1급(329일분), 2급(291일분), 3급(257일분), 휴업급여 대신 지급	
장해급여	• 치료 종결 후 신체에 장해가 남아 있는 산재근로자에게 장해보상연금 또는 일시금 지급	• 연금: 1급(329일)~7급(138일) –일시금: 1급(1,474일)~14급(55일) ※ 1~3급은 연금만 지급(4년분 선급), 4~7급은 연금과 일시금 중 선택(2년분 선급), 8~14급은 일시금 지급	

보험급여	지급요건	지급수준 및 지급기간	신청 절차
유족 급여	• 업무상 사망한 근로자의 유족에게 지급	• 연금: 급여기초연액+가산금액(평균임금×365)의 52~67% –일시금: 평균임금의 1,300일분	
간병 급여	• 치료 종결 후 간병(상시, 수시)이 필요하여 실제로 간병을 받는 자에게 지급	–상시간병 1일당 41,170원 –수시간병 1일당 27,450원	
직업 재활 급여	• 장해 1~12급 장해급여를 받은 자 또는 요양 중으로서 장해 1~12급을 받을 것이 명백한 자 • 미취업자, 다른 훈련 미해당자	• 근로자 지원: 직업훈련비용 및 훈련수당 • 사업주 지원: 직장복귀지원금, 직장적응훈련비 및 재활운동비	• 직업훈련비용: 정부지원승인 훈련비(일부 훈련은 1인당 600만원 이내) • 직장복귀지원금: 300,000~600,000원(월) • 직장적응훈련비: 450,000원(월) • 재활운동비: 150,000원(월)
장의비	• 업무상 사망에 대하여 실제 장제를 행한 자에게 지급	• 평균임금의 120일분 –최고 15,867,020원 –최저 11,438,960원	
진폐 연금	• 진폐재해자에 대하여 진폐보상연금 및 진폐유족연금 지급 –다만, 요양 중 재해자는 제외	• 진폐보상연금: 기초연금(최저임금 60%) +장해연금(연 24~132일분) 지급 • 진폐유족연금: 진폐보상연금 수준으로 지급	• 진폐재해자가 진폐연금 청구서를 근로복지공단에 제출

출처: 근로복지공단 홈페이지(www.kcomwel.or.kr).

(1) 요양급여

요양급여는 근로자가 업무상의 사유에 의하여 부상을 당하거나 질병에 걸려 4일 이상의 요양이 필요한 경우, 당해 근로자에게 지급하는 급여로서 원칙적으로 현물급여이다. 치료를 위해 요양한 기간 동안 소요되는 일체의 비용을 근로자가 직접 지급받지 않고 근로복지공단이 설치한 보험시설이나 산재보험 지정 의료기관의 진료 등을 통해 보상받게 되며, 위 비용은 근로복지공단에서 해당 요양기관에 직접 지급하는 것이다. 그러나 부득이한 사유로 현물급여인 요양을 받을 수 없는 때에는 예외적으로 근로자 자비로 실시한 요양에 대해 직접 현금을 지급한다. 다만, 부상 또는 질병이 3일 이내의 요양으로 치유되는 때는 근로기준법에 따라 사업주가 재해보상을 하고(대기일 3일), 업무상 사유로 사망한 때에는 치료기간이 3일 이내라 하더라도 산재보험에 의한 요양급여를 지급한다.

대기일(waiting day) 또는 대기기간(waiting period)

- 우리나라는 고용보험의 구직급여는 7일, 산재보험의 요양급여와 휴업급여는 3일의 대기일을 두고 있다.
- 대기일은 급여지급 사유 발생일로부터 실제 급여지급까지 소요되는 기간을 의미한다.
- 이 기간은 지급을 늦게 한다는 의미가 아니라 급여를 지급하지 않는다는 의미를 갖는다. 즉, 보험에서 보장하지 않는 기간이다. 대기일은 가입자의 도덕적 해이를 방지하고, 장기간의 실업이나 중한 산재 등 급여지급 사유가 중한 경우에 집중적으로 급여를 지급하기 위한 장치이다.
- 일부 복지선진국에서는 대기일 동안 받지 못하는 보장을 고용주가 책임지도록 정하기도 한다.

요양급여의 범위는 진찰 및 검사, 약제 또는 진료재료와 의지, 그 밖의 보조기의 지급, 처치, 수술, 그 밖의 치료, 재활치료, 입원, 간호 및 간병, 이송, 그 밖에 고용노동부령으로 정하는 사항 등이다.

요양급여를 신청한 사람은 공단이 요양급여에 관한 결정을 하기 전에는 국민건강보험의 요양급여 또는 의료급여를 받을 수 있다. 건강보험이나 의료급여의 본인 일부 부담금을 산재보험 의료기관에 납부한 후에 요양급여 수급권자로 결정된 경우에는 납부한 본인 일부 부담금 중 요양급여에 해당하는 금액을 공단에 청구할 수 있다.

또한 업무상의 재해로 요양 중인 근로자가 업무상의 재해로 이미 발생한 부상이나 질병이 추가로 발견되어 요양이 필요한 경우나 그 업무상의 재해로 발생한 부상이나 질병이 원인이 되어 새로운 질병이 발생하여 요양이 필요한 경우에는 그 부상 또는 질병(추가상병)에 대한 요양급여를 신청할 수 있다.

(2) 휴업급여

휴업급여는 업무상 재해를 당하거나 업무상 질병에 걸린 근로자가 요양으로 인하여 취업하지 못한 기간에 대하여 피해근로자와 그 가족의 생활보호를 위하여 지급하는 보험급여이다. 휴업급여는 요양으로 인하여 취업하지 못한 기간에 대하여 지급하며, 1일에 대하여 평균임금의 70%를 지급한다. 다만, 취업하지 못한 기간이 3일 이내인 때에는 지급하지 않는다(대기일 3일).

휴업급여가 최저임금액에 미달하는 경우에는 다음과 같이 차등하여 최저임금액을 휴업급여 지급액으로 한다. 평균임금의 70%가 최저보상 기준 금액의 80%보다 적거나 같은 경우에는 평균임금의 90%, 평균임금의 90%가 최저보상 기준 금액의 80%를 초과하면 최저보상 기준 금액의 80%, 평균임금의 90%가 최저임금액에 미달하면 최저임금액을 1일당 휴업급여로 지급한다. 2008년 7월 1일 이후부터 61세에 도달하는 시점부터 65세까지 감액 지급하는 고령자 휴업급여 감액지급제도가 도입되었다.

또한 휴업급여에는 부분휴업급여제도가 있다. 부분휴업급여는 요양 중 회복 단계에 있는 근로자 또는 경미한 부상으로 취업하면서 주기적으로 요양을 받을 수 있는 근로자의 조기 취업 및 직업복귀 촉진을 위해 요양 중 부분 취업 중인 근로자를 위해 지급한다.

(3) 장해급여

장해급여는 업무상 재해를 당한 근로자가 요양 후 치유되었으나 정신적 또는 신체적 결손이 남게 되는 경우 그 장해로 인한 노동력 손실보전을 위하여 지급되는 보험급여이다. 장해급여는 장해등급에 해당되는 지급일수에 평균임금을 곱하여 지급하며, 장해등급에 따라 장해보상연금 또는 장해보상일시금으로 지급한다. 장해 1급에서 3급까지는 연금으로만 지급되며, 선급금 신청 시 연금의 4년분까지는 해당 금액의 50%를 일시에 지급 가능하다. 장해 4급에서 7급까지는 일시금과 연금 중에 선택할 수 있다. 연금을 선택하면서 선급금을 신청할 경우, 연금의 2년분까지는 해당금액의 50%를 일시에 지급 받을 수 있다. 장해 8급에서 14급까지는 일시금으로만 지급한다.

〈표 12-3〉 장해등급에 따른 장해보상연금과 장해보상일시금

장해등급	장해보상연금	장해보상일시금	장해등급	장해보상연금	장해보상일시금
제1급	329일분	1,474일분	제8급	–	495일분
제2급	291일분	1,309일분	제9급	–	385일분
제3급	257일분	1,155일분	제10급	–	297일분
제4급	224일분	1,012일분	제11급	–	220일분
제5급	193일분	869일분	제12급	–	154일분
제6급	164일분	737일분	제13급	–	99일분
제7급	138일분	616일분	제14급	–	55일분

(4) 유족급여

유족급여는 근로자가 업무상의 사유로 사망한 경우에 그 근로자와 생계를 같이 하고 있던 유족들의 생활보장을 위하여 지급되는 보험급여로, 유족보상연금이나 유족보상일시금으로 한다. 유족보상일시금은 근로자가 사망할 당시 유족보상연금을 받을 수 있는 자격이 있는 자가 없는 경우에 지급한다. 유족보상연금 수급자격자는 근로자가 사망할 당시 그 근로자와 생계를 같이 하던 유족 중 ① 배우자, ② 부모 또는 조부모로서 각각 60세 이상인 자, ③ 자녀 또는 손자녀로 각각 25세 미만인 자, ④ 형제자매로서 19세 미만이거나 60세 이상인 자, ⑤ 「장애인복지법」제2조 및 같은 법 시행규칙 별표1에 따른 장애정도가 심한 장애인으로서 남편, 부모, 조부모, 자녀, 손자녀, 형제자매는 연령에 관계없이 수급자격을 가진다. 이 유족보상연금 수급자격자 중 가장 선순위에 해당하는 사람이 유족보상연금 수급권자가 된다. 유족급여 수급권자 순위는 기본적으로 부양이 비부양에 우선하며, 배우자를 가장 우선으로 하고 혈족에 대해서는 방계보다 직계를, 존속보다 비속을, 촌수 근친 우선으로 하여 정해진다. 유족급여를 받을 권리의 순위는 배우자, 자녀, 부모, 손자녀, 조부모 및 형제자매의 순이다.

(5) 상병보상연금

상병보상연금은 요양급여를 받는 근로자가 병원에서 치료를 시작한 후 2년이 경과 하도록 병의 증상이 고정되지 아니하고, 그 부상 또는 질병 상태가 중증요양 상태등급 제1급~제3급에 해당하는 경우에 휴업급여 대신 지급하는 보험급여이다. 이는 장기요양 중인 근로자와 그 가족들의 요양에 따른 부대비용 지출 등 재정적 부담을 완화해 줌으로써, 생활을 안정시키고 재기 의욕을 고취시키기 위해 도입된 보험급여로서, 휴업급여보다 보상수준을 높여 지급하고 있다. 요양급여를 받는 근로자가 요양을 시작한 지 2년이 지난 날 이후에 아래의 요건 모두에 해당하는 상태가 계속되면 휴업급여 대신 상병보상연금을 지급한다.

- 그 부상이나 질병이 치유되지 아니한 상태일 것
- 그 부상이나 질병에 따른 폐질(廢疾)의 정도가 대통령령으로 정하는 폐질등급 기준에 해당할 것
- 요양으로 인하여 취업하지 못하였을 것

(6) 장의비

장의비는 근로자가 업무상 재해로 사망하였을 때 장제에 소요되는 비용을 지급해주는 보험급여로서, 실비지급의 성격을 지니므로 장제를 지낼 유족이 없거나 행방불명 등으로 부득이한 경우 반드시 유족이 아니라도 실제 장제를 실행한 사람에게 지급된다. 장의비 수급권자가 장제를 행한 유족인 경우에는 실제 장제 비용에 상관없이 평균임금의 120일분에 상당하는 금액을 지급한다.

(7) 간병급여

간병급여는 요양급여를 받은 자가 치유 후 의학적으로 상시 또는 수시로 간병이 필요하여 실제로 간병을 받은 자에게 지급한다. 간병급여에는 상시간병급여와 수시간병급여가 있다.

(8) 직업재활급여

직업재활급여는 장해급여자 중 취업을 위하여 직업훈련이 필요한 자에 대하여 실시하는 직업훈련에 드는 비용 및 직업훈련수당과 업무상의 재해가 발생할 당시의 사업에 복귀한 장해급여자에 대하여 사업주가 고용을 유지하거나 직장적응훈련 또는 재활운동을 실시하는 경우에 각각 지급하는 직장복귀지원금, 직장적응훈련비 및 재활운동비가 있다.

(9) 장해·유족 특별급여

가입자 즉 사업주의 고의 또는 과실로 인한 업무상 재해로 근로자가 사망한 경우, 근로자는 사업주를 상대로 민법상 손해배상청구를 할 수 있다. 그러나 수급권자인 유족이 사업주와 합의하에 민법상 손해배상청구를 포기할 경우, 이를 갈음하여 유족급여와는 별도로 사업주의 민사배상액을 대신 지급받을 수 있는데 이를 유족특별급여라 한다.

장해등급 제1급~제3급의 중장해가 발생한 경우에 대해서도 장해특별급여가 지급될 수 있으며, 유족 및 장해특별급여액은 라이프니츠계수를 적용한 민사배상액 수준으로 지급되고, 이 경우 수급자와 사업주 사이에는 민사소송법에 의한 재판상의 화해가 이루어진 것으로 간주된다.

지급된 특별급여액은 모두 보험가입자로부터 징수되며, 보험가입자는 1년에 걸쳐 4회로 분할 납부할 수 있다.

〈표 12-4〉 산재보험과 관련한 사항

① 평균임금

산재보험의 급여지급의 기준이 되는 「근로기준법」에 따른 '평균임금'이란 이를 산정하여야 할 사유가 발생한 날 이전 3개월 동안에 그 근로자에게 지급된 임금의 총액을 그 기간의 총일수로 나눈 금액을 말한다. 근로자가 취업한 후 3개월 미만인 경우도 이에 준한다.

② 최고 · 최저보상기준보장제도

최고 · 최저보상기준금액이란 (장의비를 제외한) 보험급여의 산정에 있어서 보험급여의 산정 기준이 되는 평균임금이 대통령령에 의해 고용노동부 장관이 고시하는 최고보상기준금액을 초과하거나 최저보상기준금액에 미달하는 경우 그 최고보상기준금액 또는 최저보상기준금액을 당해 근로자의 평균임금으로 한다. 다만, 휴업급여 및 상병보상연금을 산정할 때에는 최저보상기준금액을 적용하지 아니한다(이 급여들은 최저임금을 적용한다).

③ 최저임금액의 적용

- 휴업급여: 근로자의 평균임금을 기초로 산정한 평균 1일 휴업급여액이 최저임금액에 미달하는 경우에는 그 최저임금액을 근로자의 1일당 휴업급여 지급액으로 한다.
- 상병보상연금: 재해자의 평균임금이 최저임금액의 100/70에 해당하는 금액에 미달하는 경우에 대해서는 최저임금액에 70분의 100(약 143%)을 곱한 금액을 평균임금으로 하고, 그 평균임금에 폐질등급에 해당하는 일수를 곱하여 산정한다.

④ 평균임금 자동증감제도

산재보상은 정률보상방식을 택하고 있어 재해 당시의 평균임금을 기초로 하므로 장기간 요양을 하거나 연금을 받는 경우 물가와 임금이 계속적으로 오르는데도 보험급여액은 고정되어 장기 요양을 받고 있는 산재근로자나 연금수급권자의 보험급여의 실질적 가치의 하락 방지와 보험급여의 정률보상방식의 단점을 보완하기 위한 제도이다.

4. 근로복지공단

고용노동부 장관의 위탁을 받아 산업재해보상보험의 목적을 달성하기 위하여 근로복지공단을 설립하여 운영하고 있다. 근로복지공단은 다음에 해당하는 사업을 운영하는데, 고용노동부가 관리하는 산재보험과 고용보험은 각각의 공단을 두지 않고 근로복지공단과 고용노동부의 지방 전달체계를 활용하여 운영되고 있다. 근로복지공단은 법인으로 한다.

근로복지공단은 다음과 같은 업무를 수행한다.

- 보험가입자와 수급권자에 관한 기록의 관리 · 유지
- 「보험료징수법」에 따른 보험료와 그 밖의 징수금의 징수
- 보험급여의 결정과 지급
- 보험급여 결정 등에 관한 심사 청구의 심리 · 결정
- 산업재해보상보험 시설의 설치 · 운영
- 업무상 재해를 입은 근로자 등의 진료 · 요양 및 재활
- 재활보조기구의 연구개발 · 검정 및 보급
- 보험급여 결정 및 지급을 위한 업무상 질병 관련 연구
- 근로자 등의 건강을 유지 · 증진하기 위하여 필요한 건강진단 등 예방 사업
- 근로자의 복지 증진을 위한 사업
- 그 밖에 정부로부터 위탁받은 사업

연습 문제

CHAPTER 12

01 산업재해보상보험제도의 특징을 맞게 묶은 것은?

> 가. 5대 보험 가운데 최초로 강제 시행되었다.
> 나. 무과실책임주의를 택하고 있다.
> 다. 강제가입방식을 택하고 있다.
> 라. 사회보험의 특성상 보험료 부담은 사업주와 근로자가 한다.

① 가, 나, 다
② 가, 다
③ 나, 라
④ 라
⑤ 가, 나, 다, 라

[해설] 산업재해보상보험의 보험료는 전액 사업주가 부담한다.

02 산업재해보상보험제도의 도입에 관한 이론을 모두 고른 것은?

가. 배상책임이론	나. 사회적 타협이론
다. 산업위험이론	라. 사회비용최소화이론

① 가, 다 ② 나, 라
③ 가, 나, 라 ④ 나, 다, 라
⑤ 가, 나, 다, 라

[해설] 가. 배상책임이론이란 피보험자가 우연한 사고로 인하여 타인의 신체에 장해를 입히거나 재물에 손해를 입힘으로써 손해배상책임을 부담하게 될 때 이로 인한 피보험자의 손해를 보상한다는 것으로 산재보험 도입 이론에 해당하지 않는다.

03 우리나라 산업재해보상보험제도의 특징이 아닌 것은?

① 보험료는 업종별로 상이한 보험료율을 적용하고 있다.
② 보험료는 개별 사업장의 산재사고 실적에 따라 보험료를 증감하다.
③ 당연적용 사업장 중 미가입 사업장에서 발생한 산재사고에 대해서는 보상받을 수 없다.
④ 보험료는 개산보험료와 확정보험료로 구성되어 있다.
⑤ 산업재해보상보험에서는 근로자의 과실 여부와 상관없이 산재사고에 대한 보상이 이루어진다.

[해설] 당연적용 사업장 중 미가입 사업장에서 발생한 산재사고에 대해서도 보상받을 수 있다.

04 산업재해보상보험에 관한 설명으로 옳지 않은 것은?

① 요양을 받고 있는 근로자가 요양기간 중 일정 기간 취업한 경우에 일정 금액의 부분휴업 급여를 받을 수 있다.

② 근로자의 업무상 재해에 대하여 고의 또는 과실의 유무를 불문하고 지급되는 무과실책임주의를 원칙으로 한다.

③ 수급권을 보호하기 위해 근로자의 보험급여를 받을 권리는 퇴직하여도 소멸되지 않도록 정하고 있다.

④ 제3자의 책임면탈을 방지하고 보험재정의 건전성을 확보하기 위해 제3자에 대한 구상권 행사를 규정하고 있다.

⑤ 보험료는 사용자와 근로자가 각각 50%씩 부담하며, 보험료는 사업의 종류에 따라 금액이 달라질 수 있다.

[해설] 산업재해보상보험의 보험료는 전액 사용자가 부담한다. 다만, 특수형태 근로 종사자는 사업주와 근로자가 각각 50%씩 부담한다.

05 산업재해보상보험에서 제공하는 급여가 아닌 것은?

① 요양급여 ② 장해급여

③ 유족급여 ④ 간병급여

⑤ 출산급여

[해설] 출산급여는 산재보험의 급여에 해당되지 않는다.

정답 01 ① 02 ④ 03 ③ 04 ⑤ 05 ⑤

제13장 고용보험제도의 이해

1. 고용보험의 목적과 특징

현대사회에서 실업과 고용은 개인의 문제라기보다 사회문제로 포착되기에 실업과 고용의 문제는 사회복지정책의 주요한 관심대상이다. 이런 배경에서 고용보험제도는 실업과 고용분세를 일반 사회보험원리를 통해 국가 사회적으로 해결함으로 국민복지의 증진과 국가의 발전을 도모하려는 사회복지정책의 일종이라 할 수 있다.

고용보험제도는 근로자와 사업주가 공동으로 부담하여 마련한 기금으로 실업의 예방, 고용의 촉진 및 근로자의 직업능력의 개발, 향상은 물론 국가의 직업지도와 직업소개 기능을 강화하며, 근로자가 실업한 경우에 근로자의 생활에 필요한 급여를 지급하여 실직근로자의 생활안정 및 재취업을 지원하는 사회보험제도이다.

즉, 고용보험은 근로자에게는 실업급여와 능력개발 비용을, 피고용자에게는 고용유지와 교육 · 훈련 비용을 지원하는 제도로 전통적 의미의 실업보험, 고용안정사업 · 직업능력개발사업 등 노동시장정책과 모성보호 급여 · 육아휴직 급여 등의 일 · 가족 양립정책을 포괄하는 근로자 대상의 종합적인 사회보험제도라 할 수 있다.

따라서 고용보험은 실직한 사람에게 실업급여를 제공하는 전통적 방식의 실업보험에서 벗어나 실업의 예방, 고용의 촉진, 근로자 직업능력의 개발과 향상을 도모하고, 국가의 직업지도와 직업소개 기능을 강화하며, 근로자가 실직한 경우에 필요한 급여를 실시하여 생활안정과 구직활동을 촉진함으로써 경제 · 사회 발전에 기여하는 것을 목적으로 하는 공적 사회보장제도이다.

고용보험의 구체적 내용으로는 실직근로자의 생활안정과 재취업 촉진, 직업훈련 활성화와 노동시장 경쟁력 강화, 고용 안정과 원활한 인력 수급, 일 · 가족 양립, 경기 조절 등의 기능을 수행한다.

1) 목적

「고용보험법」은 단순히 근로자의 실업 후 급여 지급만이 아니라 보다 선제적으로 실업의 예방과 고용의 촉진에도 노력을 기울이는 적극적인 노동시장정책의 핵심 수단으로 기능하고 있는 사회보장제도라고 할 수 있다. 고용보험은 제1조의 목적[1)]을 이루기 위하여 고용보험사업으로 고용안정 · 직업능력개발 사업, 실업급여, 육아휴직 급여 및 출산전후휴가 급여 등을 실시한다.

고용보험의 시행목적은 다음과 같이 요약될 수 있다.

첫째, 산업구조 조정과 경영 합리화의 촉진이다.

즉, 고용보험제는 가속화되는 기술진보와 시장 여건의 변화에 따라 발생하는 잉여인력에 대해서 새로운 수요에 부응하는 직업훈련을 실시하고 재취업을 알선함으로써 원활한 산업구조 조정을 촉진함과 동시에 기업의 경영 합리화를 도와주게 될 것이다.

둘째, 인력수급이 보다 원활하게 이루어질 것이다.

고용보험제 시행과 함께 그간 제 기능을 못 했던 국가의 직업안정체제를 정비,

---

1) 고용보험의 시행을 통하여 실업의 예방, 고용의 촉진 및 근로자의 직업능력의 개발과 향상을 꾀하고, 국가의 직업지도와 직업 소개 기능을 강화하며, 근로자가 실업한 경우에 생활에 필요한 급여를 실시하여 근로자의 생활안정과 구직활동을 촉진함으로써 경제 · 사회 발전에 이바지하는 것을 목적으로 한다(「고용보험법」 제1조).

모든 가용인력을 전산 관리하여 '인력의 POOL'을 형성함으로써 직종 간, 인력수급 상황과 각종 고용정보를 정확히 파악할 수 있게 되어 국가의 인력정책 수립과 기업의 인력관리에 도움을 주게 된다.

셋째, 근로자의 직업능력개발을 활성화하여 기업의 경쟁력 강화에 크게 도움을 줄 것이다.

즉, 고용보험제는 근로자의 직업능력개발을 위한 다양한 제도적 장치를 마련하고 있으며, 실직자에게도 산업수요에 맞는 재취업훈련을 실시하여 신속히 산업인력화함으로써 기업의 인력난 해소와 실업 감소에 기여하게 될 것이다.

넷째, 실직근로자의 생활안정을 도모하고 재취업이 촉진될 것이다.

즉, 고용보험제는 실직근로자의 생계를 제도적으로 보장함으로써 생활안정을 도모하고 각종 고용정보 제공 및 직업상담 등을 통하여 재취업을 촉진할 것이다.

한편 「고용보험법」의 목적을 정리한 내용을 살펴보면 다음과 같다.

- 실업의 예방
- 고용의 촉진 및 근로자의 직업능력의 개발과 향상
- 국가의 직업지도와 직업소개 기능을 강화
- 실업한 경우에 생활에 필요한 급여를 실시하여 근로자의 생활안정과 구직활동을 촉진
- 경제 · 사회 발전에 이바지

2) 특징

고용보험의 특징을 살펴보면 다음과 같다.

첫째, 고용보험은 근로자에게는 실업급여와 능력개발 비용을 지원하고, 고용자에게는 고용유지와 교육 · 훈련 비용을 지원하는 제도이다.

둘째, 고용보험은 전통적 의미의 실업보험사업일 뿐만 아니라 산업구조 조정의 촉진 및 실업예방, 고용촉진 등을 위한 고용안정사업, 근로자의 생애직업능력개발을 위한 직업능력개발사업을 상호 연계하여 실시하는 사회보장제도이자, 노동시장정책이다.

셋째, 실업보험이 사후적이고 소극적인 사회보장제도인 반면, 고용보험은 노동시장의 구조개편을 강화하는 사전적이고 적극적인 차원의 종합적 인력정책이다.

넷째, 고용보험제도는 실업보험과 고용보험을 동시에 실시함으로써 국가의 직업안정 기능이 체계화되고 구조적인 인력수급 불균형에 대응할 수 있게 설계되었다.

다섯째, 고용보험제도는 근로자에 대한 제도적 역할을 통해 생활안정을 도모하고 각종 고용정보 제공이나 직업상담을 통해 재취업을 촉진시킨다(김종명 · 송낙길, 2015, 재인용).

한편 「고용보험법」의 특성을 정리한 내용을 살펴보면 다음과 같다.

- 실직자에 대한 생계지원
- 재취업 촉진
- 실업의 예방 및 고용안정, 노동시장의 구조 개편, 직업능력개발 강화
- 사전적, 적극적 차원의 종합적인 노동시장정책의 수단

3) 사회경제적 파급 효과와 기능

(1) 사회경제적 파급 효과

고용보험제도가 미치는 효과는 노동시장의 상황에 따라 영향을 받고 급여수준이나 관리 · 운영기관의 운영에 따라 그 미치는 효과도 달라질 것이다. 여기서는 소득재분배 효과, 배분 효과 및 안정화 효과, 부정적 효과를 나누어 고찰해 보고자 한다.

① 소득재분배 효과

소득재분배 효과로 첫째, 계층 간의 소득재분배를 들 수 있다. 저소득층의 산정된 기초일액이 「최저임금법」에 의한 최저임금보다 낮을 때는 최저임금액을 적용하며, 고소득층의 산정된 기초일액이 대통령령이 정하는 금액보다 초과할 때는 별도의 기초일액이 적용되도록 규정함으로써 계층 간의 소득재분배는 촉진될 것이다.

둘째, 장기실업자로부터 단기실업자로 소득재분배가 이루어질 것이다. 왜냐하면 단기실업자에게는 기본급여 외에도 취직촉진수당이 지급될 수 있으며, 더욱이 장기실업자에게 지급되는 기본급여의 최대 지급일수가 피보험기간에 정비례하지 않고 장기간 피보험자인 근로자에게 지급기간이 상대적으로 불리하게 되어 있기 때문이다.

② 배분 효과

고용보험제도는 직업능력개발사업을 활용하여 고용구조를 향상시킴으로써 생산기술 및 산업구조 변화로 인한 구조적 실업을 제거하여 경제시장에 기여할 것으로 판단된다. 노동력의 최저 배분을 촉진하여 경제성장에 기여할 것이라는 평가는 완전고용에서뿐만 아니라 실업이 존재할 때도 적용된다.

③ 안정화 효과

고용보험제는 각 기업 근로자의 고용안정을 바탕으로 기업 내부의 인력개발에 주력할 수 있도록 재직근로자에 대한 향상 · 재훈련을 집중적으로 지원하게 된다. 또한 자동화, 경기변동 등에 따라 일부 감원 요인이 있더라도 이들을 해고하는 대신 교육 및 훈련 등을 통해 새로운 부문에 비치할 수 있도록 지원함으로써 근로자의 숙련형성에 기여한다.

④ 부정적 효과

고용보험제도의 도입에 있어서 가장 우려되는 것은 근로 의욕의 저하와 생산비용의 증가이다. 이는 실업 시 생계가 보장되며 조기취직 시 취직촉진수당이 지급됨으로써 실업에 대한 기회비용이 감소하여 자발적으로 실업하려는 도덕적 해이가 발생할 수 있기 때문이다. 아울러 기업 측면에서는 보험료 부담으로 경쟁력이 약화될 수 있다.

(2) 기능

① 고용조정의 원활화 및 경제적 효율성 제고

- 사양산업 부문의 근로자에게 전직훈련을 시켜 성장산업 부문으로 재배치
- 경기 변동 및 산업구조 조정에 따른 불가피한 고용조정을 지원
- 저생산 · 저부가가치산업에서 고생산 · 고부가가치산업으로의 인력 이동을 지원
- 기업의 고용조정 지원을 통해 기업의 경영 합리화에 기여

② 실직근로자의 생활안정과 재취업 촉진

- 실업급부의 지급으로 가족의 생활안정을 도모
- 고용정보 제공, 직업상담, 취업알선, 직업훈련 안내 등을 제공하여 재취업 촉진

③ 직업훈련의 활성화와 경쟁력 강화

- 교육 · 훈련을 실시하는 기업에 다양한 지원
- 민간 주도의 자율적인 직업능력개발사업의 교육 · 훈련 활성화
- 근로자의 노동생산성 향상과 기업의 경쟁력 강화

④ 직업안정 기능의 활성화와 인력수급의 원활화

- 공공직업안정기관의 등록에 따라 구인알선이 신속해짐
- 공공직업안정기관에 구인신청을 함으로써 노동력의 이동 및 수급 상황을 신속하게 파악
- 구인 · 구직 비용과 마찰적 실업을 최소화
- 인력의 적재적소 배치 및 인력수급 조절기능으로 노동시장의 유연성 향상

⑤ 경기조절 기능의 수행

- 경기불황기에 따른 총 실업급여 지급으로 유효수요를 확대 시켜 경기침체를 완화
- 경기호황기에는 보험기금의 적립을 통해 유효수요를 감소 시켜 경기조절 기능

⑥ 남북통일에 대비한 적극적 노동시장정책의 추진

- 남북통일 이후 북한 근로자에게 교육 · 훈련, 취업알선, 실업급여 지급으로 사회혼란 방지

예 독일의 경우 통일 이후 고용보험기금을 활용하여 교육 · 훈련(약 40만 명), 실업급여 및 시간제 취업(약 65만 명), 공공사업(약 25만 명) 등 실업문제 해결

2. 고용보험의 입법배경과 연혁

1) 입법배경

고용보험제도는 19세기 후반 유럽의 신진자본주의 국가들에서 자본주의 경제체제의 급속한 발전과 산업화 속에서 조직된 노동조합이 실직한 조합원들에게 실업급여를 지급하던 실업공제기금제도에서 출발하였다. 당시에는 조합원의 실업으로 발생한 가족의 생계곤란에 대비하기 위해 만든 보험으로서 고용이 아니라 실업에 초점을 맞춘 제도였다. 그렇지만 노동조합이 근로자의 부담으로만 재원을 마련하여 관리 · 감독하기 때문에 비용부담의 문제가 생기게 되었다.

이러한 문제는 20세기 들어와 국가가 이러한 공제기금에 보조금을 지급하면서 일정 정도 해소될 수 있었는데, 실제로 프랑스(1905), 노르웨이(1906), 덴마크(1907)는 실업보험제도를 입법화하기에 이른 것이었다. 이 국가들이 노동조합 중심의 자주적인 실업공제기금에 국가의 보조원칙을 구체화한 임의적인 실업보험제도를 채

택한 데 반하여, 영국(1911), 아일랜드(1911), 이탈리아(1919) 등의 국가들은 국가에 의한 강제적 실업보험제도를 도입하였다.

제1차 세계대전 이후 대규모 실업사태는 실업보험제도의 도입을 촉진하는 계기가 되었다. 벨기에, 스위스 등은 정부가 보조금을 지급하는 임의적인 실업보험제도를 채택하였고, 오스트리아(1920), 불가리아(1925), 독일(1927) 등은 강제적 실업보험제도를 도입하였다. 1930년대에는 전 세계적인 대공황에 직면하여, 대부분의 국가에서 대량 실업사태에 직면하게 되었고, 실업자의 보호를 위하여 실업보험제도의 도입을 적극적으로 검토 · 시행하는 계기가 만들어졌다. 이러한 상황에서 1934년 국제노동기구(ILO)가 '비자발적 사업자에 대하여 급여 또는 수당을 보장하는 협약'을 채택하여 이를 비준한 국가에 대해서는 실직자에게 실업급여를 지급하는 강제적 또는 임의적 실업보험제도를 유지할 수 있도록 하였고, 실업보험제도의 적용범위, 수급 요건 및 급여 기간에 대한 최저기준 등을 명시함으로써 실업보험제도의 도입 및 발전에 큰 영향을 미쳤다(김경우 외, 2008, 재인용).

우리나라는 1970년대 말과 1980년대 초의 정치 불안과 경제 불황으로 실업률이 높은 수준(1979년 5.6%, 1980년 7.5%, 1981년 6.5%)을 유지하였고, 이에 따라 실직근로자의 생활안정을 위한 실업보험제도 도입에 대한 필요성이 제기되었으나, 산업구조의 미성숙 등의 이유로 일단 실업보험제도의 도입이 유보되었다. 하지만, 당시의 문제제기로 그치지 않았고, 1991년 8월에 제7차 경제사회발전계획(1992~1996) 후반기 중 고용보험제도를 도입하기로 결정하는 데 일정 역할을 하였다.

2) 연혁

고용안정을 위한 고용보험제도 도입 주장은 학계와 노동계에서 이전부터 제기되었으나 여러 가지 경제적인 이유로 인해 미루어져 왔다. 1987년 대통령 선거에서 당시 노태우 후보가 선거공약으로 내세워 노 후보의 대통령 당선 후인 1992년부터 실시될 예정이었지만, 경제계의 강한 반발을 무마하지 못해 도입되지 못했다. 다시 그다음 대통령 선거에서 김영삼 후보의 공약으로 제시되어 김 후보가 대통령으로 당선된 후에야 고용보험제도 도입을 위한 준비가 시작되었다. 그리하여

1993년 7월「고용보험법」제정안이 노동부에 의해 입법 예고되고 12월 국회에서 통과되어 1995년 7월 1일부터 시행되었다. 이로써 우리나라는 4대 사회보험의 틀을 갖추게 되었다.

「고용보험법」은 1997년 IMF사태 이후 실업률이 증가하는 가운데 그 이전에 적용대상에서 제외하였던 4인 이하의 영세사업장에까지 고용보험제도를 확대 적용하기 위하여 1998년 9월 17일 개정되었다.

이후 2001년 8월 개정을 통해 육아휴직 급여 및 출산전후휴가 급여가 신설되었다. 따라서 공무원 및 사립학교교직원 등을 제외한 일반 여성들이 육아휴직 급여와 출산전후휴가 급여의 혜택을 받기 위해서는 고용보험에 가입되어 있어야 한다. 그러나 많은 여성 근로자가 고용보험의 사각지대에 놓여 있어 정말 모성보호가 절실한 취약계층 여성의 경우 이러한 모성보호 급여의 혜택을 받지 못하고 있었다.

2002년 12월 개정을 통해서는 일용근로자도 고용보험의 혜택을 받을 수 있게 되었다. 또한 실업급여와 재취업의 연계를 강화하기 위하여 조기재취업수당 제도를 개선하는 등 실업에 대한 사회안전망을 확충하는 방향으로 제도를 개선 · 보완하려고 하였다.「고용보험 및 산업재해보상보험의 보험료 징수 등에 관한 법률」이 제정됨에 따라 2003년 12월 개정에서 고용보험의 성립 · 소멸 및 보험료 징수 등에 관한 규정이 삭제되었다.

2005년 5월 개정에서는 근로자가 유산 · 사산 휴가를 받은 경우에도 출산전후휴가 급여를 지급하도록 하였다. 같은 해 12월에는 기존의 고용안정사업과 직업능력개발사업을 통합 운영하고 그 지원 대상 및 사업 범위를 확대하는 한편, 고용보험 가입의 범위를 확대하였다. 이러한 개정을 통하여 변화하는 노동시장이 필요에 부응하고 노동시장의 문제를 해결하기 위한 적극적 노동시장정책 추진 기반을 마련하고자 하였다. 2007년 5월 개정에서는 구직급여의 수급자격 제한에 관한 규정이 실직 근로자에게는 직접적이고 중요한 권리에 관한 규정이므로 직접 법률에서 정하도록 하였다. 또 고용보험사업의 수행방식을 미리 검증할 필요가 있는 경우에 시범사업을 실시할 수 있는 근거를 마련하였다. 같은 해 12월 개정에서는 배우자 출산휴가 및 육아기 근로시간 단축에 대한 근거가 마련되었으며, 2008년 3월 개정을 통해 별정직 및 계약직 공무원의 경우 본인의 의사에 따라 고용보험에 가입할 수 있게 되었다.

그동안 고용정책심의회가 고용보험정책 심의를 담당하였으나, 고용보험정책 심의 과정에 직접적 이해당사자인 노사의 참여 확대를 위해 2008년 12월 개정에서 고용보험위원회를 신설하였다. 2010년 1월 개정 시 4대 사회보험의 통합징수로 인하여 보험료 산정기준이 다른 사회보험과 같은 기준으로 통일되었다. 한편 2011년 1월 1일부터 사회보험료 징수업무를 국민건강보험공단으로 일원화하여 기존 고용보험공단에서 하던 보험료 징수업무를 국민건강보험공단에서 수행하게 되었다. 같은 해 7월 개정에서는 자영업자도 고용보험 실업급여의 혜택을 받을 수 있게 하고 육아기 근로시간 단축급여제도를 신설하며 자활급여의 수급자도 고용보험의 보호를 받을 수 있도록 하였다.

고용보험제도의 연혁을 살펴보면 다음과 같다.

〈표 13-1〉 고용보험제도의 연혁

제 · 개정(시행)	주요 내용
1970	• 노동청 자체 '실업보험제도 도입 필요성에 대한 검토' 노동청장 보고
1979	• 정치 불안과 경제 불황으로 비농가 실업률이 1979년 5.6%, 1980년 7.5%, 1981년 6.5% 발생하여 도입을 노동청, 학계에서 제기 • 실업보험제도의 부작용 우려, 기업부담, 우리나라 산업구조의 미성숙 등의 이유로 유보
1991. 3.	• 경제기획원에서 토론 후 제7차 5개년 계획기간 중 도입 합의
1991. 8.	• 1980년대의 높은 실업률로 제7차 경제사회발전계획(1992~1996)에 도입 결정
1992	• 국회의원, 대통령선거에서 민정당, 민주당, 국민당이 1995년 시행 공약
1993. 2.	• 김영삼 정부가 신경제 5개년 계획에서 1995년 시행 발표
1993. 4.	• 신노총, 경총에서 '고용보험 조기실시' 대정부 건의사항으로 채택
1993. 7.	• 신경제 5개년 계획의 대국민 발표를 통해 1995년 시행 고지
1993. 12.	• 「고용보험법」 제정(1995. 7. 고용보험 시행)
1998. 10.	• 1인 이상 전 사업장으로 고용보험 적용확대
2001. 11.	• 고용보험을 통해 모성보호급여(육아휴직, 산전후휴가 급여) 지급
2002. 12.	• 일용근로자 고용보험 적용 등 「고용보험법」 개정

제 · 개정(시행)	주요 내용
2005. 3.	• 고용안정사업과 직업능력개발사업의 통합운영 • 고용보험사업의 지원대상 확대(65세 이상인 자, 고용보험 피보험자 또는 피보험자이었던 자가 아닌 실업자) • 육아휴직 급여 신청기한 연장(육아휴직 종료 후 12월) • 자영업자에 대한 고용보험 임의가입제도 도입
2007. 12.	• 배우자 출산휴가 규정 신설 • 육아기 근로시간 단축 규정 신설 • 일 · 가정양립지원 기반 조성 규정 신설
2008. 3.	• 별정직 및 계약직 공무원의 경우 본인의 의사에 따라 고용보험에 가입할 수 있도록 함
2010. 1.	• 4대 사회보험 통합에 따라 보험료 산정기준을 임금에서 보수로 변경
2011. 7	• 자영업자 고용보험 실업급여 혜택 확대 • 육아기 근로시간 단축급여 신설 • 「국민기초생활 보장법」에 따른 자활급여 수급자에 대한 고용보험 적용 신설
2013. 6.	• 65세 이후에도 새롭게 고용되거나 자영업을 개신한 경우 고용보험 중 실업급여 적용 제외
2014. 1.	• 다태아 임산부는 2명 이상 동시 출산, 난산, 높은 조산율 등에 따라 출산전후 휴가를 기존 90일에서 120일로 확대
2015. 1.	• 실업급여의 경우 전용계좌를 만들고, 해당 계좌의 예금은 압류할 수 없도록 함 • 고액금품 수령에 따른 구직급여의 지급유예 폐시 • 금치산자 및 한정치산자를 피성년후견인과 피한정후견인으로 개정함
2016. 5.	• '실업크레딧' 제도 도입
2016. 12.	• 고령자 · 준고령자를 대상으로 직업능력개발 훈련을 실시하는 사업주에 대한 훈련비용 우대 지원 • 구직급여 지급대상 조정
2019. 1.	• 65세 전부터 피보험자격을 유지하던 사람이 65세 이후에 계속하여 고용된 경우 실업급여 적용함 • 외국인 근로자에게는 고용안정 · 직업능력개발 사업을 적용함 • 육아휴직 중에 자가 취업한 경우 취업기간에 대해서는 육아휴직 급여를 지급하지 아니함 • 보험료 징수를 위한 국민건강보험공단 출연액은 징수업무가 차지하는 비율 등을 기준으로 산정함 • 피보험자격의 취득과 상실에 관한 심사와 청구는 근로복지공단에서 이해함

제 · 개정(시행)	주요 내용
2019. 8.	• 직업능력개발사업의 지원에 대해서 잘못 지급된 지원금에 대해서는 지급금 반환을 명할 수 있음 • 1주의 근로시간이 15시간 미만인 경우 구직급여 수급기준을 18개월에서 24개월로 연장함 • 구직급여일액=수급자격자의 기초일액×100분의 60, 최저구직급여일액=수급자격자의 기초일액×100분의 80으로 조정함 •「남녀고용평등과 일 · 가정 양립 지원에 관한 법률」에 따른 배우자 출산휴가를 받은 경우 출산전후휴가 급여 등을 지급할 수 있음 • 사업주와 공모하여 부정한 방법으로 고용안정 · 직업능력개발사업 지원금을 받은 경우 각각 5년 이하의 징역 또는 5천만 원 이하의 벌금에 처함 • 구직급여 소정급여일수를 30일 연장함
2020. 08.	• 사업주가 피보험자격의 상실을 신고할 때 이직확인서를 고용노동부장관에게 제출하게 하는 제도를 폐지하고, 직업안정기관의 장이 신청인에 대한 수급자격의 인정 여부를 결정하는 데 필요하여 요청한 경우에만 이직확인서를 제출하도록 함 • 고용노동부장관은 고용안정 · 직업능력개발 사업의 지원을 받은 자에게 잘못 지급된 지원금이 있으면 그 지급금의 반환을 명할 수 있도록 함 • 이직 당시 1주 소정근로시간이 15시간 미만인 근로자가 일정한 요건에 모두 해당하는 경우의 구직급여 수급 기준기간을 종전의 18개월에서 24개월로 연장함 • 구직급여일액은 수급자격자의 기초일액에 100분의 50을 곱한 금액에서 100분의 60을 곱한 금액으로 인상하고, 최저구직급여일액은 수급자격자의 기초일액에 100분의 90을 곱한 금액에서 100분의 80을 곱한 금액으로 조정함 • 거짓이나 그 밖의 부정한 방법으로 구직급여를 받은 사람이 구직급여를 받은 날 또는 실업인정의 신고를 한 날부터 소급하여 10년간 3회 이상 부정행위로 구직급여를 받지 못한 경우에는 3년의 범위에서 새로운 수급자격에 따른 구직급여를 지급하지 않도록 함 • 같은 자녀에 대하여 배우자가 30일 이상의 육아휴직 또는 육아기 근로시간 단축을 실시하지 아니하고 있을 것을 육아휴직 급여 및 육아기 근로시간 단축 급여 지급 요건으로 정하고 있던 현행 규정을 삭제함 •「남녀고용평등과 일 · 가정 양립 지원에 관한 법률」에 따른 배우자 출산휴가를 받은 경우에 출산전후휴가 급여 등을 지급할 수 있는 근거를 마련함 • 사업주와 공모하여 부정한 방법으로 고용안정 · 직업능력개발사업 지원금 등의 급여를 받은 자와 공모한 사업주는 각각 5년 이하의 징역 또는 5천만원 이하의 벌금에 처하도록 함 • 구직급여 소정급여일수를 30일 연장함

제 · 개정(시행)	주요 내용
2020. 12.	• 근로자가 아니면서 「예술인 복지법」에 따른 예술인 등 대통령령으로 정하는 사람 중 문화예술용역 관련 계약을 체결하고 다른 사람을 사용하지 아니하고 자신이 직접 노무를 제공하는 사람을 예술인으로 규정함 • 예술인이 이직일 이전 24개월 동안의 피보험 단위기간이 통산하여 9개월 이상일 것, 근로 또는 노무제공의 의사와 능력이 있음에도 불구하고 취업하지 못한 상태에 있을 것 등의 요건을 모두 갖춘 경우에 구직급여를 지급함 • 고용노동부장관은 예술인인 피보험자가 출산 또는 유산 · 사산을 이유로 노무를 제공할 수 없는 경우에는 출산전후급여 등을 지급함
2022. 01.	• 고용노동부장관은 기간제근로자 또는 파견근로자가 출산전후휴가기간 중 근로계약기간이 끝나는 경우 근로계약 종료일부터 해당 출산전후휴가 종료일까지의 기간에 대한 출산전후휴가 급여 등에 상당하는 금액 전부를 기간제근로자 또는 파견근로자에게 지급하도록 함 • 근로자가 아니면서 자신이 아닌 다른 사람의 사업을 위하여 자신이 직접 노무를 제공하고 해당 사업주 또는 노무수령자로부터 일정한 대가를 지급받기로 하는 노무제공계약을 체결한 사람 중 일정한 직종에 종사하는 노무제공자를 고용보험 적용 대상으로 편입하되, 대통령령으로 정하는 소득 기준을 충족하지 못하는 경우 등에는 고용보험 적용 대상에서 제외함 • 고용노동부장관은 노무제공자에 관한 보험사무의 효율적 처리를 위하여 노무제공플랫폼사업자에게 해당 노무제공플랫폼의 이용 및 보험관계의 확인에 필요한 자료 또는 정보의 제공을 요청할 수 있도록 함 • 노무제공자가 이직일 이전 24개월 동안 피보험 단위기간이 통산하여 12개월 이상이고, 근로 또는 노무제공의 의사와 능력이 있음에도 불구하고 취업하지 못한 상태에 있는 등의 요건을 모두 갖춘 경우에는 구직급여를 지급하도록 함 • 고용노동부장관은 노무제공자인 피보험자가 출산 또는 유산 · 사산을 이유로 노무를 제공할 수 없는 경우에는 출산전후급여 등을 지급하도록 함

3) 적용대상

(1) 가입대상

「고용보험법」은 근로자를 사용하는 모든 사업 또는 사업장에 적용한다. 다만 산업별 특성 및 규모 등을 고려하여 대통령령으로 정하는 사업에 대하여는 적용하지 아니한다(제8조). 그러나 「국민기초생활 보장법」 제15조 제1항 제4호에 따라 자활을 위한 근로기회를 제공하기 위한 사업은 이 법의 적용을 받는 사업으로 한다. 이 경우 유급으로 근로하는 수급자는 이 법의 적용을 받는 근로자로 보고, 보장기관은 사업주로 본다(제113조의 2).

한편 고용보험법상의 보험가입자는 사업주와 근로자이지만 실제로 급여혜택을 받는 피보험자는 근로자만 될 수 있다. 왜냐면 고용보험법이 산업재해보상법과 유사한 맥락으로 사업주의 책임이 강조되는 측면때문이다.

고용보험가입의 방식은 3가지로 당연가입, 임의가입 및 의제가입 방식이 있다. 당연가입은 「고용보험법」의 적용대상인 근로자와 사업주를 의미한다. 임의가입은 고용보험법상의 당연가입에서 제외된 사업의 사업주가 근로자 과반의 동의를 얻어 근로자복지공단의 승인을 득하면 그 사업의 사업주와 근로자는 고용보험에 가입할 수 있다는 것이다. 의제가입은 고용보험의 당연사업으로 되는 사업이 사업규모 변동등의 사유로 적용제외사업으로 되었을 때 그날로부터 해당 사업의 사업주와 근로자는 고용보험에 가입한 것으로 보는 것이다.

(2) 적용제외자

당연적용 사업이라 할지라도 가입대상 근로자에서 제외된, 적용제외 근로자는 아래와 같다.

- 1개월간 소정근로시간이 60시간 미만인 자(1주간의 소정근로시간이 15시간 미만인 자 포함)
- 「국가공무원법」과 「지방공무원법」에 따른 공무원(별정직, 임기제 공무원의 경우는 본인의 의사에 따라 가입 가능)
- 「사립학교교직원 연금법」 적용을 받는 자
- 「별정우체국법」에 따른 별정우체국 직원
- 65세 이후에 고용(65세 전부터 피보험 자격을 유지하던 사람이 65세 이후에 계속하여 고용된 경우는 제외)되거나 자영업을 개시한 자의 경우 실업급여와 육아휴직 급여 등에 대해서는 적용하지 않음
- 「외국인근로자의 고용 등에 관한 법률」의 적용을 받는 외국인 근로자(다만, 「출입국관리법 시행령」에 규정한 체류자격 근로자)

4) 업무담당기관

① 고용노동부 고용센터

- 피보험자 관리, 실업급여 지급, 고용안정사업 관련 각종 지원 업무
- 직업능력개발 관련 각종 지원 업무
- 실업급여 관련 업무는 수급자의 거주지 관할 고용센터에서 담당

② 근로복지관리공단

- 고용보험 가입, 보험료 징수, 보험사무조합 인가 등 담당

3. 고용보험의 급여 종류

1) 실업급여

실업급여란 고용보험 가입 근로자가 실직하여 재취업 활동을 하는 기간에 소정의 급여를 지급함으로써 실업으로 인한 생계불안을 극복하고 생활의 안정을 도와주며 재취업의 기회를 지원하는 제도이다. 이는 실업에 대한 위로금이나 보험료 납부의 대가로 지급되기보다는 실업이라는 보험사고가 발생했을 때 적극적인 재취업 활동을 한다는 사실이 확인되었을 때만 지급이 되는 급여이다. 즉, 직장을 정당한 사유 없이 전직, 자영업 등을 위하여 스스로 그만두었거나 중대한 잘못으로 형법이나, 직무 관련 법규위반 등으로 금고 이상의 형을 받아 해고된 경우 등에는 실업급여를 받을 수 없다. 실업급여는 구직급여와 취업촉진수당으로 구분된다(「고용보험법」 제37조).

(1) 구직급여

① 수급요건

고용보험에 가입한 회사에서 실직 전 18개월 동안 180일 이상 근무하다가 본인은 근로의 의사와 능력이 있음에도 불구하고 취업하지 못한 상태(회사의 경영 악화 등 비자발적인 사유 포함)에 있고, 재취업을 위한 노력을 적극적으로 할 경우 지급받을 수 있다.

- 이직일 이전(실직 전) 18개월(기준기간) 동안에 고용보험이 적용되는 사업장에서 근무한 기간(피보험단위기간)이 180일 이상일 것(2000. 3. 31. 이전 이직자의 경우 12개월 중 6개월 이상 근무)
- 근로의 의사와 능력이 있음에도 불구하고 취업하지 못한 상태
- 근로의 의사와 능력을 가지고 적극적으로 구직활동을 할 것
- 수급자격 신청일 이전 1월간의 근로일수가 10일 미만
- 건설일용근로자로서 수급자격 인정신청일 이전 14일간 연속하여 근로내역이 없을 것
- 최종 이직 당시의 기준 기간 동안 다른 사업에서 수급자격 제한 사유로 이직한 경우에는 피보험 단위기간 중 90일 이상은 일용근로자로 근로하였을 것

다만, 다음의 경우는 제외한다.

1. 중대한 귀책사유(歸責事由)로 해고된 피보험자로서 다음 각 목의 어느 하나에 해당하는 경우
   가. 「형법」 또는 직무와 관련된 법률을 위반하여 금고 이상의 형을 선고받은 경우
   나. 사업에 막대한 지장을 초래하거나 재산상 손해를 끼친 경우로서 고용노동부령으로 정하는 기준에 해당하는 경우
   다. 정당한 사유 없이 근로계약 또는 취업규칙 등을 위반하여 장기간 무단결근한 경우

2. 자기 사정으로 이직한 피보험자로서 다음 각 목의 어느 하나에 해당하는 경우

 가. 전직 또는 자영업을 하기 위하여 이직한 경우

 나. 제1호의 중대한 귀책사유가 있는 자가 해고되지 아니하고 사업주의 권고로 이직한 경우

 다. 그 밖에 고용노동부령으로 정하는 정당한 사유에 해당하지 아니하는 사유로 이직한 경우

② 실업인정

- 직업안정기관의 장으로부터 실업의 인정을 받은 날
- 실업신고한 날로부터 1~4주의 범위 내 직업안정기관에 출석하여 재취업의 노력을 신고해야 함
- 실업급여 대기기간: 신고일로부터 7일

③ 급여내용

- 구직급여 지급액=수급자격자의 기초일액 × 60%
- 최저액: 「최저임금법」상 시간급 최저금액의 80% × 1일 근로시간(8시간)

〈표 13-2〉 구직급여의 소정급여일수(「고용보험법」 제50조 제1항 관련)

구분		피보험기간				
		1년 미만	1년 이상 3년 미만	3년 이상 5년 미만	5년 이상 10년 미만	10년 이상
이직일 현재 연령	50세 미만	120일	150일	180일	210일	240일
	50세 이상 장애인*	120일	180일	210일	240일	270일

* 장애인의 경우 「장애인고용촉진 및 직업재활법」 제2조 제1호에 따른 장애인은 위의 50세 이상인 것으로 보아 위 표를 적용한다.

이 밖에 연장급여가 있다.

① 훈련연장급여

- 훈련기간 동안 구직급여 100% 지급

② 개별연장급여: 60일 연장

- 직업안정기관장의 직업소개에 3회 이상 응하였으나 취업하지 못한 자
- 18세 미만, 65세 이상, 중증장애인, 1개월 이상 환자를 부양한 자
- 소득 없는 배우자, 대학, 대학원에서 학업 중인 가족
- 최대 60일 구직급여 70% 지급

③ 특별연장급여

- 대량실업사태 발생 등 사유 발생 시 구직급여의 70%, 60일간 연장

한편 다음과 같은 실업크레딧 지원이 있다.

- 국민연금보험료의 75%(고용보험기금 25%, 국민연금기금 25%, 일반회계 25% 지원)
- 본인부담 25%

(2) 취업촉진수당

① 조기재취업수당

취업촉진수당은 구직급여를 받고 있는 근로자가 빠른 시일 내에 새로운 직장을 구하는 것을 도와주기 위하여 지급하는 급여로서 조기재취업수당, 직업능력개발수당, 광역구직활동비, 이주비로 세분할 수 있다(고용노동부, 2010).

- 급여일수 2분의 1 이상 남기고 재취업한 경우 미지급 2분의 1을 일시 지급
- 12개월 이상 계속하여 고용된(자영업을 영위한) 자에게 적용
- 최후 이직한 사업의 사업주에게 재고용된 경우 제외
- 실업신고일 이전 채용을 약속한 사업주에게 고용된 경우 제외

② 직업능력개발수당

직업능력개발수당은 수급자격자가 직업안정기관의 장이 지시한 직업능력개발훈련 등을 받는 경우에 그 직업능력개발훈련 등을 받는 기간에 대하여 지급한다(제65조 제1항). 그럼에도 불구하고 제60조 제1항 및 제2항에 따라 구직급여의 지급이 정지된 기간에 대하여는 직업능력개발수당을 지급하지 아니한다(제65조 제2항).

- 실업기간 중 직업안정기관장이 지시한 직업능력개발훈련을 받는 경우

③ 광역구직활동비

광역구직활동비는 수급자격자가 직업안정기관의 소개에 따라 광범위한 지역에 걸쳐 구직활동을 하는 경우로서 대통령령으로 정하는 기준에 따라 직업안정기관의 장이 필요하다고 인정하면 지급할 수 있으며, 광역구직활동비의 금액은 제1항의 구직활동에 통상 드는 비용으로 한다. 그 금액의 산정은 고용노동부령으로 정하는 바에 따른다(제66조).

- 광범위한 지역에 걸쳐 구직활동을 하는 경우
- 직업안정기관장의 소개에 의한 구직활동일 것
- 2004년 1월 1일부터는 대기기간 중 광역구직활동에 대하여도 수당을 지급
- 구직활동 거리가 편도 50km 이상

④ 이주비

이주비는 수급자격자가 취업하거나 직업안정기관의 장이 지시한 직업능력개발훈련 등을 받기 위하여 그 주거를 이전하는 경우로서 대통령령으로 정하는 기준에 따라 직업안정기관의 장이 필요하다고 인정하면 지급할 수 있으며, 이주비의 금액은 수급자격자 및 그 수급자격자에 의존하여 생계를 유지하는 동거 친족의 이주에 일반적으로 드는 비용으로 하되, 그 금액의 산정은 고용노동부령으로 정하는 바에 따른다(제67조).

- 취업, 직업능력개발훈련 등을 위해 주거를 이전하는 경우
- 사업주로부터 이주 비용이 지급되지 않거나 지급액이 이주비에 미달한 경우

2) 모성보호지원

(1) 육아휴직 급여

고용노동부 장관은 「남녀고용평등과 일 · 가정양립지원에 관한 법률」에 따른 육아휴직을 30일 이상 부여받은 피보험자 중 육아휴직을 시작한 날 이전에 피보험기간이 통산하여 180일 이상인 피보험자에게 육아휴직을 지급한다.

육아휴직 급여를 받으려는 사람은 육아휴직을 시작한 날 이후 1개월부터 육아휴직이 끝난 날 이후 12개월 이내에 신청하여야 한다. 다만 해당 기간에 대통령령이 정한 사유로 육아휴직 급여를 신청할 수 없었던 사람은 그 사유가 끝난 후 30일 이내에 신청하여야 한다.

육아휴직 급여 지급신청을 한 경우 육아휴직 기간 중에 이직하거나 취업을 한 사실이 있는 경우에는 해당 신청서에 그 사실을 기재하여야 한다.

① 지원요건

- 만 8세 이하 또는 초등학교 2학년 이하의 자녀를 양육한 근로자
- 가입기간이 180일 이상, 육아휴직을 30일 이상 신청한 경우
- 자녀 1명당 1년 사용 가능

② 급여내용

- 상한선과 하한선

가. 육아휴직 시작일부터 3개월까지: 육아휴직 시작일을 기준으로 한 월 통상임금의 100분의 80에 해당하는 금액. 다만, 해당 금액이 150만 원을 넘는 경우에는 150만 원으로 하고, 해당 금액이 70만 원보다 적은 경우에는 70만 원으로 한다.

나. 육아휴직 4개월째부터 육아휴직 종료일까지: 육아휴직 시작일을 기준으로 한 월 통상임금의 100분의 50에 해당하는 금액. 다만, 해당 금액이 120만 원을 넘는 경우에는 120만 원으로 하고, 해당 금액이 70만 원보다 적은 경우에는 70만 원으로 한다.

(2) 육아기 근로시간 단축급여

고용노동부 장관은 「남녀고용평등과 일 · 가정 양립 지원에 관한 법률」 제19조의 2에 따른 육아기 근로시간 단축(이하 '육아기 근로시간 단축')을 30일(「근로기준법」 제74조에 따른 출산전후 휴가기간과 중복되는 기간은 제외함) 이상 실시한 피보험자 중 육아기 근로시간 단축을 시작한 날 이전에 제41조에 따른 피보험 단위기간이 통산하여 180일 이상인 피보험자에게 육아기 근로시간 단축급여를 지급한다.

(3) 출산전후(유산·사산) 포함 휴가급여

고용노동부 장관은 「남녀고용평등과 일 · 가정 양립 지원에 관한 법률」에 따라 피보험자가 「근로기준법」 제74조에 따른 산전후 휴가 또는 유산 · 사산 휴가를 받은 경우로, 다음의 요건을 모두 갖춘 경우에 출산전후휴가 급여 등을 지급한다.

- 통상임금의 100%

우선지원 대상기업	우선지원 대상기업이 아닌 기업
출산전후 휴가기간 90일(다태아 120일) 전부	90일(다태아 120일) 중 60일(다태아 75일)을 초과한 일수(30일 한도, 다태아 45일) ※ 최초 60일(다태아 75일)은 사업주가 지급

- 상한액: 30일에 대해 160만 원, 하한액: 최저임금

3) 고용안정사업

시간근로 및 고용환경을 개선하여 일자리를 늘리고, 지역 · 성장산업 고용지원 및 전문인력 채용을 통해 고용기회를 확대한다.

(1) 고용창출장려금

근로자를 신규로 고용한 사업주나, 취업이 어려운 취약계층을 고용 혹은 교대제 개편, 실근로시간 단축, 시간선택제 일자리 도입 등 근무형태를 변경하여 고용기회를 확대한 사업주를 지원하는 제도이다.

일자리 함께하기	주 근로시간 단축*, 실근로시간 단축, 교대근로 개편, 정기적인 교육 · 훈련 또는 안식휴가 부여 등 '일자리 함께하기' 제도를 도입 또는 확대하고 실업자를 고용함으로써 근로자 수가 증가한 경우 지원 *「근로기준법」 개정(법률15513호)에 따른 근로시간 단축 기업 및 조기단축 기업의 지원을 위해 주 근로시간 단축제 지원 신설(2018년 7월)
국내복귀기업 고용지원	국내복귀기업 지정 후 3년 이내인 기업의 사업주가 근로자를 신규로 고용하는 경우 인건비의 일부를 지원
신중년 적합직무	우선지원대상기업 및 중견기업을 대상으로 만 50세 이상의 실업자를 신중년 적합직무에 채용한 사업주에게 인건비를 지원하여 신중년 고용창출 촉진
고용촉진장려금	노동시장의 통상적인 조건에서 취업이 곤란한 사람을 고용하는 사업주에게 장려금을 지급하여 취업 취약계층의 고용을 촉진
청년추가고용	청년을 정규직으로 추가로 고용한 중소 · 중견기업에 인건비를 지원함으로써, 양질의 청년일자리 창출

출처: 고용보험(https://www.ei.go.kr/ei/html/ems/03_01_01.html).

(2) 고용안정장려금

학업, 육아, 간병 등 생애주기별로 고용불안이 가속될 때 근로시간 단축, 근로형태 유연화 등을 도입하여 근로자의 계속고용을 지원하거나 기간제 근로자 등을 정규직으로 전환하는 사업주를 지원하여 기존 근로자의 고용안정과 일자리 질 향상을 도모하기 위한 제도이다.

(3) 고용유지지원금

생산량 · 매출액 감소, 재고량 증가 등으로 고용조정이 불가피하게 된 사업주가 근로자를 감원하지 않고 휴업, 훈련, 휴직, 인력재배치 등의 고용유지 조치를 실시하여 피보험자를 계속고용하는 경우 임금(수당) 및 훈련비를 지원하여 사업주의 경영 부담을 완화하고 근로자의 실직을 예방하는 제도이다.

(4) 직장어린이집 지원

직장어린이집 설치를 위한 사업주의 적극적인 참여를 유인하고 보육 서비스의 질적 제고를 위하여 직장보육교사 등 인건비 및 중소기업 직장어린이집 운영비를 지원하는 제도이다.

(5) 장년고용안정지원금

고령자와 장년 미취업자의 고용촉진 및 안정을 도모하기 위해 사업주에게 지원금을 지원하여 기업의 임금 부담을 완화하고, 일할 의욕이 있고 경험이 풍부한 직원을 채용할 기회 제공을 위한 제도로, 고령자 계속고용 장려금과 60세 이상 고령자 고용 지원금이 있다.

(6) 청년내일채움공제

중소기업 등에 정규직으로 취업한 청년에게는 장기근속 및 목돈 마련의 기회를, 기업에는 우수인재 고용유지를 지원하는 제도이다.

(7) 지역고용촉진지원금

지역 노동시장 간 형평성 제고와 균형 있는 발전을 위해 고용사정이 현저히 악화된 지역을 '고용위기지역'으로 지정하고, 지정지역에서 고용을 창출하는 사업주에게 지원금을 지급하는 제도이다.

(8) 자영업자 고용보험제도

자영업자의 생활안정 및 재취업을 지원하는 제도이다. 49인 이하의 근로자가 있는 자영업자의 경우 이 제도에 가입한 후 고용안정 및 직업능력개발사업, 실업급여 지원을 받을 수 있다.

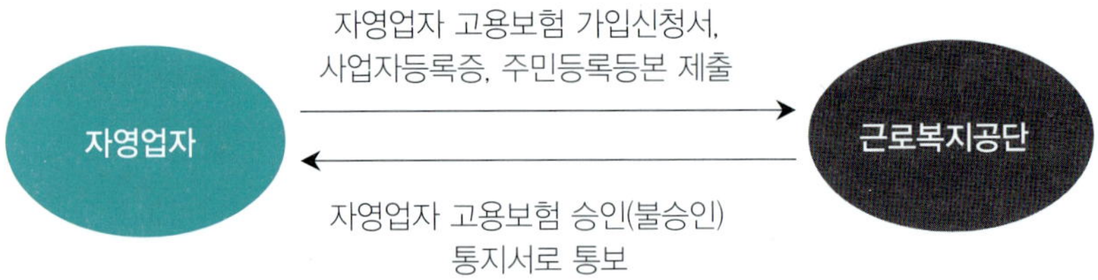

출처: 고용보험(https://www.ei.go.kr/ei/eih/eg/eb/ebEntrprBnef/retrieveOe0801Info.do).

[그림 13-1] 가입신청 절차

4. 고용보험의 재원

고용노동부 장관은 보험사업에 필요한 재원을 충당하기 위하여 고용보험기금을 설치하여야 한다. 기금은 보험료와 이 법에 따른 징수금, 적립금, 기금운용 수익금과 그 밖의 수입으로 조성한다. 기금은 고용노동부 장관이 관리, 운용한다(「고용보험법」 제78조).

이 중에 원칙적으로 실업급여에 드는 비용의 재원조달은 사업주와 근로자가 각각 절반씩 부담하고, 근로자는 자신의 보수총액에 실업급여의 보험료율의 1/2을 곱한 금액을 부담한다.

고용보험료율은 보험수지의 동향과 경제상황 등을 고려하여 근로자 보수총액의 3%의 범위에서 고용안정 · 직업능력개발사업의 보험료율 및 실업급여의 보험료율로 구분하고, 고용안정 · 직업능력개발사업의 보험료는 근로자가 부담하지 않으며, 기업 규모에 따라 달라진다.

〈표 13-3〉 고용보험료율

구분		노동자	사업주
실업급여		0.8%	0.8%
고용안정, 직업능력 개발사업	150인 미만 기업	–	0.25%
	150인 이상 기업(우선지원대상기업)	–	0.45%
	150인 이상~1,000인 미만 기업(우선지원대상기업 제외)	–	0.65%
	1,000인 이상 기업 및 국가, 지방자치단체가 직접 행하는 사업	–	0.85%

출처: 고용보험(https://www.ei.go.kr).

5. 고용보험의 심사 및 재심사

피보험자격의 취득 · 상실에 대한 확인, 실업급여 및 육아휴직 급여와 출산전후휴가 급여 등에 관한 처분에 이의가 있는 자는 심사관에게 심사를 청구할 수 있고, 그 결정에 이의가 있는 자는 고용보험심사위원회에 재심사를 청구할 수 있다(제87조 제1항). 이에 따른 심사의 청구는 같은 항의 확인 또는 처분이 있음을 안 날부터 90일 이내, 재심사의 청구는 심사청구에 대한 결정이 있음을 안 날부터 90일 이내에 각각 제기하여야 한다(제87조 제2항). 즉, 실업급여 수급과 관련하여 행정처분에 이의가 있는 경우에 해당된다고 할 수 있다.

1) 심사

① 대상

- 피보험자격의 취득 · 상실에 대한 확인, 실업급여 등에 이의가 있는 자
- 육아휴직 급여와 출산전후휴가 급여 등에 관한 처분에 이의가 있는 자
- 관할지방고용보험 심사관에게 심사청구

② 기간

- 고용센터의 확인 및 처분이 있음을 안 날로부터 90일 이내
- 심사관은 심사청구를 받으면 30일 이내에 그 심사청구에 대한 결정

③ 접수

- 원처분을 행한 고용센터

2) 재심사

① 대상

- 심사청구에 대해 이의 신청자

② 기간

- 심사청구에 대한 결정이 있음을 안 날로부터 90일 이내

③ 접수

- 고용센터

3) 대리인 선임

- 법정대리인
- 청구인의 배우자, 직계존속 · 비속 또는 형제자매
- 청구인인 법인의 임원 또는 직원
- 변호사나 공인노무사
- 고용보험심사위원회의 허가를 받은 자

4) 근로자의 권리 - 불이익 처우의 금지

- 사업주는 근로자가 자격상실, 취득 등을 확인하는 경우 그 이유로 그 근로자를 해고, 그 밖의 불이익한 처우를 금지
- 불이익 처우의 금지를 위반하여 근로자를 해고, 불이익한 처우를 한 사업주는 3년 이하의 징역 또는 3천만 원 이하의 벌금
- 실업급여로서 지급된 금품에 대하여 공과금을 부과하지 아니함

6. 고용보험의 벌칙

1) 벌칙

근로자가 피보험자격의 취득 또는 상실에 관한 확인을 청구한 것을 이유로 근로자를 해고하거나 그 밖에 근로자에게 불이익한 처우를 한 사업주는 3년 이하의 징역 또는 3천만 원 이하의 벌금에 처하며, 거짓이나 그 밖의 부정한 방법으로 실업급여 · 육아휴식 급여 및 출산전후휴가 급여 등을 받은 자는 1년 이하의 징역 또는 1천만 원 이하의 벌금에 처한다(제116조).[2)]

2) 벌칙조항에 대한 개정사항이 있음.

① 사업주와 공모하여 거짓이나 그 밖의 부정한 방법으로 다음 각 호에 따른 지원금 또는 급여를 받은 자와 공모한 사업주는 각각 5년 이하의 징역 또는 5천만 원 이하의 벌금에 처한다.

1. 제3장에 따른 고용안정 · 직업능력개발 사업의 지원금
2. 제4장에 따른 실업급여
3. 제5장에 따른 육아휴직 급여, 육아기 근로시간 단축급여 및 출산전후휴가 급여 등
4. 제5장의2 및 제5장의3에 따른 구직급여 및 출산전후급여등

② 다음 각 호의 어느 하나에 해당하는 자는 3년 이하의 징역 또는 3천만 원 이하의 벌금에 처한다.

1. 제105조를 위반(제77조의5제3항 및 제77조의10제3항에서 준용하는 경우를 포함한다)하여 근로자를 해고하거나 그 밖에 근로자에게 불이익한 처우를 한 사업주
2. 거짓이나 그 밖의 부정한 방법으로 제1항 각 호에 따른 지원금 또는 급여를 받은 자. 다만, 제1항에 해당하는 경우는 제외한다. [개정 2020. 6. 9., 2021. 1. 5.]

2) 과태료

다음의 어느 하나에 해당하는 사업주, 보험사무대행기관의 대표자 또는 대리인 사용인, 그 밖의 종업원에게는 300만 원 이하의 과태료를 부과한다(제118조 제1항). 즉, 제15조를 위반하여 신고를 하지 아니하거나 거짓으로 신고한 자, 제16조 제1항[사업주는 제15조 제1항에 따라 피보험자격의 상실을 신고할 때 근로자가 이직으로 피보험자격을 상실한 경우에는 피보험 단위기간 이직 사유 및 이직 전에 지급한 임금 · 퇴직금 등의 명세를 증명하는 서류(이직확인서)를 작성하여 고용노동부 장관에게 제출하여야 한다]을 위반하여 이직확인서를 제출하지 아니하거나 거짓으로 작성하여 제출한 자, 제16조 제2항 후단(종전의 사업주는 이직확인서의 교부를 청구받았을 경우 이직확인서를 내주어야 한다)을 위반하여 이직확인서를 내주지 아니한 자, 제108조 제1항에 따른 요구에 불응하여 보고를 하지 아니하거나 거짓으로 보고한 자, 같은 요구에 불응하여 문서를 제출하지 아니하거나 거짓으로 적은 문서를 제출한 자 또는 출석하지 아니한 자, 제108조 제2항에 따른 요구에 불응하여 증명서를 내주지 아니한 자, 제109조 제1항에 따른 질문에 답변하지 아니하거나 거짓으로 진술한 자 또는 조사를 거부 · 방해하거나 기피한 자이다.

다음의 어느 하나에 해당하는 피보험자, 수급자격자 또는 지급되지 아니한 실업급여의 지급을 청구하는 자에게는 100만 원 이하의 과태료를 부과한다(제118조 제2항). 즉, 제108조 제3항에 따라 요구된 보고를 하지 아니하거나 거짓으로 보고한 자, 문서를 제출하지 아니하거나 거짓으로 적은 문서를 제출한 자 또는 출석하지 아니한 자, 제109조 제1항에 따른 질문에 답변하지 아니하거나 거짓으로 진술한 자 또는 검사를 거부 · 방해하거나 기피한 자이다.

제87조에 따른 심사 또는 재심사의 청구를 받아야 하는데, 심사관 및 심사위원회의 질문에 답변하지 아니하거나 거짓으로 진술한 자 또는 검사를 거부 · 방해하거나 기피한 자에게는 100만 원 이하의 과태료를 부과한다(제118조 제3항).

연습 문제

CHAPTER 13

01 다음 중 고용보험제도에서 실업급여에 해당하지 않는 것은? 2회 기출

① 휴업급여 ② 연장급여
③ 취업촉진수당 ④ 구직급여
⑤ 직업능력개발수당

[해설] 휴업급여는 산재보험의 급여이다.

02 고용보험에 대한 설명으로 옳은 것은? 7회 기출

① 구직급여의 급여일수는 보험가입기간과 연령에 따라 달라진다.
② 근로복지공단은 고용보험의 관리 · 운영 및 구직급여 등을 제공한다.
③ 육아휴직급여일로는 90만 원을 지급한다.
④ 출산전후휴가 급여는 여성근로자뿐만 아니라 남성근로자에게도 지급될 수 있다.
⑤ 출산전후휴가 급여의 총 휴가일수는 45일이다.

[해설] ②번 고용보험의 관리 · 운영 및 구직급여는 노동부의 고용센터 주관 업무, ③번 육아휴직 기간 동안 매월 통상 임금의 100분의 40을 육아휴직급여로 지급하고, 육아휴직급여액 일부를 직장복귀 6개월 후 지급, ④번 출산전후휴가 급여는 여성만 신청 가능, ⑤번 출산 전과 후를 통하여 90일의 출산전후 휴가를 주되 휴가기간의 배정은 출산 후에 45일 이상이 확보되도록 부여하여야 한다.

03 사회복지정책 발달이론과 그 특징의 연결이 잘못된 것은? 12회 기출

① 고용안정 · 직업능력개발사업의 보험료는 근로자와 사업주가 절반씩 부담한다.

② 구직급여의 소정급여일수는 보험가입기간과 연령에 따라 90일에서 240일까지 이다.

③ 실업의 인정이란 근로의 의사와 능력을 가지고 적극적으로 구직 노력을 했음을 인정받는 것이다.

④ 구직급여를 받기 위해서는 이직일 이전 18개월 동안 180일 이상 근무하여야 한다.

⑤ 육아휴직급여의 육아휴직 대상자는 남녀근로자 모두 해당된다.

[해설] 고용안정 · 직업능력개발사업의 보험료는 사업주가 모두 부담한다.

04 고용보험에 대한 설명으로 옳은 것은?

① 구직급여 일수는 가입기간과 연령에 따라 다르다.

② 자영업자는 고용보험 가입대상이 아니다.

③ 자활근로 참여자는 고용보험 적용대상이 아니다.

④ 발적 실업인 경우에도 구직급여를 받을 수 있다.

⑤ 구직급여는 구직활동을 하지 않아도 받을 수 있다.

[해설] 자영업자와 자활근로 참여자도 고용보험 적용대상이고, 구직급여의 요건은 첫째, 보험료 납부, 둘째, 비자발적 실업, 구직활동 등이다.

05 고용보험의 목적에 해당되지 않는 것은?

① 실업의 예방
② 고용의 촉진 및 근로자의 직업능력의 개발과 향상
③ 직업소개소 활성화와 구직활동 강화
④ 실업한 경우에 생활에 필요한 급여를 실시하여 근로자의 생활안정과 구직활동을 촉진
⑤ 경제 · 사회 발전에 이바지

[해설] 고용보험의 목적으로는 국가의 직업지도와 직업소개 기능을 강화하는 데 있다.

정답 01 ① 02 ① 03 ① 04 ① 05 ③

참고문헌

강영실(2013). **사회복지정책론**. 서울: 도서출판신정.

고수현 외(2016). **사회복지정책론**. 경기: 양성원.

고용노동부(2021a). 2020년도 산재보험사업 연보.

________(2021b). 고용노동부고시 2020-145호 사업종류별 산재보험료율과 통상적 경로와 방법으로 출퇴근하는 중 발생한 재해에 관한 산재보험료율.

구인회 · 손병돈 · 안상훈(2010). **사회복지정책론**. 경기: 나남출판.

구재관 · 김성철 · 김재원 · 박경숙 · 박종팔 · 이양훈(2015). **사회복지정책론**. 경기: 양서원.

국회예산정책처(2016). 2016 조세의 이해와 쟁점: 조세지출.

___________(2017). 2018년도 국회 예산안 토론회 결과보고서.

권경주(2012). **복지정책강의**. 도서출판 세종.

권기창(2015). **사회복지정책론**. 서울: 창지사.

권혁창 외(2017). **사회복지개론**. 서울: 학지사.

김교환(2002). **현대복지국가론**. 경기: 교육과학사.

김귀환(2013). **사회복지정책론**. 경기: 정민사.

김근홍 · 서화자 · 심창학 · 이만식 · 함세남 · 홍금자. 2007. **사회복지역사와 철학**. 서울: 학지사.

김기원(2016). **사회보장론**. 경기: 정민사.

_____(2017). **사회복지정책론**. 서울: 학지사.

김상균 · 최일섭 · 최성재 · 조흥식 · 김혜란(2005). **사회복지개론**. 경기: 나남출판.

김성이(2006). **사회복지의 발달과 사상**. 서울: 이화여자대학교출판부.

김영모(1999). **사회정책**. 한복연출판부.

김영주(2008). 농촌노인가구의 빈곤특성에 대한 비교연구. **한국사회복지학**, 제60권 제4호.

김태성(2003). **사회복지정책입문**. 서울: 청목출판사.

김태성 · 성경륭(2000). **복지국가론**. 경기: 나남출판.

나성린 · 전영섭(1998). **공공경제학**. 학현사.

노동부(2015). 2015 산재 · 고용보험 실무편람.

노병일(2013). **빈곤론**. 경기: 양서원.

_____(2016). **사회보장론**(제3판). 경기: 공동체.

_____(2016). **사회복지정책론**. 경기: 공동체.

대한민국정부(2016). 2017년도 조세지출예산서. 기획재정부 열린 재정, '상세재정통계'.

류상열(2006). **사회복지역사**. 서울: 학지사.

류연규(2018). **사회복지정책론**. 서울: 도서출판신정.

문수열 외(2014). **사회복지정책론**. 서울: 창지사.

박경일(2016). **사회복지정책론**. 경기: 공동체.

박광준(2015). **사회복지의 사상과 역사**. 경기: 양서원.

박범기 · 강은희 · 이송희 · 이순덕(2019). 치매국가 책임제도에 관한 소고 : 도입과 쟁점. **사회적질연구**. 3(1).
박병헌(2016). **사회복지의 역사**. 경기: 공동체.
_____(2017). **복지국가의 비교**. 경기: 공동체.
_____(2017). **사회복지정책론 이론과 분석**. 경기: 정민사.
박병현 · 윤성호(2017). **사회보장론**. 경기: 정민사.
박석돈(2006). **사회보장론**. 경기: 양서원.
보건복지부(2017). 2017년 희망복지지원단 업무안내.
생각의 마을(2021). **에쎕 사회복지정책론**. 경기: 공동체.
서상목(2017). 일자리 창출 전망고 과제 – 보건복지 부문. 한국사회복지협의회.
손병덕(2012). **사회복지정책론**. 서울: 학지사.
송근원 · 김태성(2006). **사회복지정책론**. 경기: 나남출판.
신기원 외(2017). **사회복지법제와 실천**. 서울: 창지사.
신섭중(2001). **한국사회복지정책론**. 대학출판사.
양정하 · 황인옥 · 신현석 · 유태완(2016). **사회복지정책론**. 경기: 양서원 .
양홍순(2008). **사회복지정책 - 실제이론과 제도**. 서현사.
원석조(2016). **사회복지발달사**. 경기: 공동체.
_____(2016). **사회복지정책론**. 경기: 공동체.
_____(2017). **사회보장론**(제4판). 경기: 양서원.
유정희 역(2014). **캐임브리지 독일사**. 서울: 시공사.
유종선(2012). **미국사 다이제스트100**. 가람기획.
윤도현(2003). 신자유주의와 대안적 복지정책의 모색. **한국사회학**. **37**(1).
이두호 외(1991). **빈곤론**. 경기: 나남출판.
이명남(2016). **사회복지법제**. 서울: 창지사.
이상진(2017). 노인의 빈곤지위 이동에 관한 연구. 한서대학교 일반대학원 노인복지학과 박사학위논문.
이수천 외(2011). **사회복지정책론**. 경기: 나눔의집.
이영옥(2017). 통합적 재정시스템 관점에서 본 조세지출 개선방안.
이정우(2003). **사회복지정책**. 서울: 학지사.
이정호(1987). **회계원리**. 서울: 경문사.
이준영(2008). **사회보장론**. 서울: 학지사.
이준영 · 김제선(2012). **사회보장론: 원리와 실제**(제2판). 서울: 학지사.
이중엽(2014). **사회복지법제**. 경기: 양서원.
이태영(2008). **정책실천을 위한 사회복지정책론**. 학현사.
임봉호 · 김승훈 · 박용권(2016). **사회복지정책론**. 경기: 양서원.
정일교 · 김만호(2016). **장애인복지론**. 경기: 양성원.
정준수(2013). 빈곤탈출 영향요인에 관한 연구. 원광대학교 대학원 사회복지학과 박사학위논문.

정치학대사전 감수위원회(2002). **21세기 정치학대사전**. 아카데미아리서치.

조영구 · 이재문 · 이은모(2016). **사회복지정책론**. 경기: 정민사.

조원탁 외(2015). **사회복지법제**. 경기: 양서원.

조추용 · 신승연 · 임병우 · 남연희 · 박차상 · 이양훈 · 이은영(2008). **사회복지개론**. 서울: 창지사.

차흥봉(2016). 사회복지의 공공 · 민간 협치와 사회복지협의회의 역할. 한국사회복지협의회.

채구묵(2017). **사회보장론**(제4판). 경기: 양서원.

최현묵(2017). 정부 재정사업의 전달체계 및 재정적 특성이 성과에 미치는 영향 – 사회서비스 사업을 중심으로–. 부산대학교 대학원 공공정책학 박사학위논문.

케네스 O. 모건(2016). **옥스퍼드 영국사**. 영국사학회 역. 한울아카데미.

한국법제연구원(2011). 국민기초생활보장법 해설. 법제처.

한국재정40년사편찬위원회 편(1990). **한국재정 40년사 제2권**. 한국개발연구원.

현외성(2015). **핵심 사회복지정책론**. 경기: 양서원

현외성 · 최무열 · 정재욱(2011). **사회복지학의 이해**. 경기: 양서원.

홍봉수 · 임현진 · 장승전 · 임정빈 · 이해익 · 배재덕 · 이순자 · 정경수 · 곽정국 · 윤세희(2011). **사회복지정책론**. 경기: 공동체.

KDI(2017). 통합적 재정시스템 관점에서 본 조세지출 개선방안.

Barker, J. (1979). Social Conscience and Social Policy. *Journal of Social Policy, 8*.

Barker, R. L. (1995). *The social work dictionary*. Washington D. C.: NASW Press.

Beveridge, W. (1942). *Social Insurance and Allied Services*. London: Her Majesty's Stationery Office.

Dinitto, D. M. (2007). *Social Welfare: Politics and Public Policy*.

Dinitto, D. M. & Dye, T. R. (1983). *Social Welfare*. Prentice–Hall, Inc.

Esping–Andersen (1990). *The Three Worlds of Welfare Capitalism*. Polity Press.

Ferge, Z. (1989). Social Policy abd the Economy. M. Bulmer et al.(eds). The Goals of Social Policy, London: Unwin.

Flora, P. & Alber, J. (1981). Modernization, Democratization and the Development of Welfare State in Western Europe. In P. Flora & A. J. Heidenheimer(eds.), *The Development of Welfare State in Europe and America*, Transaction Books.

Furniss, N. & Tilton, T. (1977). *The Case for the Welfare State*, Indiana University Press.

George, V. & Wilding, P. (1976). *Ideology and Social Welfare*, London: R. K. P.

George, V. & Wilding, P. (1984). *The Impact of Social Policy*. London: R. K. P.

Giddens (1994). *Beyond Left and Right*. Cambridge, Polity Press.

Gilbert & Terrell, R. (1998). *Dimensions of Social Welfare Policy*. Allyn & Bacon, Boston.

Gilbert, N. & Terrell, P. (2005). *Dimensions of Social Policy*, 6th ed., Pearson Education Inc. (남찬섭 · 유태균, 사회복지정책론 – 분석 틀과 선택의 차원, 나눔의집, 2007).

Gilbert, N. & Terrell, P. (2005). *Dimensions of social Welfare Policy*. NJ: Prentice Hall.

Gilbert, N. & Terrell, P. (2014). *Dimensions of Social Welfare Policy* (8th ed). Essex, UK: Pearsson Education, Inc.

Gordon (1994). Twixt the Cup and the Lip. *Mainnstream Economics and the Formation of Economic Policy Social Research*, *61*(2).

Gordon, M. S. (1994). *Social Security Policies in Industrial Countries*. New York: Cambridge University Press.

Hall, M. P. (1952). *The Social Services of Modern England First Published in 1998*. Routledge is an imprint of Taylor & Francis, an informa company.

Higgins, E. T. & Kings, G. (1981). Accessibility of Social constructs: Information–processing consequence of individual and contextual variability. In N. Cantor & J. F. Kihlstrom. (Eds.), *Personality, cognition and social interaction*. Hillsdale, NJ: Lawrence Erlbaum Associate.

Marshall, T. H. (1970). *Social Policy in the Twentieth Century*(3rd ed). Hutchinson, London.

Marshall, T. H. (1977). *Class, Citizenship and Social Development*. Chicago: The Univ. of Chicago Press.

Marshall, T. H. (1987). *Citizenship and Social Class*. Pluto press.

Mishra, R. (1984). *The Welfare State in Crisis*, Wheatsheaf Books.

Mosca, Gaetano (1939). *The ruling class*. With an Introduction by Arthur Livingston, New York, London, McGraw–Hill.

Pareto, Vilfredo (1926). *Les systemes socialistes*, 2 vols, Paris, 1902, 2nd ed.

Pierson, C. (1991). Beyond the Welfare State? The New Political Economy of Welfare, Cambridge, U.K.: Polity Press.

Pieters, D. (2006). *Social Security: An Introduction to the Basic Principles*(2nd ed.). Hague, The Netherlands: Kluwer Law International.

Rainwater, L., Rein, M., & Schwartz, J. E. (1986). *Income Packaging in the Welfare State*. Clarendon Press.

Rejda, G. E. (1999). *Social Insurance and Economic Security*(6th ed.). Uppler Saddle River, NJ: Prentice–Hall.

Richan, W. C. (1981). *Beyond Altruism: Social Welfare Policy in American Society*.

Robson, W. A. (1976). *Welfare State and Welfare Society*. George Allen & Unwin.

Titmuss, R. M. (1976). *Commitment to Welfare*(2nd ed.). George Allen & Unwin.

Titmuss, R. M. (1979). *Commitment to welfare*. George Allen & Unwin, London.

US, Social Security Administration(2010). *Social Security Programs throughout the World*.

Wilensky, H. L. (1975). *The Welfare State and Equality: Structural and Ideological Roots of Public Expenditures*. Berkeley; university of California Press.

Wilensky, H. L. (1981). Leftism, Catholicism and Democratic Corporatism. In P. Flora & A. J. Heidenheimer(eds.), *The Development of Welfare State in Europe and America*, Transaction Books.

Wilensky, H. L. (1981). *Leftism, Catholicism, and Democratic Corporatism: the Role of Political Parties in Welfare State Development*.

Wilensky, H. L. (1987). *Industrial Society and Social Welfare*. New York: Free Press.

고용보험. https://www.ei.go.kr

고용보험. https://www.ei.go.kr/ei/eih/eg/eb/ebEntrprBnef/retrieveOe0801Info.do.

국가통계포털. http://kosis.kr/statHtml/statHtml.do?orgId=101&tblId=DT_1YL20261&conn_path=I2.

국민건강보험. http://www.nhis.or.kr

국민행복카드. http://www.voucher.go.kr

국세청 · 관세청 「징수보고서」, 행정안전부 「지방세통계연감」. http://www.index.go.kr/potal/main/EachDtlPageDetail.do?idx_cd=1123

근로복지공단. http://www.kcomwel.or.kr

법제처. http://www.law.go.kr

보건복지부. http://www.mohw.go.kr/react/policy/index.jsp?PAR_MENU_ID=06&MENU_ID=06390301&PAGE=1&topTitle=.

사회서비스전자바우처. http://www.socialservice.or.kr

e나라지표. http://www.index.go.kr/potal/main/EachDtlPageDetail.do?idx_cd=1122#quick_02

OECD Social Expenditure Database(2019. 1). http://www.index.go.kr/potal/main/EachDtlPageDetail.do?idx_cd=2759

찾아보기

[학자]

저자 소개

신기원 신성대학교 사회복지과 교수

김수정 부산가톨릭대학교 사회복지학과 교수

김준환 충청대학교 사회복지과 교수

박범기 서울사회복지대학원대학교 평생교육원 아동청소년상담복지과 교수

이진용 한국영상대학교 사회복지과 교수

제2판
사회복지정책론

초 판 1쇄 발행 2020년 3월 16일
제2판 1쇄 발행 2022년 2월 25일

지 은 이 | 신기원 · 김수정 · 김준환 · 박범기 · 이진용
펴 낸 이 | 김기섭
편 집 인 | 김민수 · 이상희
펴 낸 곳 | **창지사** www.changjisa.com
08589 서울시 금천구 가산디지털 1로 83 파트너스타워 1차 9층
전화 (02)719-2211~3
팩스 (02)701-9386
등 록 | 1977년 4월 28일 · 제1-421호

ISBN 978-89-426-1504-9 (93330)

값 21,000원